Henning Ratjen

Zur Geschichte der Kieler Universitätsbibliothek

Henning Ratjen

Zur Geschichte der Kieler Universitätsbibliothek

ISBN/EAN: 9783741158834

Hergestellt in Europa, USA, Kanada, Australien, Japan

Cover: Foto ©ninafisch / pixelio.de

Manufactured and distributed by brebook publishing software
(www.brebook.com)

Henning Ratjen

Zur Geschichte der Kieler Universitätsbibliothek

Geschichte der Kieler Universitätsbibliothek.

Die Geschichte der Kieler Universitätsbibliothek, die der Büchersammlung, ihrer Verwaltung und Benutzung, hängt mit den verschiedenen Localen, die nach einander dieser Bibliothek eingeräumt waren, zusammen. Die Zunahme der Sammlung erforderte wiederholt eine andere Räumlichkeit, und mit dieser änderte sich die Verwaltung und Benutzung der Bücher. Es wird deshalb gerechtfertigt erscheinen, wenn nach Angabe der Schriften über unser Thema, die Räumlichkeiten bei der Periodisirung der Geschichte der Bibliothek beachtet und die übrigen Momente, so viel thunlich, und es mir jetzt möglich ist, erwähnt werden. Es schien mir besser, zu der bevorstehenden Feier des Königlichen Geburtstages wenigstens die erste Abtheilung der Arbeit vorzulegen, als sie der Zukunft, über die Keiner Herr ist, zu überlassen. Die Einleitung, welche für diesen Zweck zu ausführlich erscheinen möchte, enthält grösstentheils zugleich die Literatur der Geschichte der Universität; ich glaubte für künftige Arbeiten die Schriften, welche über unsere Universitätsbibliothek Auskunft geben, nennen zu müssen.

Uebersicht der Schriften zur Geschichte der Kieler Universitätsbibliothek.[1])

Die pomphafte und durch die Beilagen von Predigten, Reden, Oden, Hymnen, die leges, den catalogus lectionum u. s. w. ausführliche Inaugurationsschrift des

[1]) Eine sorgfältige literarische Nachweisung gab der unermüdet thätige, kritische, zuverlässige Bibliothekar B. Kordes in s. Lexikon der Schl. Holst. u. Eutin. Schriftsteller, Schleswig 1797, 8., welches er nach Meusel's Vorgang leider auf die damals lebenden beschränkte, S. 521. 522. Nach Kordes u. Andern gab der Dithmars. Historiker J. A. Bolten in der Zeitschrift Hamburg u. Altona, Jahrg. 3, H. 3. S. 298—310, H. 4, S. 14—18, Hamburg 1804, literar. Nachweisungen.

1

Barons Alexander Julius Torquatus von Frangipani, dem, zum Verdruss des Professors Rachel, die Beschreibung der Einweihungsfeierlichkeiten, welche in Schleswig 1666 erschien, übertragen war, enthält p. 55 eine sehr kurze Notiz über die Universitätsbibliothek; ein kurzer Bericht von den Processionen bey Inauguration der newen Holsteinischen Academia, Schleswig 1665, 4., berührt die Bibliothek nicht.

Der vierte der Bibliothekare an der Kieler Universität, Sebastian Kortholt, schrieb 1705 eine Dissertation oder richtiger ein Programm de bibliotheca academiae Kiliensis, durch welches er alle Literaten, besonders die academischen Bürger zum Besuch der Kieler Universitätsbibliothek einlud. Diese Schrift von sechszehn Quartseiten giebt kurz Auskunft über diese Büchersammlung, mit der man auch die Globen, das Astrolabium und andere astronomische Instrumente verband, welche der Kenner der Astronomie Heinrich von Qualen 1667 der hiesigen Universität geschenkt hatte. Im Jahre 1709 liess Seb. Kortholt ein zweites kürzeres Einladungsprogramm drucken, welches theils eine Wiederholung, theils einen Nachtrag des erstern enthält.

In dem Thesaurus epistolici Lacroziani T. I, Lipsiae 1742, 4., finden sich p. 189 in einem Briefe des Kieler Professors Albert zum Felde, Kiel 16. Septbr. 1718, und p. 272 in einem Schreiben J. L. Mosheim's, Kiel 1. Novbr. 1717, einige allgemeine Aeusserungen über die Werthlosigkeit der Handschriften der Kieler Universitätsbibliothek.

Von den Sermones de temporè oder Gelegenheitsreden, die der siebzigjährige Professor, Oberconsistorial- und Kirchenrath Phil. Fr. Hane 1776 drucken liess, ward die erste am 5. October 1765, also an dem Tage gehalten, an welchem die Jubelfeier der am 5. October 1665 gegründeten Universität hätte stattfinden sollen, sie unterblieb wegen der zerfallenen Baulichkeiten der Universität und deren Bibliothek und wegen des hohen Alters einiger Lehrer. Zu Anfang des Jahres 1766 kam von Petersburg der Kaiserliche Befehl und die Allerhöchste Geldbewilligung zu dem Neubau des academischen Gebäudes, welches auch die Bibliothek aufnehmen sollte. Hane drückt darüber seine Freude in seinem vierten Sermò aus. Das neue Universitätsgebäude ward am 30. October 1768 eingeweiht und Christiani hielt die Einweihungsrede, welche wenige Nachrichten giebt. Wichtiger sind die Mittheilungen von Hane in der „zehnjährigen Glückseligkeit der Cimbrischen Musen bei der Vormundschaft Catharina II," Kiel und Hamburg 1772, 4.; er erwähnt „die ansehnliche Gesellschaft von todten Lehrmeistern" (die Bibliothek) S. 91—100.

Nicol. Herm. Schwarz, Pastor in Grube, giebt in seinen gesammelten Nachrichten von der Stadt Kiel im Holsteinischen, herausgegeben von J. H. Fehse, Pastor in Hemme, Flensburg 1775, 8., S. 252—57 und S. 310—14 Auskunft über die Universitätsbibliothek. Schwarz, der erst im drei und sechszigsten Jahre Prediger wurde und 1750 starb, hatte sieben Bände Ephemeriden geschrieben und im siebenten oder dritten Band des dritten Theils Nachrichten von Kiel gegeben. Fehse, der bekannt ist als Verfasser des Versuchs einer Nachricht von den evangelisch-lutherischen Predigern in dem Nordertheil Dithmarschens, Flensburg 1769, hat die Nachrichten von Schwarz ergänzt. Die Fehsesche Handschrift, welche im Wesentlichen den erwähnten gedruckten Nachrichten von der Stadt Kiel zum Grunde liegt, erhielt die Kieler Universitätsbibliothek im Jahre 1855 von Herrn Mooyer in Minden. In der von W. E. Christiani und C. C. L. Hirschfeld herausgegebenen Kielischen Gel. Zeitung 1775, Jahrg. 5, St. 24, S. 185—189, wird das Schwarz-Fehsesche Buch als unkritisch und unzuverlässig getadelt, die Naturaliensammlung werde nicht auf der Bibliothek aufbewahrt. Diese Zeitung giebt S. 228 u. 448 Nachricht von mehreren werthvollen Geschenken des Königs an die Universitätsbibliothek.

Bibra's und Göcking's Journal von und für Deutschland giebt Jahrgang 1784, S. 115 u. folg., Nachricht über die Bibliothek des Geh. Raths und Curators der Kieler Universität Georg Christian Wolff, zu deren Ankauf der König die nöthige Geldbewilligung machte.

Der Historiker und Bibliothekar Wilh. Ernst Christiani hielt am 29. Januar 1785 in dem Kirchensaal des Schlosses zu Kiel bei der Einweihung der neu vermehrten Universitätsbibliothek am Geburtsfeste des Königs eine Rede, die gedruckt wurde und die Geschichte der hiesigen Universitätsbibliothek, so weit es eine Rede gestattet, enthält.

Die Schrift C. F. Cramer's, der von 1780 bis 1794 in Kiel ordentlicher Professor der griechischen und orientalischen Sprachen, so wie Professor der Homiletik war: Ueber die Kieler Universitätsbibliothek, Kiel 1791, 8., enthält wenig Material zur Geschichte der Universitätsbibliothek, aber Vorschläge über die Catalogisirung, Ordnung und Vermehrung dieser Büchersammlung von dem geistig sehr begabten, etwas excentrischen Manne, bei dem, wie bei manchen Andern die französische Revolution Hoffnungen und Ansichten hervorgerufen hatte, denen die Praxis des Lebens nicht entsprechen konnte. Der rasche C. F. Cramer hatte während einer Verhandlung des academischen Senats über die Universitätsbibliothek sein Votum drucken lassen. Der Bibliothekar Christiani bemerkte: „Es scheint mir, dass die Ueberlegungen, die über eine Sache bei uns angestellt werden, wenigstens vor Erledigung der Sache künftig nicht mehr an das Publikum gelangen müssen.“ Die Meinung Cramer's, mit Hülfe von sechs Studirenden in ein und dreissig Wochen einen brauchbaren Zettelcatalog als Grundlage eines guten Realcatalogs zu machen, wurde wohl mit Grund von Christiani bestritten; Cramer's Ansichten über die für die Universitätsbibliothek anzuschaffenden Bücher wichen von denen Anderer sehr ab. „Ich traure,“ sagt er S. 23, „allemal, wenn ich z. E. das Fach der Antike, der Kupferstiche, der Gallerien, der Floren, der Quadrupeden-, Vögel-, Fisch- und Würmerabbildung reichlich besetzt sehe, Musäa, Bibliothecas patrum maximas, Conciliensammlungen u. dergl. darin antreffe, hingegen Werke wie Voltaire's, Rousseau's Schriften, Pastoret über die Criminalgesetze und tausend andere ebenso nothwendige vermissen darin muss."

In den Schl. Holstein. Provinzialberichten Jahrg. 7, 1793, H. 2, S. 203, findet sich eine Nachricht über die Erweiterung des Bibliothekslocals auf dem Kieler Schlosse.

Eine kurze Uebersicht der Geschichte der Kieler Universitätsbibliothek gab Bolten in der Zeitschrift Hamburg und Altona Jahrg. 3, H. 3 u. 4, Hamb. 1804, die schon oben wegen der literarischen Nachweisungen erwähnt wurde.

In G. P. Petersen's neuen Schl. Holstein. Provinzialberichten Jahrg. 1, 1811, findet sich H. 4, S. 361 u. folg., eine lesenswerthe Abhandlung über die Universität im Jahre 1811 und im ersten Jahrzehend; hier ist auch S. 372 u. 373 die Bibliothek berücksichtigt.

Zoega's Leben, Sammlung seiner Briefe und Beurtheilung seiner Werke durch F. G. Welcker, Stuttg. 1819, Th. 2, S. 267, 273 u. 374, zeigt nur, dass der König 1802 beschlossen hatte, Zoega in Kiel anzustellen, und ihn zum Bibliothekar der Kieler Universität ernannte. Zoega sollte zu Michaelis des Jahres kommen, er schrieb wegen Vermehrung der Bibliothek an Hensler, mehrere archäologische Werke kamen durch Zoega's Bemühungen nach Kiel, er lehnte jedoch das Amt und den Titel des Bibliothekars ab und blieb in Rom, wo er 1809 starb.

Die Schl. Holstein. Lauenburgischen Provinzialberichte für 1830 enthalten ein Vermächtniss des am 5. Februar 1823 gestorbenen Bibliothekars B. Kordes, in welchem er sich über seine Stellung zur Bibliothekscommission ausspricht und die nicht zweckmässigen Anordnungen über die Verwaltung der Bibliothek erwähnt.

In der von A. Niemann herausgegebenen Chronik der Universität Kiel vom Jahre 1831 gab ich S. 31—51 ein Fragment zur Geschichte der Universitätsbibliothek in Kiel. In dem Auszug aus Sam. Rachel's Leben, welches deutsch in dem Archiv für Staats- und Kirchengeschichte der Herzogthümer B. 1 u. 3, Altona 1833 u. 1837, erschien, sind Nachrichten über die Stiftung der Universität und über die Bibliothek enthalten, besonders B. 1, S. 372. In Wuttke's Jahrbuch der deutschen Universitäten B. 2, Leipz. 1842, findet sich S. 263—266 eine Nachricht über die Kieler Universität und Bibliothek. In B. 5 des Archivs für Staats- und Kirchengeschichte der Herzogthümer ist die in Bibra's und Göcking's Journal gegebene Nachricht über die Wolffsche Bibliothek, welche 1784 für die hiesige Universitätsbibliothek gewonnen wurde, aus nachgelassenen Papieren des 1804 gestorbenen Archiaters Joh. Friedrich Ackermann ergänzt worden. Die Chronik der Universität Kiel vom Jahre 1854, so wie die Anmerkungen der Rede zur Feier des Geburtstages des Königs am 6. October 1858 geben einige Nachrichten über die Bibliothek.

Ausser diesen gedruckten Hülfsmitteln bietet das Archiv des academischen Consistorii, besonders die Convolute 18, 20, 22—24, 26—29, 116 u. 207 manche Nachrichten, auch hat das Königliche Curatorium mir auf meine Bitte aus dem Archiv der Curatel die Benutzung mehrerer Actenstücke der neuern Zeit gütigst gestattet Von der Abschrift des Curriculum vitae Sam. Rachelii, welche die Universitätsbibliothek besitzt, ist das Wichtigste, wie schon erwähnt worden, im Archiv für Staats- und Kirchengeschichte der Herzogthümer B. 1 u. 3 gedruckt. Die Athenae Cimbricae des Bibliothekars Joh. Christoph Hennings, deren Original die Universitätsbibliothek hat, welches von mir in verschiedenen Jahrgängen der Universitätschronik benutzt ist, geben bis zur Mitte des achtzehnten Jahrhunderts besonders die Biographien der Kieler Professoren nach den verschiedenen Facultäten und also auch die der Bibliothekare. Schwarze's und Fehse's handschriftliche Sammlungen sind schon erwähnt worden.

Die Kieler Universitätsbibliothek bis zur Verlegung nach dem 1768 eingeweihten neuen Universitätsgebäude.

Die Frage, ob die Universität, welche der Herzog Christian Albrecht nach dem Willen seines Vaters, des Herzogs Friedrich's III. stiften wollte, in der Stadt Schleswig oder in Kiel zu errichten sei, ward, zum Unwillen mancher Schleswiger, auf den Wunsch Kiels und, wie man annehmen darf, aus andern Gründen zu Gunsten des letztern Ortes entschieden. Der Historiker Ulrich Petersen († 1735) war nicht zufrieden mit dem Lobe, welches Torquatus von Frangipani, der Verfasser der Inaugurationsschrift der Universität, der Stadt Kiel reichlich gespendet hatte. Das Capitel aus Petersen's sonst ungedruckter Beschreibung, welches diese Frage behandelt, ist in Falck's Magazin B. 10, S. 628—639, gedruckt worden. Die Stadt Kiel errichtete hinter der Klosterkirche die nöthigen Baulichkeiten für die Universität, wozu der Herzog das Holz liefern liess. Obgleich wir drei kurze Beschreibungen der alten academischen Gebäude haben, von Caeso Gramm in seinem Chilonium, novus Holsatiae parnassus, der 1665 erschien, aber schon vor der Einweihung der Universität geschrieben wurde, von Rachel in seinem Leben und von Hennings in seinem Athenae Cimbricae, so ist es dennoch nicht wohl möglich, das Einzelne genau zu bestimmen. Die Universitätsbibliothek war, so dürfen wir annehmen, in einem der obern Räume des academischen Gebäudes bei der Klosterkirche. In diesem Raum waren, wenn auch nicht gleich anfangs, doch um die Mitte des achtzehnten Jahrhunderts, sieben kleine gesonderte Büchersammlungen aufgestellt. Den Stamm der ganzen Sammlung bildete die 1665, bei Stiftung der Universität, noch in dem ehemaligen Bordesholmer Kloster*), an dessen Stelle 1566 ein Gymnasium errichtet ward, vorhandene Bücher-

*) Ueber das ehemalige Kloster oder Stift der regulirten Chorherrn Augustiner Ordens, welches um 1328 von Neumünster nach Bordesholm versetzt ward, gab der landeskundige Pastor Kuss in Falck's Magazin B. 8, S. 264 u. folg., B. 9, S. 67, und im neuen Magazin B. 6, S. 91, genaue Nachrichten. Die Regeln des Neumünsterschen Klosters hatte schon 1228 das Kloster Jasenitz in Pommern angenommen; mit dem 1398 zu Windesheim bei Zwoll gestifteten Kloster

und Handschriftensammlung. Den alten Standortscatalog der ehemaligen Bordesholmer Klosterbibliothek vom Jahre 1488 hat der Bibliothekar Merzdorf nach der auf der Kieler Universitätsbibliothek vorhandenen Original-Handschrift in seinen bibliothekarischen Unterhaltungen, neue Sammlung, Oldenburg 1850, S. 1—67, abdrucken lassen[3]). Mehrere Bücher der Bordesholmer Bibliothek kamen, während H. Lindenbrog Bibliothekar in Gottorf war, von 1610 bis 1642, in die Herzogliche Gottorfer Bibliothek, die sich eines sehr grossen Rufs erfreute, und besonders von Herzog Friedrich III., der sich lebhaft für die Wissenschaften interessirte[4]), vermehrt worden war. Bei der Abschrift zweier sehr ungenauer Verzeichnisse der Bordesholmer Bibliothek aus dem Jahre 1606: „Bibliotheca Bordesholmensis d. 21. Julii per D. Matth. Carnarium et Hieron. Müllerum revisa", und 1620 findet sich am Schluss des letzteren von 1620[5]), welches nach classes, scamna und latera eingetheilt ist, folgende Notiz des Bibliothekars Janus Vicostadius[6]), der am 23. Januar 1620 die Bibliothek entgegen nahm:

„Als a. 1616 dem Amtschreiber zu Bordesholm Steffen Hennings von der Herzogin zu Gottorf Fr. Augusta Befehl ertheilet worden, über die daselbst befindliche Bibliotheque ein vollständiges Inventarium aufzunehmen, hat er unter andern nach Hofe berichtet, dass bey des Hochseel. Fürsten und Hrn. Hrn. Johann Adolph's Regierung die Bordesholmische Librairie durch D. Matthiam Carnarium und Hieron. Müller inventiret (forte a. 1606) und viele und zwar die besten Bücher in die Gottorfische Bibliotheque transferiret worden, als Hinrich Lindenbruch daselbst Bibliothecarius[7]) gewesen. Der Rest aber sey durch Nachlässigkeitübel verwahret und ein jeder, wer da nur gewollt, habe ohne Aufsicht in die Bibliotheque leichtlich aus- und

---

regulirter Chorherrn hatten sich mehrere Klöster verbündet, auch das Bordesholmer Kloster trat 1490 in die Windesheimer Congregation. Diese so wie Jasenitz werden in mehreren Handschriften der Bordesholmer Bibliothek genannt.

[3]) Vergl. mein Verzeichniss der Handschriften der Universitätsbibliothek, die Herzogthümer betreffend, B. 2, S. 66. Nach Dreyer's notitia librorum mss. historiae Cimbricae Paric. I, Rost. et Wism. 1759, 4., p. 86 u. 87, sind Diplome und Schätze des Bordesholmer Klosters nach Rom gekommen, er beruft sich dafür auf Reimboth, dass in Rom ein volumen rerum Bordesholmensium gesehen sei.

[4]) Der Kieler Professor W. E. Christiani schrieb 1772 ein Programm: Entwurf einer gelehrten Geschichte Friedrich's III., Herzogs zu Schleswig-Holstein, und vertheidigte ihn 1786 in einem Programm: Rettung der Kenntnisse und Gelehrsamkeit Friedrich's III. gegen einige Ausdrücke des gelehrten Isaac Vossius.

[5]) Das erste Verzeichniss hat 479, das zweite 841 Titel.

[6]) Nach Moller Cimbria lit. T. 2, p. 917, war Janus oder Joh. Vicostadius aus Wernigerode früher Rector in Stade, von 1619 an Rector der Bordesholmer und 1632 der Kieler Schule. Nach Moller's isagoge P. 3, p. 879, war er der zehnte in der Reihe der Bordesholmer Schulrectoren.

[7]) H. Lindenbrog war von 1610 bis 1642 Gottorfer Bibliothekar, von 1689 bis zu seinem Tode im Jahre 1706 war der frühere Kieler Professor der Medicin Joh. Nicol. Pechlin Bibliothekar, ihm folgte sein Sohn Joh. Pechlin, der letzte Herzoglich Gottorf. Bibliothekar.

einkommen können, dadurch viele Bücher verloren und nichts als leere Repositorien und die Ketten ohne Bücher hinterlassen worden. Wie aber M. Adamus Caesar als Rector zu Bordesholm angetreten, sey ihm bei seiner Ankunft kein Inventarium eingeantwortet, ja gar die Schlüssel der Librairie verlohren und dieselbe verschlossen gehalten worden, bis er nachgehends speciali mandato eine richtige Designation darüber verfasset und den Rest in Ordnung gebracht. Ob auch der vielfältige Krieg und die unbedachtsamen jungen Knaben oder unverständiges Gesinde die buntgezierden pergamenen Bücher zu Spinnwocken, Phrases- und exercitien-Bücher verwandt haben, stellet man der Praesumtion dahin."

Die Gottorfer Bibliothek, also auch die dahin aus Bordesholm gebrachten Bücher gingen für den Herzog mit dem Herzogthum Schleswig verloren. Diese Bibliothek ward 1749 nach Kopenhagen gebracht und grösstentheils der grossen Königlichen Bibliothek einverleibt, einige Bücher kamen in die Königliche Handbibliothek, andere nach Soröe, einige an die deutsche Kanzelei [8]).

Von den gedruckten Büchern, welche 1665 bei der Stiftung der Kieler Universität von Bordesholm in die Kieler Universitätsbibliothek gekommen, nennt Seb. Kortholt in seiner ersten dissert. de bibliotheca academ. Kil., Kil. 1705, p. 4, und Christiani in seiner genannten Rede von 1785 nur das Catholicon Johannis de janua. Kortholt und Schwarz geben irrthümlich als Druckjahr dieses seltenen Werkes 1409 an, was schon Christiani und Bolten berichtigten. Ebert hat diesen seltenen Druck des Lexikons Joh. de Balbis von Genua in seinem Bibliographischen Lexikon unter Janua genau beschrieben. Am Schluss vor dem Verzeichniss der Rubriken stehen auf der Stirnseite des vorletzten Blattes folgende patriotische Worte, die ich mit Auflösung der Siglen in alter Druckweise gebe: Altissimi presidio cujus nutu infantium lingue fiunt diserte. Qui que numerosepe parvulis revelat quod sapientibus celat. Hic liber egregius catholicon dominice incarnacionis annis MCCCLX Alma in urbe maguntina nacionis inclite germanice. Quam dei elemencia tam alto ingenii lumine. dono que gratuito. ceteris terrarum nacionibus preferre illustrare que dignatus est. Non calami. stili. aut penne suffragio. sed mira patronarum formarum que concordia proporcione et modulo impressus atque confectus est.

Hinc tibi sancte pater nato cum flamine sacro. Laus et honor domino trino tribuatur et uno Ecclesie laude libro hoc catholice plaude Qui laudare piam semper non linque mariam deo gracias.

Nach Ebert ist dieser Mainzer Druck von Guttenberg. Das etwas undeutliche L vor X in der Jahrzahl, die MCCCCIX ähnlich sieht, hat Einige verleitet, den Druck früher zu setzen. Die Kieler Universitätsbibliothek hat eine schöne Pergamenthandschrift

[8]) Vergl. Werlauff histor. Efterretninger om det store kongelige Bibliothek. Kjöbenh. 1825. S. 175.

dieses Werks in zwei Folianten, am Schluss steht: finitus est liber iste et completus in monasterio campen. a. domini millesimo quadringentesimo quinquasesimo sexto circa festum sancti Johannis baptiste sub venerabili domino domino Henrico de Ray Abbate Campen., qui nunc laudabiliter preest et ad hunc librum liberaliter largas ministravit expensas pro fratribus in dicto monasterio Campen. commorantibus —.

Merzdorf hat in den erwähnten Unterhaltungen, ausser dem alten Catalog von 1488, S. 68 u. f., den grössten Theil eines spätern catalogi bibliothecae Bordesholmensis, Druck- und Handschriften befassend, nach einem Exemplar der Kieler Universitätsbibliothek und einem andern der Eutiner Schulbibliothek abdrucken lassen, er nimmt an, dass dieses Verzeichniss in der Mitte des siebzehnten Jahrhunderts verfasst sei. Die Titel der Bücher sind etwas genauer, als in den erst erwähnten Bordesholmer Catalogen von 1606 und 1620, angegeben, aber für die jetzige Zeit ungenügend. Das Kieler Exemplar hat 321 Titel in siebzehn ordines, das Eutiner, welches nach Merzdorff manche Notizen haben muss, die in dem Kieler fehlen, hat 318 Titel. Aus der bei Westphalen monum. T. 2, p. 488, abgedruckten Schenkungsurkunde von Doctor Libor. Meyer von dem Jahre 1495 sehen wir, dass er zur Erwirkung von Seelmessen dem Bordesholmer Kloster mehrere handschriftliche und gedruckte Bücher schenkte. Vergl. Kuss in Falck's Magazin B. 9, S. 107. Für die Vermehrung der Bordesholmer Bibliothek sorgte nach den Inschriften mehrerer Bücher sehr Johannes Ness oder Nesus, der längere Zeit in Kiel, das eng mit Bordesholm zusammenhing, Prediger (plebanus) war. Ich übergehe einstweilen die Handschriften des Kieler Catalogs, und führe unter Vervollständigung der ungenügenden Titel des Bordesholmer Catalogs diejenigen **Druckschriften** an, welche noch jetzt in der Kieler Universitätsbibliothek sind. Ich folge der Reihe des Bordesholmer Catalogs und weiche nur in so fern von demselben ab, als ich dasselbe Werk, wenn es sich in diesem Verzeichniss zweimal unter verschiedenen Nummern findet, zusammen stelle. Ich füge die jetzige Bezeichnung zu der Bordesholmer Nummer hinzu. Der Kieler kenntnissreiche Professor Ad. Heinrich Lackmann hat in seinen annalium typograph. selecta quaedam capita, Hamburgi 1740, 4., p. 105—167, mehrere der ältern Drucke, die von Bordesholm nach Kiel gekommen, beschrieben. Ich habe bei diesem Abdruck nur selten Nachweisungen hinzugefügt, sie würden einen zu umfangreichen Druck veranlasst haben.

1) Thomas continuum in quatuor evangelistas. Am Schluss: Beati thome de Aquino Glosa continua super quatuor evangelistis feliciter finit Impressa Nurmberge per providum virum Anthonium Coberger a. dom. incarnationis MCCCCLXXV die VIII Augu. Fol.

No. I. in dem von Merzdorf benutzten Verzeichniss, jetzt § 150. Dass das Werk von Nicol. Beare gekauft sei, wie Merzdorf S. 9 bemerkt, ist in dem Bibliotheksexemplar nicht angegeben. Die Kieler Bibliothek hat ein zweites auf einer Lübecker Auction gekauftes Exemplar dieses Werks s. l. vom Jahre 1476. Fol. Der Graf Thomas ward 1225 oder 1227 zu Aquino geboren, † 1274. Vergl. Ritter, Gesch. der christl. Philos. Th 4, S. 257.

2) Vincentius Bellovacensis speculum naturale P. 1. 2., speculum doctrinale, speculum morale, historale P. 1—4. Am Schlusse von P. 4 des speculi histor. steht: impressum per Johannem Mentellin 1479 quarta die Decembris. Fol.

Diese Encyclopädie des Mittelalters bildet in dem genannten Verzeichniss n. V—X, jetzt I. 1. 280. Ueber Vincent von Beauvais vergl. Eckhard Nachrichten von seltenen Büchern, Eisenach 1775, u. Fr. Chr. Schlosser: Vincent von Beauvais, Hand- u. Lehrbuch für Prinzen, Th. 2, S. 193; er starb gegen 1264.

3) Epistolare Hieronymi. Per Petrum Schoiffer de Gernshem in civitate Moguntina 1470. Fol.

No. XI. 3. 152. Vergl. Lackmann annal. typogr. selecta quaedam capita p. 111. 112.

4) Leutolph de saxonia vita christi secundum seriem evangelii. Per Anthonium Koburger incliti oppidi Nurnberg convicem, 1478. Fol.

No. XII. 3. 313. Bei einem zweiten Exemplar dieses Drucks fehlt das erste Blatt.

5) Id. liber a. t. vita christi sive meditatt. secundum seriem evangelistarum per dominum Leutholphum de saxonia. In inclita civitate Nurnberga per Anthonium Koberger effigiatum 1495. Fol. min.

No. CXIII. 3. 812. Vergl. Lackmann l. c. p. 131.

6) Antonini archiep. florentini summa. Industria Antonii Koburger incole Nurenberg. a. domini P. 1. 1478. P. 2. 1477. P. 3. 1478. P. 4. 1479 penult. aprilis consumata. Fol.

No. XIII—XVI. D. 8. Vergl. Lackmann p. 127. 128.

7) Antonini archiep. florentin. ord. predicatorum repertorium sive inventarium summe P. 1. vigilantia cura ac impensis Johannis Gruninger (alias Reynardi) in inclyta elvetiorum Argentina MCCCCXC nativitatis dominicae P. 2 in insigni elevetiorum Argentina per Johannem Reynardi (alias Gruninger) virumque solertem accuratissime nitidissime elaborata.

No. CI. D. 8. Beide Theile in einem Bande. Lackmann l. c. p. 128. Der Verfasser † nach Adelung 1459.

8) Rosarius guidonis de baysio archidiaconi bononiensis super decreto. Exactum opus ductu auspiciis optimorum Joannis de Colonia Nicolai Jenson sociorumve —. Hujusce operis artifex exstitit summus in hac arte magister Joannes de Selgenstat alemannus qui sua solertia ac vigiliis divoque imprimendi caractere facile supereminet omnes. Olympiadibus dominicis a. vero 1481 tertias nonas aprilis. Fol.

No. XVII. IV. 660. Lackmann p. 122. Die Bibliothek hat auch einen Druck dieses Werkes Lugd. 1558, und G. de B. Commentar super sexto decret. Lugd. 1547. Vergl. Savigny Gesch. des Röm. Rechts. 2. A. B. 7, S. 290.

9) Bonaventura pharetra s. l. et a. Fol.

Die Pfeile des Köchers gegen den alten und neuen Feind des Christen sind alphabetisch geordnet unter Berufung auf Kirchenväter und andere Autoritäten. No. XVIII. 3. 53. Vergl. Ritter Gesch. der christl. Philos. Th. 4, S. 493, und W. A. Hohlenberg Studien zu Bonaventura. Berlin 1862, S. 17, Johan von Fidanza geb. 1221, † 1274.

10) Fortalicium fidei. s. l. et a. Fol.

Nach Walch's Bibliotheca theol. sel. T. I, p. 610, wird dieses in 5 Bücher getheilte fortalitium gegen die Feinde des Christenthums, die Juden und Mahomedaner, Alph. de Spina zugeschrieben; Walch nennt es scriptum rarum, und sagt, der sine loci indicio herausgegebene Druck sei 1487 zu Nürnberg erschienen. No. XIX, P. 3.

11) 1. Alanus liber in distinctionibus dictionum theologicalium. s. l. et a. Fol.

Nach Hain Repertor. bibliogr. I, 43. 891, von Alanus ab Insulis, † 1203.

2. Arminensis in mappam terre sancte templi domini Ac sancte civitatis Hierusalem. Et sit finit tractatulus totius sacre historie elucidativus etc. s. l. et a. Fol.

Vergl. Hain Repertor. I, p. 222, n. 1798.

4. Bernardi abbatis Clarevallensis epistolae (296). Bernardi tractatus de miseria et brevitate hujus vitae et de vera scientia. Bernhardi abb. de gratia et libero arbitrio. Bernardi abb. ad cluniacenses apologia de concordia ordinum sive excusatio ejus ad eosdem. s. l. et a. Fol.

1. 2. 4. In einem Band unter No. XX, § 59, zwischen 2 und 4 ein geschriebenes registrum super moralia s. Gregorii super Job. 45 Bll. Bernard von Clairvaux † 1153.

12) Simon de Cassia Ord. fratrum heremitarum beati Augustini corpus evangeliorum sive de gestis salvatoris lib. 1—15. s. l. et a. Fol.

Zu Anfang steht gedruckt: quem librum (super tot. corp. evangel.) incepit ad instantiam et petitionem sui charíss. amici domini Thome de Korsinis legum doctoris de Florentia anno domini 1338 die 6ta m. Sept. apud almam urbem — sed ibidem anno domini 1347 in vigilia asc. dom. informatus et sequenti a. die 2. Febr. defunctus nec ipsum librum relegere — potuit —. No. XXII. M. 54.

13) Joh. de janua Catholicon. Mogunt. 1460. Fol.

No. XXIV, das schon oben S. 8 erwähnte gedruckte Exemplar, jetzt 1. 1820. Die Kieler Bibliothek hat auch einen andern Druck dieses Wörterbuchs, an dem einige Blätter fehlen. Er ist in 2 Columnen gedruckt, jede Columne zählt 65 Zeilen; es ist wohl der von Ebert No. 10740 angegebene Druck.

14) Conradus de allemania concordanciae.

Der Anfang dieses ehemaligen Bordesholmer biblischen Wörterbuchs von Conrad von Halberstadt fehlt; am Schluss steht: Expliciunt concordanciae fratris conradi de allemania. Fol. s. l. et a. No. XXVI, § 59. Conrad von Halberstadt ward 1321 diffinitor von Sachsen.

15) Summa seu pantheologia Raynerii de pisis P. 1. Am Schlusse von P. 2: Anno a nativitate domini millesimo septuagesimo tercio sexto idus aprilis finita deo

juvante perfectaque est illa egregia summa fratris Raynerii de pisis ordinis predicatorum que alio nomine pantheologia quasi tota theologia haud ab re vocata est per industriosos impressorie artis magistros johannem sensenschmid de egra et henricum kefer de maguntia Nuremberge urbis cives eo apposito imprimendi studio et ea corrigendi cura diligentiaque adhibita qua major adhiberi vix possit —. Fol.

No. XXVII. XXVIII. M. 19.

16) Die Universitätsbibliothek hat ein zweites Exemplar desselben Drucks.

Beide sind, dem Bande nach, von Bordesholm, in dem einen Exemplar fehlen in P. 1 zu Anfang 2 Bll., und in P. 2 zu Anfang ein Blatt. Dieser Theil hat am Ende eine gedruckte Inhaltsangabe auf 27 Bll., in P. 1 ist dieselbe Inhaltsangabe auf 31 Bll. geschrieben. In dem andern Exemplar ist die gedruckte Inhaltsangabe vor P. 1. Vergl. Lackmann l. c. p. 112. Raynerius † 1351.

17) Biblia latina.

Der Anfang des Exemplars fehlt, es beginnt mit numeri cap. X. Vor dem Schlusswort steht: Anno incarnationis dominicae millesimo quadragintesimo septuagesimo septimo Augusti vero kl. tercio insigne veteris novique testamenti opus cum canonibus evangelistarumque concordantiis — impressum. In regia civitate Nuremberg. per Antonium Coburger civitatis ejusdem incolam —. No. XXIX. § 54. Vergl. E. F. K. Rosenmüller Handbuch für die Literatur der bibl. Kritik u. Exegese. B. 3. Gött. 1798. S. 304.

18) Nicolaus de Lyra ordinis minorum postilla super biblia tam vetus quam novum testamentum cum additionibus Reverendi — Pauli burgen. ecclesie episcopi sacre theologie ac ordinis. s. dominici professoris. Simulac replicis venerabilis Mathie doringk — pro loco suo adaptatis. Et industria impensisque Anthonii koburger incole Nurnbergen. — XXII mensis Januarii Anno salutis MCCCCLXXXI consummatis. Fol.

Der erste Band geht bis zu den Psalmen, der zweite beginnt mit den Proverbiis. No. XXXII. XXXIII. § 115. A. G. Masch in der Bibliotheca sacra II. 3, p. 867, irrt wohl, wenn er annimmt, dass sich in dem Koburgerschen Druck von 1481 der lateinische Text befinde. Vergl. Lentz Geschichte der Homiletik Th. 1, S. 296. Der Bibelglossator Nicol. de Lyra † 1340.

19) Nicolaus de Lyra super nov. test. Nuremberge impress. impensis Anthonii kobergers — a incarnate deitatis MCCCCLXXXVII die vero nonar. III decembr. Fol.

No. XXXIX. § 115.

20) Der Catalog führt No. XXXIV an: Biblia germanica veteris impressionis. Lubec. Steffen Arends a. 1494.

Die Universitätsbibliothek hat ein sehr beschädigtes Exemplar einer plattdeutschen Bibelübersetzung § 112. Nach den Kennzeichen, die Seelen sel. literaria Ed. 2, Lubecae 1726, 8., p. 211—250, über die in Lübeck gedruckte plattdeutsche Bibel angiebt, scheint der Druck der Universitätsbibliothek nicht der Druck von St. Arends.

21) Biblia cum concordantiis veteris et novi testamenti nec non et juris canonici ac de diversitatibus textuum canonibusque evangeliorum ac quibusdam temporum incidentibus in margine positis studiosissime revisa —. Accedunt ad hoc ex viginti de antiquitatibus et judeorum bello Josephi libris exhauste auctoritates: quas utriusque juris professor dominus Johannes de gradibus concordantibus congruisque apposuit locis. Impressa autem Lugduni per M. Jacobum Sacon. Expensis notabilis viri Antonii Koberger Nurembergensis Feliciter explicit anno nostrae salutis 1521 nono cal. Augusti que est 24 Julii. Fol.

No. XXXV. § 54. Vergl. Lackmann p. 119. 120.

22) Repertorium morale editum per fratrem Petrum bercharii pictaviensis ordinis sancti Benedicti P. 1. A—D. P. 2. E—O. P. 3. P—Z. s. l. et a. Fol.

No. XXXVI—XXXIIX. M. 49 b. In dem Bibliothekexemplar steht geschrieben: Nycolaus baeres quondam plebanus in Kyl — circa annum domini 1510 contulit monasterio Bardesholm. — Liber domus b. marie virginis ac apostol. petri et pauli in Bardesholm. Vergl. Mersdorf S. 9 unten. P. II. § 1362. — Die lateinische Uebersetzung des Jo. Chrysostomus Basil 1547, welche der Bordesholmer Catalog No. XLI—XLIV aufführt, ist nicht in der Universitätsbibliothek.

23) Augustini operum Tom. 1—10. repurgatorum per Desid. Erasmum. Basileae 1528—1529. Fol.

No. XLV—LII. 3. 153. Das Exemplar ist bezeichnet Bernhardus Pravest tho Barrs Holme.

Ambrosii opera P. 1—3. Basilee per magistrum Joh. de Amerbach 1492. Fol.

No. LIII—LV. 3. 147. Das jetzige Exemplar der Kieler Bibliothek ward auf der Auction der Bücher des Prof. Thiess gekauft.

24) Cypriani opera. Basileae 1521. Fol.

No. LVI. 3. 137.

Von No. LVII. Canones apostolorum Mogunt. 1525. heisst es im Bordesholmer Catalog: belli tempore amissum, es findet sich nicht auf der Kieler Bibliothek.

25) Bartholomaeus Brixiensis super decreto Venet. per Bapt. de Tortis 1496. Fol.

No. LVIII. IV. 660. Vergl. Savigny, Geschichte des Röm. Rechts. 2. Ausg. B. 7, S. 251.

26) Der Bordesholmer Catalog nennt No. LIX Wilh. Durantis speculi addit. per Joh. Andree Bononiensem. Die Bibliothek hat Addiciones Johannis Andree super speculum juris Guilh. durantis. s. l. et a. Fol. IV. 855.

27) Repertorium Petri Episc. Brixiensis impr. Nuremberge per Andream frisner Bursidelensem et Joannem Sensenschmid civem Nurembergensem a. 1476. P. 1. A—I. P. 2. K—Z. Fol.

No. LXII. LXIII. IV. 14. P. B. lebte circa 1470.

28) Nicolaus de Tudeschis Abbatis siculi archyepiscopi Panormitani super prim. libr. decretalium super sec. libr. P. 1—3. super 3. 4. 5. libr. Basileae 1477.

No. LXIV—LXVIII. IV. 664. Vorn in P. 1 ist bemerkt: Emit Martinus sollicitante Joh. Meyer de Lubeck. Empt. pro decem octo aureis. Vergl. Mersdorf S. 8, wo irrig Panorm. sup. decreto steht, statt super decretal. Nicol. de T. † 1445.

29) 1. Nicolai de Tudeschis de silicis abbatis monacen. quotidiana et utilis consilia seu allegationes noviter edita ac composita per Ludovicum bollognisum de Bononia in presentis jura civilia — in almo ferrarie gymnasio actu legentem a. MCCCCLXXIII. Fol.

Vorn ist auf 6 Bll. eine geschriebene tabula super consilia.

2. Singularia utrisque juris monarche Lodovici Pontani de Roma. s. l. et a. Fol.

1 u. 2 sind in einem Bande. No. LIX. IV. 49. Vergl. Savigny Geschichte des Röm. Rechts. 2. Ausg. B. 7, S. 330.

30) 1. Flores juris utriusque ex voluminibus ejusdem juris collecti et conscripti. Impressi Colonie Agrippine Per me petrum de Olpe sub anno MCCCC septuagesimo septimo. Fol.

Nach dem Bordesholmer Catalog und einer Bordesholmer Inschrift in No. LXX. IV. 13. von Panormitanus verfasst.

2. Glossae Clement. cum quibusdam aliis allegationibus occurrentibus collectae per dominum Nicolaum Siculum Momatensem abbatem nunc vero archiep. Panormitanum. In inclita civitate Coloniensi opera atque Impendio Magistri Johannis Koelhoff de Lubeck civis sive Incole civitatis Coloniensis. Impresse atque finite a. d. Millesimo quadragintesimo septuagesimo septimo. Fol.

No. LXX. IV. 13. Vorn ist handschriftlich bemerkt: librum istum emit Johanes Meyer de Lubeck. in Bardesholm frater professus in — colonien. a. d. 1478. Vergl. Mersdorf S. 8, und Lackmann l. c. p. 117. 118.

31) Antonius de Butrio Lectura a titulo decretalium Gregorii noni de translatione praelatorum ad tit. de officiis archidiaconi et vicarii super quibus titulis dominus Abbas non scripsit. Norimbergae per Ant. Koberger 1486. Fol.

No. LXXII. IV. 107. Vergl. Lackmann p. 125, und Savigny l. c. B. 7, S. 261.

32) 1. Liber sextus decretalium cum apparatu Jo. Andreae. s. l. et a. Fol.

2. Constitutiones Clementis V cum apparatu Jo. Andreae. s. l. et a. Fol.

3. Decretales extravagantes. s. l. et a. Fol.

No. LXXIII. IV. 667. Der frühere Besitzer Didericus Lesteman hat am Schluss geschrieben: orate pro fratre Diderico Lestenman, qui me comparavit in universitate Grippeswaldes. anno incarnacionis dominicae millesimo quadringentesimo octuagesimo octo. Vergl. No. CLXIII.

33) Justiniani imperialis statuta jurium cardines pandentia expensis labore valido pervigilique solertia spectabilis viri Anthonii koberger incole et civis Nurembergensis clymatis alemanici his ereis literis exarata elaborata in fineinque redacta a. MCCCCLXXXVI. Fol.

No. LXXIV. IV. 410. In Spangenberg's Einleitung wird diese glossirte Institutionsausgabe S. 682 genannt.

34) Casus decretalium. Am Schluss: Finitus et completus est liber iste casus summarios librorum decretalium, sexti et Clementianum una cum nuclio sive medulla glosularum omnium corundem librorum in se continens. Per venerab. et egreg. virum dominum et magistrum michaelem de dalen in jure canonico licentiatum expertissimum inque venerabili curia Coloniensi causarum advocatum peritissimum laboriose compendiose et nucliariter compilatus. Per me petrum in altis de olpe Colonie impressus sub anno a nativitate domini millesimo quadringentesimo septuagesimo sexto —. Fol.

No. LXXXI. IV. 669. Vergl. Lackmann l. c. p. 116.

35) Libri oper. utilissimorum scilic. Restitutionum Usurarum et Excommunicationum reverendi fratris Francisci de platea bonon. ordinis minorum peritissimi in utroque jure ac in sacra theologia. Impressique sunt Colonie per me Johannem Colhoff sub anno 1474. Fol.

No. LXXXIV. IV. 714. Vergl. Lackmann l. c. p. 118.

36) Vocabularius utriusque juris pridie nonas septembris Anthonii koburger Nuremberge impensis impressus et consummatus Anno salutis MCCCCLXXXI. Fol.

No. LXXXIV. IV. 14. Dieser Druck des Vocabularius, welcher früher mit Franc. de Platea und Joh. Andreae arbor in einem Bande war, ist jetzt für sich gebunden. Dieses Exemplar hat auf 11 Bll. ein handschriftliches Supplement, an dessen Schluss: finit supplementum vocabularii juris a. d. 1481 et dono datum novomonasterio. Vergl. Lackmann l. c. p. 123.

37) Johannis andree tractatus super arboribus consanguinitatis affinitatis nec non spiritualis cognationis. Impressum per Fridericum Creussner de Nuremberga. s. a. Fol.

No. LXXXIV. IV. 714. Das ehemalige Bordesholmer Exemplar ist defect, es fehlt der Baum und wenigstens ein Blatt. In dem Bordesholmer Catalog ist irrthümlich Joh. Hispanus als Verfasser des Tractats angegeben, Joh. Andreae tadelt im Eingang die Arbeit des Joh. de deo hispanus. Die Bibliothek hat einen andern datirten Druck von Joh. Andreae lectura oder tractatus super arboribus a. d. 1477. impr. per Fridericum Creussner de Nuremberga. Fol. IV. 711. Vergl. über Johannes Andreae Savigny B. 6, S. 98.

38) Casus breves decretalium. Artificio ac opera Johannis Koelhoff in alma ac floridissima universitate Colon. impressum est anno domini MCCCCLXXXV. Fol.

No. XC. IV. 663. Vergl. Lackmann l. c. p. 124.

Die summa des Thomas von Aquino, Nuremb. 1496, welche der Bordesholmer Catalog No. XCI—XCIV angiebt, hat die Kieler Bibliothek in diesem Druck nicht.

39) Tabula super libros Sententiarum cum Bonaventura. s. l. et a. Fol.

Handschriftlich steht auf dem Titel vor Tabula — Johannis Belhenraub moguntini, und nach Bonaventura: id est Repertorium sententiarum ex textu Lombardi secundum distinctiones et ex Bonaventurae marginalibus commenti. sub titulo Perlustratio S. Bonav. — Nach dem Repertorium folgt auf Bogen q: varii articuli erronei omnium pene facultatum in anglia et parisiis studioso et auctoritative condemnati cum revocationibus eorundem. Nach diesen elf Blättern folgt: Perlustratio Sancti Bonaventure in primum librum sententiarum. Die Vorrede ist von Johannes hekenhub (belrenhub) Moguntinus und gerichtet an Nicolaus tinctoris de guntzenhusen imperialis ecclesie bambergensis praedicatori. Dessen Antwort ist datirt: Ex bamberga 1493. No. CXV. D. 8. In einem andern Druck des 1sten u. 2ten Buchs des Bonaventura ist das Schreiben des Nicolaus tinctoris de guntzenhausen, datirt: Ex bamberga 1491.

Perlustratio Sancti Bonaventure in secundum librum Sententiarum. s. l. et a. Fol.
No. XCVI. D. 8.

Elucidatio Sancti Bonaventure in tertium librum Sententiarum. s. l. et a. Fol.
No. XCVII. D. 8.

Elucidatio Sancti Bonaventure in quartum librum Sententiarum. s. l. et a. Fol.
No. XCVIII. D. 8. Der Bordesholmer Catalog giebt an Argentorati 1515.

40) Summa evangelica de casibus conscientie cum multis utilibus et valde necessariis additionibus noviter insertis per venerabilem fratrem Angelum de Clavasio compilata diligenter revisa ac emendata. Impensis providi viri Joannis Knoblouch civis inclyte Argentinen. impressa: finit feliciter a. domini 1515. Fol.

No. XCIX. M. 19. Auf dem weissen Blatt vorn steht: Liber sancte marie virginis In bardesholm ordinis canonicorum regularium sancti Augustini bremensis diocesis In ducatu holtzacio. Quem ego frater Johannes cum naso comparavi pro uno floreno rin. quando ego fui — vice plebanus in brugghe anno domini 1517. Oratis deum pro me unum ave maria propter deum. Unter dem Titel ist Naso's Zeichen, zwei Dudelsäcke, die sich auch in andern Drucken und Handschriften der Bordesholmer Bibliothek theils mit Modificationen finden. Vergl. Merzdorf S. 9 unten, u. Lackmann l. c. p. 154. 155.

41) Reverendissimi cardinalis tituli sancti Sixti domini johannis de Turrecremata expositio brevis et utilis super toto psalterio Moguntie impressa Anno domini MCCCCLXXIIII tertio Idus septembris per petrum Schoyffer de Gernssheim feliciter est consummata. Fol.
No. C. § 134 c.

42) Seraphici doctoris Bonaventure sacrosante Romane ecclesie Cardinalis dignissimi sermonum de tempore simul et sanctis perfructuosum opus Zwollis impressum a. domini millesimo quadringentesimo septuagesimo nono. Fol.
No. CII. M. 54.

43) 1. Bonaventure breviloquium P. 1—7. Anno domini MCCCCLXXXIIII. Fol.

2. Bonaventure tractatus qui vocatur lignum vite. s. l. et a.

3. Bonaventure itinerarium mentis in deum. s. l. et a.

4. Bonaventure apologia pauperum adversus eorundem calumniatores. s. l. et a.

5. Bonaventure epistola eliminans cujusdam magistri errorem contra regulam sancti Francisci et alia epistola ejusdem, et viginti passus de virtutibus bonorum religiosorum. s. l. et a.

6. Bonaventure libellus de reductione artium ad theologiam et ejusdem liber de tribus ternariis peccatorum infamibus. Expositio orationis dominice Bonaventure.

7. Bonaventure de septem gradibus contemplationis.

8. Bonaventure centiloquium. P. 1—4. finit. a. d. MCCCCLXXXIIII.

9. Utilissima quaedam epistola bonaventure.

Im Bordesholmer Catalog ist die Sammlung Tractatus diversi genannt. No. CIII. D. 6. Ueber Bonaventura vergl. Lentz Geschichte der Homiletik Th. 1, S. 288 u. 289, und oben S. 10.

44) Thomas Kempis diversi sermones ac epistolae devotique tractatus. s. l. et a. Fol. min.

No. CX. M. 2. Die Tabula zu Anfang ist vollständig, aber vom Text fehlen einige Blätter, so wie auch in der Mitte. Die sermones ad novitios regulares haben 8 Theile, das doctrinale juvenum ist das vorletzte, das hospitale pauperum das letzte Werk der Sammlung. Vergl. Lentz Geschichte der Homiletik Th. 1, S. 331.

45) Volumen omnium celestium Revelationum preelecte sponse Christe Sancte Birgritte de regno Swecie. A religiosis patribus originalis Monasterii Sanctarum Marie et Birgitte in Watzstenis — comportatum.

Mille quadringenti nonaginta duo simul anni
Christi quando fere de nativitate fuere
Hoc mundi lumen miserans celeste volumen
Quod dedit ipse deus. Impressit Bartholomeus
Ghotan tunc sospes Lubecensis civis et hospes
Sit laus inde deo, sit merces bartholomeo
Pax sit terrigenis requies animabus egenis
Regnum Gothorum muniat deus atque Suecorum.

No. CXL. M. 44. Zu Anfang des Buchs steht eine epistola Johannis Cardinalis de Turrecremata ad omnes Cristi fideles, darauf die bulla canonizationis beate Birgette de regno swecie gloriose sponse Cristi quam dedit Bonifacius papa nonus. Das Exemplar ist sehr beschädigt. Ueber Brigitta vergl. Lentz Gesch. der Homiletik Th. 1, S. 297, er hat die Schilderung der Reise der Himmelskönigin von Brigitta abdrucken lassen. er nennt sie irrig Königstochter, sie war aus dem Geschecht, welches sich nachher Brahe nannte. Geijer Geschichte Schwedens B. 1, S. 296.

46) Hieronymi vitae patrum sanctorum Egiptiorum etiam eorum qui in Scithia Thebaida atque Mesopotamia morati sunt non solum quos oculis vidit maximoque labore conspexit verum et quamplura a fide dignis relata conscripsit notabili diligentia. Denique aliorum etiam autenticorum libellos fideliter e Greco in latinum transtulit et ab aliis translata pro sui perfectione huic operi inseruit. Anno cristi nativitatis millesimo quadringentesimo octuagesimo tercio nonas vero Aprilis — in oppido Nurnberg. per Anthonium Koburger oppidi praefati incolam — impressum.

No. CXII. 3. 152. Fol.

Wegen No. CXIII siche oben bei No. XII.

47) Opera et libri vite fratris Thome de Kempis 1494 Nuremberge per Caspar Hochfeder opificem accuratissime impressi. Fol.

No. CXIV. M. 2. Die Folia 80—82 fehlen. Zu Anfang steht ein Schreiben von Georgius Pirckammer, Nurmberga 1494, an Magister Petr. Danhauser, um diesen von den studiis poetarum et gentilium abzubringen, und die Antwort von Danhauser; dann folgt de imitatione christi opus, quod falso apud vulgares Gersoni parisiensi cancellario inpingitur —, darauf vita magistri Gerhardi, liber de humilitate christi — de discipulis domini florentii anfangend, cap. 1 de prima congregatione clericorum in daventria, soliloquium anime, de disciplina claustrali — sermones ad novicios regulares, dyalogi noviciorum, liber epistolarum, de paupertate, de humilitate, de patientia, hortulus rosarum, vallis liliorum. Vergl. Lentz Geschichte der Homiletik Th. 1, S. 351, und Joh. G. L. Scholtz diss., qua Thomas a Kempis sententia etc. Groningae 1839. p. 12.

Trithemius de scriptt. eccles., Basil. 1494, No. CXV, und Chrysostomi sermones morales, No. CXVII, fehlen.

48) Novum testamentum tertio recognit. opera Desiderii Erasmi. 1522. Fol.

No. CXVI. § 41. Die annot. fehlen.

49) 1. Dialogus, qui vocatur scrutinium scripturarum compositus per Paulum de Sancta maria magistrum in theologia episcopum Burgensen archicancellarium — regis castelle et legionis quem composuit post additiones positas ad postillam Nicolai de lyra a. d. MCCCCXXXIIII aetatis suae anno LXXXI.

No. CXX, jetzt P. 3. Fol. Die Schrift ist dialogisch abgefasst, theils zwischen Saulus und Paulus, theils zwischen discipulus und magister.

2. Tractatus de morali lepra Johanis nider sacre theologie professoris ordinis predicatorum. s. l. et a.

No. CXX. P. 3. Beide 1 u. 2 in einem Bande befindliche Werke sind etwas beschädigt.

50) Augustini de anchona ordinis fratrum heremitarum sancti augustini summa de potestate ecclesiastica Colonie agrippine edita ac finita per me arnoldum ther hurnen anno MCCCCLXXV.

No. CXXI. IV. 691. Fol. Vergl. Lackmann l. c. p. 114.

51) 1. De laudibus gloriosa dei genetricis marie semper virginis famosissimi sacre pagine interpretis domini alberti magni de laugingen radisponensis episcopi nec non predicatorum ordinis professoris celeberrimi. s. l. et a. Fol.

Vergl. Ritter Gesch. der christl. Philos. Th. 4, S. 183. Albertus Magnus ward 1193 zu Lauingen in Schwaben geboren.

2. Commentum beati gregorii pape super cantica canticorum. s. l. et a. Fol.

No. CXXIV. 8. 316. Das Exemplar ist sehr beschädigt.

52) Platina in vitas pontificum ad Sixtum IIII pontificem maximum, praeclarum opus feliciter explicit accurate castigatum ac impensa Antonii koburger Nurenberge impressum III idus augusti consummatum anno salutis christ. MCCCCLXXXI. Fol.

No. CXXXII. 3. 432. Die Kieler Bibliothek hat 2 Exemplare dieses Drucks.

53) Speculum exemplorum ex diversis libris in unum laboriose collectum. Am Schluss: finitum et completum est hoc Speculum exemplorum per me Richard paeffroed civem daventriensem in crastino beatiss. apostolorum Philippi et jacobi anno d. MCCCCLXXXI.

Das Buch hat die Nummer des Bordesholmer Catalogs CXL, jetzt M. 44 Fol.

1. Gesta rhomanorum cum applicationibus moralisatis ac mysticis. Anno MCCCCLXXXIX. Fol. I. 2112.

2. Hystoria destructionis Troje composita per judicem Guidonem de columna messanensem opus factum a. millesimo ducentesimo octuagesimo septimo ejusdem prime indictionis.

3. Historia Alexandri regis macedonie de preliis. Impressa Argentine MCCCCLXXXIX.

Das im Bordesholmer Catalog No. CXLI ohne Druckort und Jahr genannte Exemplar der gesta Rhoman. ist nicht dasselbe, dessen Titel oben angegeben. Das Bordesholmer Exemplar soll am Anfang defect sein. 1. 2. 3 sind in Lübeck erstanden. Die Universitätsbibliothek hat jedoch aus der Bordesholmer Bibliothek einen andern Druck dieses Märchenbuchs, welches durch Keller u. Grässe in alter und neuer deutscher Bearbeitung bekannter geworden ist. Dieser andere Druck ist:

54) Ex gestis romanorum cum pluribus applicatis historiis de virtutibus et vitiis mistice ad intellectum transsumptis Recollectorium. s. l. et a. Fol.

In dem Bordesholmer Catalog ist dieser andere Druck unter No. CLXIII. 3, jetzt IV, 600, aufgeführt und beigebunden bei No. 70. den concordantie autoritatum sacre scripture Juxta ordines librorum biblie, in quibus locis juris canonici reperiantur per egregium virum Johannem decretorum doctorem dignissimum Nivicellen. abbatem. Basilee impresse MCCCCLXXXIX. Fol. Vergl. über diesen undatirten Druck No. 70. 3, S. 22. — Die erste Erzählung in beiden Drucken ist von Pompejus und seiner Tochter, das letzte Capitel 181 de adulterio, von dem Könige, der einen Löwen, eine Löwin und einen Leoparden hatte. Grässe nennt in seiner Uebersetzung der Gesta II. 2, Dresden u. Leipz. 1842, S. 307, den Druck von 1489. Bei dem Bordesholmer Exemplar der gesta No.

CXLI waren gebunden: Gasparini pergamensis epistolae. Die Bibliothek hat ein Exemplar in 4: Gasparini pergamensis epistolarum opus per Johannem lapidanum sorbonensis scole priorem. Der Druck hat 53 Blätter. Nach Götze Denkwürdigkeiten der Bibliothek zu Dresden Samml. 1, B. 3, S. 123, heisst der Verfasser Barzizius. Dieses jetzige Bibliotheks-exemplar ist wohl nicht aus Bordesholm gekommen. Ueber die Verdienste von Barzizius um das Studium der lateinischen Sprache spricht H. A. Erhard in seiner Geschichte des Wiederaufblühens der wissenschaftl. Bildung, Magdeb. 1827, B. 1, S. 232, u. Grässe Lehrbuch der Literärgeschichte des Mittelalters II, 2, S. 739.

55) Breviarium ad consuetudinem canonicorum regularium instituti divi patris Augustini episcopi congregationis Windesmensis ad ordinis exemplaria diligenter recognitum et multis auctum cum calendario magno et locuplete — addita quaedam sunt, quae etiam aliis extra diocesin Trajeccen. degentibus et praecipue Cameracen. convenire possint cum gratia et privilegio regis castelle Caroli ne quis intra sexennium imprimat seu imprimi faciat. Venundantur Antwerpie in edibus Henrici Eckert de Homberch juxta portam camere sub intersignio scuti delfensis. — Extrema huic operi manus imposita est Antwerpie sumptibus ac impensis Henrici Eckertani de Homberch anno christi incarnati decimo nono supra millesimum quingentesimum octavo calendarum octobrium.

No. CXXX u. auch CXLII in dem Bordesholmer Catalog, jetzt 3. 370. Fol. Dass das Stift Bordesholm der Windesheimer Congregation angehörte, ist schon S. 6 bemerkt worden.

56) Frater dyonisius de burgo sancti sepulcri ordinis fratrum heremitarum sancti Augusini declaratio Valerii Maximi. Fol.

No. CXLIII. Cl. lat. 116.

57) 1. Epistolae magistri petri Blesensis bathoniensis archidyaconi. s. l. et a.

Vergl. Savigny l. c. B. 7, S. 322.

2. Johannis Boccacii de Certaldo compendium quod de preclaris mulieribus ac famam perpetuam edidit. s. l. et a.

3. Johannis Boccacii de Certaldis de casibus virorum illustrium. lib. 1—9. s. l. et a. Fol.

No. CXLIV. 3. 223. Fol. Ein früherer Besitzer hat am Ende des Buchs bemerkt: non videat Christum librum qui subtrahit istum.

Unter No. CXLVII nennt der Bordesholmer Catalog Bernhardi sermones. Dieses Exemplar hat die Universitätsbibliothek nicht, aber sie hat in Lübeck erstanden: Bernardi abbatis Clarevallensis insigne opus sermonum de tempore precipuisque festivitatibus ac quibusdam specialibus materiis. Basilee 1494. Fol. 3. 214.

58) Vocabularius qui intitulatur Teuthonista vulgariter dicendo der duytschlender ea ratione quia termini in capite rigarum a teuthonico sunt incepti. Edicioque hujus modi operis completa est de anno domini MCCCCLXXV de mense Marcii.

No. CXLVIII. 1. 1858. Fol. In dem 2ten Theil dieses Werks stehen die lateinischen Wörter voran. Am Schluss des zweiten Theils steht: Explicit presens vocabulorum materia a perdocto clementissimoque viro domino Gherardo de schueren Cancellario illustrissimi ducis Clivensis a diversorum terminiatarum voluminibus contexta —. Colonie per me Arnoldum ther hornen impressa finita sub annis domini MCCCCLXXVII die ultimo m. Maji. Darauf folgen auf 5 Bll. termini grecorum. Im zweiten Theil sind im Buchstaben F 2 Bll. handschriftlich ergänzt. Ebert, unter Schueren No. 20669, nennt das Werk sehr selten und wichtig, er giebt als dritten Theil an: libellus de partibus indeclinabilibus. In Ad. H. Lackmann annal. typograph. sel. quaedam capita, Hamb. 1740, p. 116. 117 u. in (Kohl) gesammelten Briefwechsel der Gelehrten auf 1750, Hamb. 1750, 8., wird S. 339 auch das Kieler Exemplar besprochen. Schueren nennt die frühern Wörterbücher von Hugwicius u. Joh. de Janua.

59) Jacobus januensis de ordine predicatorum legendae sanctorum. Am Schluss: Finit lombardica hystoria p. mandata Anthonii Koburger Nurenberge impressa anno salutis MCCCCLXXXII kal. Octob. Fol.

No. CXLIX. Das Werk war in Bordesholm mit andern zusammen gebunden, jetzt getrennt S. 591, es hat 183 Bll., vergl. No. CLVII. Die Kieler Bibliothek hat auch ein Exemplar der legendae sanctorum Venetiis per magistrum Christofforum arnoldum a. d. MCCCCLXXVIII vivente duce Andrea Vendramino, Fol., S. 591, eines Argentine MCCCCXCVI, Fol., eines Argentine MCCCCC secundo, und eines von 1479 Fol., vergl. No. 63. S. 591.

60) 1. Liber manualis ac introductionis in biblie historias figurasque veteris ac novi testamenti peroptimus Aurea biblia vocicatus. Ulm diligenter per Johannem Zeiner de Rutlingen artificialiter effigiatus anno MCCCCLXXV die altera post viti et modesti martirum. Fol.

2. Compendium literalis sensus totius biblie seu divine scripture editum a fratre petro aureoli ordinis minorum. a. l. et a.

No. CLI. § 99. Der Verfasser von 60. 1: Antonius Ampigollus oder de Rampigolis.

61) Johannes Nider sacre theologie professor ordinis predicatorum expositio decalogi. Am Schluss: Preceptorium divine legis fratris Johannis Nyder sacre theologie professoris eximii ordinis predicatorum conventualis Nurembergensis. s. l. et n. Fol.

No. CVII. D. 16. Am Schluss ist geschrieben: Liber domus sanctae Marie semper virginis gloriose in Novomonasterio alias in Bordesholm quem comparaverunt fratres ibidem anno domini Millesimo quadringentesimo septuagesimo secundo. Vergl. Lackmann l. c. p. 107.

62) Aurea grammatica puerorum dictis fulcita fere omnium majorum et presertim prisciani et nicolai perotti sipontini super textu doctoris irrefragabilis alexandri. Auf dem letzten gedruckten Blatt ist eine epistola von Alexander n. civis Lubicensis Gherardo n. nepoti suo, an dessen Schluss steht: date Lubic. quarto idus octobris anno salutis millesimo quadringentesimo octogesimo. Fol.

No. CLVI. 1. 1814. Der versificirte textus Alexandri, dem ein prosaischer Commentar beigefügt ist, fängt erst auf der Rückseite des neunten Blattes an. Auf der Rückseite des

Drucke Bl. 8 steht: anno milleno ducenteno duodeno doctor alexander fortis egregius autor doctrinale suum dedit in communo legendum prohemium een Vorrede et dicitur a pro vel protos quod est primum et hemi quod est sermo vel modulatio quasi primus sermo. — Ueber Alexander de villa dei und sein doctrinale, dessen Verbrennung König Christian II. zur Förderung des Studiums der lateinischen Sprache in seinen Anordninger om Kirke- og Skole-Sager, die wegen seiner Flucht keine Gesetzeskraft erhielten, befahl, handelt ausführlich Nyerup in seiner kleinen lehrreichen Schrift: librorum, qui ante reformationem in scholis Daniae praelegebantur, notitia, Havniae 1784, 8., p. 1—28: alle gamle Alexandri Bøger dem skulle de antworde wor Skulteius og lade them brende. Danske Magasin VI, 366. Wie sehr die Grammatik Alexander's aus Dolen in der Bretagne geschätzt wurde und herrschte, sieht man aus Burckhard de linguae latinae fatis, Wolfenb. 1721, p. 408, u. aus Pfeiffer's Beiträgen zur Kenntniss alter Bücher, Hof 1783, S. 230. Das Kieler Exemplar hat einen handschriftlichen Anhang, zuerst eine oratiuncula von Georgius Walter. decretorum doctor — in laudem ivonis advocati pauperum.

63) Jacobus de Voragine Hystoria Lombardica additis multorum sanctorum et sanctarum legendis pulchris. Ad finem usque deducta est per me Richardum paffroed de colonia civem daventriensem anno d. millesimo quadringentesimo sepuagesimo nono. Fol.

Das Exemplar, dem das erste Blatt fehlt, hat die Nummer des Bordesholmer Catalogs CLVII, jetzt S. 591; es hat 228 Historien und ist unfoliirt, hat aber nach der handschriftlichen Zählung 223 Lagen, jede von 4 Bll., nur dass die erste Lage 3 Bll. hat. Vergl. No. CXLIX. Nach Lentz Gesch. der Homiletik Th. 1, S. 255, starb der Verfasser Jacob aus dem Städtchen Viraggio im Genuesischen als Erzbischof von Genua 1298.

64) Magistri helwici teutonici professoris sacre theologie ordinis predicatorum liber de exemplis et similitudinibus rerum (lib. 1 — 10). Am Schluss: Finitur totum opus de exemplis et similitudinibus intitulatum In quo similitudines inter creaturarum proprietates et vitia ceteraque de quibus in sermonibus mentio fieri solet reperto pulcerrime declarantur. s. l. et a. Fol.

No. CLVII. M. 49 d. Das Werk ist wieder gedruckt Antverpiae 1629, 8., unter dem Namen Joannes a S. Geminiano.

65) Thome de aquino de ordine predicatorum questiones de quod libet. Am Schluss: Finitur Quodlibetorum liber —. Impressus Colonie per Arnoldum ther hoernen anno domini 1471. Fol.

No. CLX. D. 6.

66) Bei diesem Exemplar von Th. de Aquino Quodlib. war früher No. CLX. 2, jetzt § 151, gebunden: Johannes gerson cancellarius parisiensis concordanciae evangelistarum quas intitulavit monotesseron aut unum ex quatuor. s. l. et a. 60 unfoliirte Bll. kl. Fol.

67) Hugonis de novo castro sacre theologie et decretorum doctoris parisiensis tractatus de victoria christi contra anticristum. Anno MCCCCLXXI. s. l. kl. Fol.

Früher bei No. CLX, jetzt S. 228.

68) Die Bibliothek hat ein anderes Exemplar desselben Drucks, bei dem Quadragesimale Johannis Gritsch ord. fratrum minorum impressum MCCCCLXXXIIII, kl. Fol., M. 55, welches nach dem Bande auch der Bordesholmer Bibliothek gehörte.

Vergl. No. CLXXXIII u. CCXV unten S. 24.

69) Aureola ex suavissimis salutiferisque floribus gloriosi confessoris atque doctoris Iheronimi adfabre contexta. s. l. et a. 31 Capitel, 38 unfol. Bll. in kl. Fol.

Früher bei No. CLX, jetzt S. 152.

70) 1. Concordantie biblie et canonum totiusque juris civilis. Am Schluss: Biblie autoritatum et sententiarum quae in decretorum et decretalium totiusque juris canonici libris reperiuntur concordantie per egregium magistrum Johannem Nivicellensem abbatem decretorum doctorem famosissimum studiose collecte. Anno domini MCCCCLXXXIX ultima vero m. Januarii feliciter expliciunt. Fol.

No. CLXIII. IV. 669. Lackmann p. 125.

2. Margarita decreti seu tabula martiniana decreti edita per virum fr. Martinum ord. predicat. summi pontificis penitentiarium capellanum. Impressa Argentine a. d. MCCCCLXXXVI. Finita in die sancti Egidii confessoris.

3. Gesta romanorum. s. l. et a.

Nach dem Bordesholmer Catalog von 1488 vergl. No. CXLI oben S. 18, wo dieses recollect. schon genannt ist. Der Band ist liber s. Marie in Bordesholm bezeichnet, vorn steht Didericus lesteman, und am Schluss

orate pro fratre diderico lesteman
qui me comparavit in universitate gripeswolden.
anno incarn. dom. millesimo
quadringentesimo octuagesimo octavo.

Vergl. No. LXXIII oben S. 13.

71) Libri Ebrardi Greciste. Am Schluss: Viri literar. doctissimi magistri Ebrardi bituniensis grecismi liber feliciter explicit una cum glosa magistri Johannis Vincentii metulini in florente ac fructifera pictaviensi universitate regentis. s. l. et a. Fol. 197 unfol. Bll.

No. CLXV. 2. 1. 1815. Diese versificirte lateinische Grammatik mit den ausführlichen Additiones gehörte zu den Büchern, die, wie oben S. 21 erwähnt, König Christian II. verbrannt wissen wollte. Vergl. Nyerup Librorum qui ante reformat. in scholis Daniae p. 20, 29 u. 41. Pfeiffer's Beiträge zur Kenntniss alter Bücher S. 289 u. folg., so wie Nyerup l. c. haben nachgewiesen, dass dieses Werk nicht, wie man früher nach dem Titel des Buchs Graecismus und nach der Benennung des Verfassers Graecista irrig annahm, eine griechische Grammatik ist. Es ist in 27 Capitel getheilt, das achte handelt de nominibus graecis appellativis. Der Glossator dieser lateinischen Grammatik Vincentius sagt auf dem letzten Blatt: quem (librum) a grecis nominibus de quibus octavum quinti libri scripsit capitulum voluit nominari utpote a nobiliori et potiori parte. Cum enim omne genus eloquentie a fontibus grecorum sumpserit exordium dignum duxit opus suum ab eisdem sue denominationis sumere vocabulum. Der Verfasser Ebrard schrieb sein Werk 1212, der Glossator Vincentius hat auch eine Vorrede zu Alexandri de villa dei doctrinale geschrieben.

73) Heinricus de hassia vocabularis biblie. s. l. et a. Fol.

No. CLXVIII. § 59. Das Exemplar ist beschädigt.

74) Sermonum Meffreth alias ortulus regine de tempore pars hyemalis pars estivalis et de sanctis. Fol.

No. CLXIX. M. 54. Nach Lentz Geschichte der Homiletik Th. 1, S. 309, starb Meffreth etwa 1476.

75) Sermones de tempore Thesauri novi. Am Schluss: Opus perutile sermonum dominicalium totius anni Thesaurus novus nuncupatum impressum Argentine Anno domini MCCCCLXXXIIII finit feliciter.

No. CLXXI. M. 54. Fol.

76) Sermones Thesauri novi de sanctis. Am Schluss: Opus perutile sermonum de sanctis per circulum anni Thesaurus novus nuncupatum impressus Argentine anno domini MCCCCLXXXV. Fol.

No. CLXXII. M. 54.

77) Sermones notabiles et formales fratris Socci ordinis cysteriensium de sanctis.

No. CLXXIII. M. 54. Fol. Am Schlusse stehen VII sermones de dedicatione ecclesiae. Vergl. CLXXXIV.

78) Rosetum exercitiorum spiritualium et sacrarum meditationum. Am Schluss: Impressum per solertissimum Jacobum de pforzen Basilee urbis amenissime calographum. Iterum atque iterum visum revisum per honorabilem dominum Johannem Speyser singulari et industria et correctione anno MCCCCIIII (sic). Fol.

No. CLXXVI, jetzt M. 44. Das Buch hat die Zeichen des Joh. Nasus: zwei Dudelsäcke und dazwischen ein gabelartiges Instrument, auch ist vorn auf dem Titelblatt geschrieben: Ovidius Johannes cum naso nasonem petito, und auf dem Vorsetzblatt: Liber sancte Marie virginis in Bordesholm ordinis canonicorum regularium sancti Augustini. Quem ego frater Johannes Nasse tunc temporis plebanus in Kil comparavi pro 1 florino rinen. anno domini 1504. Orate pro me unum ave maria.

79) Eruditorium religiosorum. Am Schluss: Opus egregium cuique sacerdoti ac religioso perutile feliciter explicit. Ad laudem summe trinitatis in eternum anno salutis MCCCCXCIIII. Fol.

No. CLXXVII. 3. 500. Das Werk hat zwei Theile: 1) de invenienda exercitiorum et sacrarum meditationum compendiosa materia, 2) de meditabilibus contemplative. Jeder Theil hat vier Distinctionen; die erste des ersten Theils handelt de exercitiis in genere, der zweite de exercitiis dominicalibus. Der siebente Titel der ersten Distinction von Th. 1 ist überschrieben: ruminatorium, der 38ste Titel des letzten Theils handelt de regione celesti. Vergl. Lackmann l. c. p. 111.

80) Bernardini de busti ordinis minorum Mariale de excellentiis regine celi. Impressum Argentine per Martinum flach juniorem Anno a nativitate domini millesimo quingentesimo secundo mensis vero Novembris die decimo. Finit feliciter. Fol.

No. CLXXIX. M. 56. Das Werk ist dem Pabst Alexander VI. gewidmet, es hat das Zeichen des Johannes cum naso plebanus in Kyl, der es 1506 kaufte pro II Mr. Lubicens. Ueber B. de B. vergl. Lentz l. c. S. 311.

81) Dessen Rosarium sermonum predicabilium ad faciliorem predicantium commoditatem novissime compilatum P. 1. Am Schluss: Impressa et diligenter revisa in Imperali oppido Hagenaw per industrium Henricum Gran inibi incolam impensis et sumptibus providi Johannis Rynman de oringaw anno salutis millesimo quingentesimo tertio kal. IX Augusti. Finit feliciter. P. 2 ibidem.

Am Schlusse von P. 2 steht dasselbe und dann Ad lectorem die Aufforderung zu kaufen: suavissime lector habes in hoc volumine Rosarium sermonum predicabilium a fratre Bernardino de Busti mediolanensis ordinis divi Francisci ad faciliorem concionandium usum accuratissime congestum Venetiis alias propalatum jam characteribus Venetis in imperiali oppido Hagenaw iterum impressum. Habes illud nedum castigatissimum verum et latia vulgaria dicteria sparsim per auctorem allegata in rhomanam linguam ad amussim versa. Quid igitur evolvis substasque anceps emptor Eme exore excute illam tuam vetuli numi crumenam deprome quantum bibliopola deposcit. Nam si peniteat (nisi a sacra theologia alienus sis) duplum vult rependere. Sed eme atque fauste vale. Fol. Im Bordesholmer Catalog P. 2 No. CLXXX, P. 1 No. CCXXII. M. 56. Der erste Theil ist gewidmet in einer epistola patri ac domino d. Bernardino sacrosancto Rhomane Ecclesie tituli sancte crucis in Hierusalem presbytero Cardinali dignissimo. Das Werk hat das Zeichen von Johannes cum naso, der handschriftlich bemerkt hat: liber sancte Marie — in bardesholm et bremensis dioc. ordinis canonicorum regular. sancti Augustini. — Quem ego frater Johannes nesse plebanus in Kyl anno domini 1506, comparavi pro 1 flor. rinen. Orate deum pro me unum ave maria.

82) Quadragesimale doctoris Johannis Gritsch de ordine minorum per totum anni spatium deserviens cum thematum evangeliorum et epistolarum introductionibus et tabula per optima. Impressum anno salutis nostre MCCCCXCV in profesto circumcisionis domini. Fol.

Die vorangeschickte Tabula ist beschädigt. No. CLXXXIII. M. 55.

83) Quadragesimale Johannis Gritsch. 4.

Am Schluss defect. No. CCXXXIV. M. 55. Es hat handschriftlich die Bordesholmer Bezeichnung: liber s. marie — quem ego frater Joh. nesse plebanus in Kyl comparavi pro 1 Mk. a. domini 1506 orate deum pro me unum ave marie. Ueber Johann Gritsch aus Basel vergl. Ammon Geschichte der Homiletik Th. 1, S. 85.

84) Joh. Gritsch Quadragesimale impressum anno MCCCCLXXXIIII in die Agathe virginis et martiris. Fol.

Bei diesem Druck ist gebunden: Tractatus de victoria cristi contra anticristum magistri hugonis de novo castro sacrae theologie et decretorum doctoris parisiensis. Am Schlusse anno MCCCCLXXI. Das Exemplar ist in dem Bordesholmer Catalog No. CCXV aufgeführt. M. 55. Vergl. S. 22.

84) Expositio compendiosa et familiaris sensum litteralem et mysticum complectens: libri psalmorum qui ex prestanti exuberanti quoque copiositate dei laudisona multifariam inscribitur scilicet psalterium liber hymnorum liber soliloquiorum regis prophete. Quam expositionem Religiosus pater Sacre Theologie professor ordinis minorum de observantia Frater Pelbartus de Themeswar zelotypia divini cultus estuans mancipatorum divinis officiis proh pudor inscicie pigricieique succurrere satagens ex suorum thesaurorum gazophylatio faventissime profert. Item canticor. vet. test. canticor. no. test. symboli Athanasii Hymni universalis creature.

Am Ende defect, es bricht ab in Bogen t, im symbolum fidei. No. CLXXXIII. 2. § 134 c. Fol. Es war früher bei Joh. Gritsch quadragesimale 1495 gebunden. Nach dem Bordesholmer Catalog ist der Druck von Hagenau 1504. Auch Walch bibliotheca theolog. IV, 502, nennt einen Druck Hagenoae 1504.

85) Sermones Socci hyemales. s. l. et a. Fol.

Zu Anfang fehlen in dem Register 2 Bll. und im Text 1 Bl. No. CLXXXIV. M. 54.

86) Sermones Socci de tempore estivali in evangelia et epistolas per Circulum Anni. Impressi atque summa diligentia correcti in daventria per me Richardum paffrod civem ejusdem oppidi anno domini MCCCCLXXX. Fol.

No. CLXXXV. M. 54. Vergl. Lackmann p. 121.

87) Sacre theologie magistri nec non sacri eloquii preconis celeberrimi fratris Roberti de Litio ordinis minorum professoris opus quadragesimale perutilissimum quod de penitentia dictum est. Am Schluss: per Ulricum Zel de hanaw artis impressoriae magistrum Colonie impressum finem cepit optatum sexto decimo Kal. mensis februarii MCCCCLXXIII. Fol.

No. CLXXXVI. M. 54. Nach der Tabula ist handschriftlich bemerkt: liber sanctae Marie in Novomonasterio alias Bordesholm quem comparaverunt venerabiles patres ibidem anno domini millesimo quadringentesimo septuagesimo tertio circa tempus visitationis ejusdem virginis et matris pro V. marcis. (Die Zahl des Kaufgeldes ist undeutlich und etwas verloschen.) Ueber Robertus de Litio vergl. Ammon Geschichte der Homiletik I, S. 161.

88) Sermones Discipuli de tempore per circulum anni. Vor der Tabula steht: Incipit tabula — super praecedentibus sermonibus Discipuli de tempore per anni Circulum et communium qui eosdem subsequuntur. s. l. et a. Fol.

No. CCIX. M. 54. Joh. Herolt nannte sich Discipulus.

89) Sermones quadragesimales de legibus fratris Leonardi de Utino sacre theologie doctoris ordinis predicatorum. Am Schluss: Opus quadragesimale de legibus venerabilis magistri Leonardi de Utino sacre pagine professoris celeberrimi. Explicit perutilissimum. s. l. et a. Fol.

No. CCX. M. 54. Vergl. über Leonhard de utino Lentz Geschichte der Homiletik Th. 1, S. 303.

90) Sermones aurei de sanctis fratris Leonardi de utino sacre theologie doctoris ordinis predicatorum. Am Schluss: Expliciunt sermones aurei de sanctis per totum annum, quos compilavit magister Leonardus de utino — ad instanciam et complacentiam magnifice communitatis Utinensis ac nobilium virorum ejusdem MCCCCXLVI in vigilia beatiss. patris nostri dominici confessoris ad laudem et gloriam dei omnipotentis et totius curie triumphantis. Anno incarnationis dominice millesimo quadringentesimo septuagesimo octavo undecimo vero Kal. februarii iique denuo impressi sunt sermones Nurnberge per Antonium Coburger incolam praefati opidi cujus opus industria fabrifactum quod attente finit feliciter. Fol.

No. CCXI. M. 54. Zu Anfang fehlen im Register einige Blätter.

91) 1. Sermones Pomerii de sanctis hyemales et estivales editi per fratrem Pelbartum de Themeswar divi ordinis sancti Francisci. Am Schluss der 124 Sermones: Sermones Pomerii de sanctis comportati per fratrem Pelbartum de Themeswar professum divi ord. s. Francisci impressi ac diligenter revisi Argent. per providum et industriosum virum magistrum Joannem Knoblouch equalibus expens. et sumpt. docti viri Joannis de Rauesberch Coloniens. Finiunt feliciter Anno ab incarnatione domini M. quingentesimo quinto. IIII die Februarii. Darauf folgt: vita sancti Joannis eleemosynarii patriarche alexandrini.

2. Sermones quadragesimales Pomerii fratris Pelbarti de Themeswar divi ordinis sancti Francisci. Zu Anfang des Textes: quadragesimalis pars sermonum Pomerii de penitentia —. Nach 50 Reden folgt: Quadragesimale secundum sive sermonarium Pomerii de viciis (50 Sermones) und dann: Tertium Quadragesimale de preceptis decalogi. Am Schluss: Sermones tripartiti Quadragesimales per fratrem Pelbartum de Themeswar —. Impressi ac diligenter emendati Argent. per providum et industriosum virum magistrum Joannem Knoblouch equalibus expensis et sumptibus docti viri Joannis de Rauesberch Coloniens. Finiunt feliciter anno ab incarnatione domini millesimo quingentesimo sexto XX die mensis Martii. Fol.

No. CCXII. 1. 2. M. 56.

92) 1. Sermones pomerii fratris Pelbarti de Themeswar divi ordinis sancti Francisci de tempore. P. 1 hiemalis 47 sermones, P. 2 pascalis 43 sermones, P. 3 estivalis 80 sermones. Am Schluss: Sermones Pomerii de tempore comportati per fratrem Pelbartum de Themeswar professum divi ordinis sancti Francisci. Impressi ac diligenter revisi per industrium Henricum Gran in imperiali oppido Hagenaw expensis ac sumptibus providi Johannis Rynman. Finiunt feliciter anno salutis nostrae MCCCCCVIII Kal. Marcii. Fol.

2. Stellarium Corone benedicte Marie virginis in laudem ejus pro singulis predicatoribus elegantissime coaptatum. Am Schluss: Impensis sumptibus providi

viri Johannis rymmann in imperiali oppido Hagenaw per industrium Henricum gran ibi incolam diligentissime impressum ac emendatum finit feliciter. Anno salutis nostre Millesimo quater centesimo nonagesimo octavo altera die Maji. Fol.

No. CCXXV. M. 56. Der Bordesholmer Catalog nennt No. CCXVII noch einen Druck des Stellarium, Hanov. 1502, bei dem Pomerii sermones von 1502 sein sollen. Dies Exemplar hat die Bibliothek nicht. Nach einer schriftlichen Bemerkung in No. CCXXV hat frater Wilhelmus Prausth dies Buch gegen ein anderes eingetauscht 1522. Es steht auf dem Titelblatt geschrieben: Gerardus Kule ex testamento pie memorie — und ferner: Anno sal. 1521 dom. Gerardus Kule presbyter Bremensis diocesis dedit hunc librum sermonum monasterio virginum in Niemunstere apud idem perpetuo permanendum orate pro eo. Hunc librum ego frater Wilhelmus prausth commutavi pro quodam alio in quo habentur diversa opera cujusdam nomine Johannes Keysersbergh a fratre Theo. confessore sororum in Novomonasterio anni domini 1522.

93) Pomerii Sermones de tempore 1) pars hyemalis, 2) pars paschalis. 4.

Beschädigt. No. CCXXVII. M. 56. In dem prologus dieser sermones in 4to, so wie in dem zu den sermones de tempore in folio, sagt der Verfasser: hoc opus censui nominari Pomerium sermonum et hoc convenienter. Quia sicut in pomerio varie sunt arbores fructus et flores, sic in hoc opere varii et multiplices sermones flores diversarum doctrinarum et fructus salubres mysteriorum divinorum continentur.

94) Sermones quadragesimales Pomerii fratris Pelbarti de Themeswar divi ordinis sancti Francisci. 1) de penitentia, 2) de viciis, 3) de preceptis decalogi. Am Schluss: Impressi ac diligenter emendati expensis providi Johannis Rynman in imperiali oppido Hagenaw per industriosum Henricum gran finiunt feliciter anno salutis nostre millesimo quadringentesimo nonagesimo nono X die mensis Novembris. 4.

No. CCXXVI. M. 56.

Die Kieler Bibliothek hat noch ein Exemplar von Pomerii sermones de tempore impr. Hagenaw 1501, Fol., welches nicht von Bordesholm stammt, sondern auf der Auction des Bischofs Münter erstanden scheint, es trägt den Namen Friderici Münter 1813.

Ueber Pelbart aus Temeswar in Ungarn vergl. Ammon Gesch. der Homil. I, 251.

Die Nummer des Bordesholmer Catalogs CCXV Joh. Gritsch und Hugo de novo castro sind schon oben Seite 24, No. 84, erwähnt worden.

95) Postilla Guillermi super epistolas et evangelia de tempore et sanctis et pro defunctis. Am Schluss: Impressa Argentine Anno domini MCCCCXXXI. Finita quarta feria post festum sancti Matthie apostoli. Fol.

No. CCXVIII. M. 54. Der Verfasser sagt im Eingang: Ego frater Guillermus sacre theologie professor minimus parisius educatus —, er nennt Hugo de prato, Nicol. de lyra, Vincentius und Andere, die er benutzt. Dasselbe Werk steht im Bordesholmer Catalog auch No. CCXXXII.

96) 1. Sermones sancti Vincentii fratris ordinis predicatorum de tempore pars hiemalis impressi Argentine a. d. MCCCCXCIII. Fol.

2. Sermones s. Vincentii de sanctis per totius anni circulum. Impressi Argentine MCCCCLXXXXIIII. Fol.

No. CCXIX. M. 54.

97) Vincentii (divini verbi preconis interpretis et professoris subtilissimi sancti Vincentii ferrarii de regno arragonie conventus Valentie divi predicatorum ordinis) sermones de tempore estivales. Impressi Argentine MCCCCXCIII finita in vigilia sancti Thome apostoli. Fol.

No. CCXX. M. 54. Die früher angebundenen gesta Romanor. sind getrennt.

98) Sermones venerabiles magistri Nicolai de blony decretorum doctoris capellani episcopi Bosnoniensis valde deservientes populo sed et clero utcunque docto eos digne legenti predicanti aut audienti de tempore et de sanctis. Am Schlusse: Finiunt Sermones magistri Nicolai Blony decret. doct. capell. ep. Posnoniensis de temp. et de sanctis. Conscripti ab eodem anno domini MCCCCXXXVIII ut videtur capi ex sermone CXIII circa medium membri primi ejusdem sermonis. Impressi Argentine a. d. MCCCCXCV. Fol.

No. CCXXI. M. 55. Nach Jöcher und Adelung ist Nicolaus de blony derselbe mit Nicolaus de Plove aus Posen.

99) Sermones parati de tempore et de sanctis. s. l. et a. Fol. Enthält 157 sermones de tempore, 81 de sanctis.

No. CCXXIII. M. 53. Adelung nennt den Paratus einen unbekannten Prediger.

Pelbart Pomerium No. CCXXV, CCXXVI u. CCXXVII des Catalogs sind schon oben erwähnt worden.

100) Sermones dominicales cum expositionibus evangeliorum per annum — qui alio nomine dormi secure vel dormi sine cura sunt nuncupati. s. l. et a. 4.

Es hat 71 sermones de tempore und 70 de sanctis. No. CCXXXIII. M. 53.

101) Nicolai de Orbellis super sententias compendium perutile. Am Schluss: Compendium perutile quatuor librorum sententiarum magistri Nicolai dorbelli sacre theol. professoris ord. min. fratrum de observantia secundum doctrinam doctoris subtilis. Impr. opera industrii Henrici Gran in opp. imper. Hagenaw ibidem civis. Expensis autem honesti et providi viri Johannis Rynmann de Oringau. Finit feliciter a gratie MDIII. 4.

No. CCXXXIV. D. 4. Auf. dem Vorsetzblatt: liber sancte marie — quem ego fr. Johannes nesse plebanus in Kil comparavi pro 1 mr. a. d. 1505. Orate etc. Nicol. de Orb. † 1455.

102) 1. Conclusiones de diversis materiis moralibus utiles valde posite per magistrum Johannem gerson doct. theologie eximium ac cancellarium parisiensem. s. l. et a. 4. 38 Bll. (114 kurze Capitel.)

2. Tractatus beati bernhardi de planctu beate marie. s. l. et a.

3. Liber Augustini de disciplina cristiana. s. l. et a.

4. Tractatus magistri Joh. Gerson cancellarii, parisiensis de meditatione. Exponuntur decem et septem considerationes. s. l. et a.

5. Gerson tractatus de oratione, ejusdem doctrinalis expositio super septem psalmos penitentiales. s. l. et a.

6. Summa edita a sancto Thoma de Aquino de articulis fidei et ecclesiae sacramentis. s. l. et a.

7. Speculum Isidori de summo bono. Lib. 1—3. s. l. et a.

8. Liber sancti Cipriani Episcopi de duodecim abusivis seculi. s. l. et a.

No. CCXXXIX. M. 2.

103) Gerson conclusiones. s. l. et a. Fol. Bei diesem zweiten Exemplar, No. CCCII, M. 2, ist gebunden: 1) Manuale confessorum magistri Johannis Nider sacre theologie professoris ordinis predicatorum. s. l. et a. 4. 2) Dispositorium moriendi reverendi patris fratris Johannis Nyder sacre theologie professoris ordinis predicatorum. 3) Tractatus de contractibus mercatorum Reverendi patris fratris Johannis Nider sacre theologie professoris ordinis predicatorum. 4) Sciendum est quod magister Johannes de nigro monte ord. predic. in tracta ab eo edito contra impugnantes privilegia ordinis nostri infra scriptos ponit articulos quos probat esse veros et catholicos una cum corollariis eis annexis. 2 Bll. u. Bl. 3 a.

No. CCCII. M. 2.

104) Ad sanctissimum et B. dominum dominum Paulum secundum pontificem maximum liber incipit dictus speculum vite humane. Quia in eo cuncti mortales — editus a Roderico Zamorensi et postea Calagaritano hispano ejusdem sanctitatis in castro suo sancti angeli castellano. Am Schluss: Speculum vite humane in quo et cesarea potestas et regalis dignitas bubulcorum etiam genus sibi speculatur saluberrima simul spiritualisque vite viros secum advehens papam scil. (?) cardinales archiepiscopos clericos et ceteros ecclesie ministros rectam et hiis speculandi praescribendo normam finit feliciter. s. l. et a. 4.

No. CCXLI. Ph. 247.

105) Formulare advocatorum et procuratorum Romane Curie et Regii parlamenti Practicam secundum jura communia clarissime ostendens. Am Schlusse: exactissima diligentia impressum in Hagenaw per industrium virum Henricum Gran

ibidem civem expensis providi viri Wolffgangi Lachner anno domini 1503 pridie nonas Martii. Finit feliciter. 4.

No. CCXLII. IV. 861.

106) Agenda sive Exequiale sacramentorum Et eorum que in ecclesciis aguntur. Am Schluss: Excussum Argentine per Renatum Beck anno MDXIII. 4.

No. CCXLIII. IV. 750.

107) Sententiarum variationes sive synonima Stephani fliaci de Sontino Poete eloquentissimi per me Petrum os de breda Zwollis incolam impresse expliciunt anno domini MCCCCLXXX. 4. No. CCXLIV. 1. 1818.

Das Buch hat zu Anfang eine epistola: Stephanus fliscus de Sontino juveni peritissimo Johanni meliorantio ordinatissimo civi pincentino cancellario paduano plurimam salutem dicit. Dann kommen: sententiarum variationes, und zwar anfangs: de juvamine dei. God help ons. Deus adjuvat nos etc. Am Schluss von Bogen g steht Prohemium pro synonimis confirmationum. Ick hebbe an dy niet ghetwiwelt. Nulla unquam fuit dubitatio —. Im Bordesholmer Catalog irrthümlich angegeben als angebunden bei der Agenda No. CCXLIII. Der Band ist alt und hat die Bordesholmer Bezeichnung. Am Schluss von 107 steht eine handschriftliche Anweisung zum Briefschreiben u. a. Ueber St. Fl. vergl. Grässe Lehrbuch der Literärgeschichte des Mittelalters Abth. 2, H. 2, S. 741.

108) Epistolarum formule in omni genere scribendi juxta majorum nostrorum doctrinam et veram epistolandi artem. Per dominum Karolum Mennigken studii Bononiensis magistrum utique multarum scientiarum virum doctissimum ex epistolis familiaribus Marci Tullii Ciceronis (Quem merito eloquentie patrem appellant) Enee silvii poete laureati extracto. Impressum MCCCCLXXXV. 95 Bll. 4.

No. CCXLIV. 1. 1818. In einem Bande mit No. 107. Adelung nennt eine Ausgabe von 1486 und von 1490.

Opuscula beati Anselmi archiepiscopi Cantuariensis ordinis sancti Benedicti. s. l. et a. 4.

Das jetzige Bibliothekexemplar 8. 206. ist wohl nicht das ehemalige Bordesholmer, das letztere wird im Bordesholmer Catalog No. CCXLV defect genannt.

109) Circa officium misse Pro simplicium instructione salutari perutilis expositio. s. l. et a. 4.

No. CCXLVIII. D. 42.

110) Ordinarius divini officii pro ordine canonicorum Regularium capituli sive congregationis Wyndesemensis anno domini MCCCCXXI. 4. Daventrie ex officina chalcotypa Alberti Pafradi anno salutis nostrae vicesimo primo supra sesquillesimum mense Aprili.

No. CCL. 3. 370.

111) Mamotrectus. Am Schlusse: Actum hoc opus Nuremberge anno domini MCCCCLXXXIX nonas Kalendas Februarii per inclytum virum Georgum stuchs Sulczbach feliciter terminatur. 4.

No. CCLII. § 60. Die I vor dem letzten X scheint später vorgesetzt, so dass der Druck 1490 ist. J. Alb. Fabricius nennt das Werk unter den lateinischen Glossaren (T. 3. Lips. 1774. p. 391). Als Verfasser des mammotreptus oder mammotrectus wird von Saxe onomasticor. T. 2. p. 464. u. von Fabricius bibl. lat. med. aet. lib. XII, p. 30, der einen Nürnberger Druck von 1489 nennt, Johannes Marchesinus minorita Regiensis genannt, er habe die Arbeit 1466 beendet. Auf Bogen p. 3 Stirnseite heisst es: Explicit expositiones et correctiones vocabulorum libri qui appellatur mamotrectus super totam bibliam; darauf folgt ein Tractatus de orthographia; dann de accentu — de communi sanctorum. Zu Anfang des Buchs erklärt der Verfasser den Titel. Et quia morem gerit talis decursus paedagogi qui gressus dirigit parvulorum mamotrectus poterit appellari. Christgau's Commentatio de mammotrecto Fr. ad V. 1740 habe ich nicht einsehen können. Handschriftlich ist angehängt: arbor fidelium, arbor consanguinitatis u. arbor affinitatum. Vergl. Lackmann l. c. p. 118.

112) 1. Maphei Vegii laudensis dialogus inter Alithiam et Philalitem (am Schluss: Philaliteyam). s. l. et a. 4. 14 unfol. Bll.

2. Leonardi aretini poete de studiis et litteris ad illustrem dominam baptistam de malatestis. s. l. et a. 4.

Auf dem 9ten unpaginirten Blatt steht: explicit Leonhardus aretini de studiis et literis, und auf der Rückseite: virgilii moretum. Leon. Bruni aus Arezzo † 1443.

3. Tractatus per Eneam Silvium ad Regem bohemie Ladislaum. s. l. et a.

4. Eloquentissimi viri ac praecipui oratorie artis doctoris Augustini senensis de variis loquendi regulis sive poetarum preceptis. s. l. et a.

5. Francisci Florii Florentini de amore Camilli et Emilie aretinorum ad Guillermum tardivum. Am Schlusse: liber feliciter explicit anno domini millesimo quadringentesimo septuagesimo septimo, qui quidem liber editus est turonis in domo domini Guillermi Archiepiscopi turonensis pridie Kal. januarii Anno domini millesimo quadringentesimo sexagesimo septimo. s. l. et a.

6. Libellus de duobus amantibus per Leonardum aretini in latinum ex boccacio transfiguratus. s. l. et a. 4.

Der lib. handelt de Guiscardo et Sigismunda Tancredi filia 7 Bll.

7. Enee Silvii poete Senensis de duobus amantibus Eurialo et Lucresia opusculum ad marianum Sosinum —. s. l. et a.

Vor explicit steht: Ex vienna quinto nonas Julias millesimo quadragentesimo quadragesimo quarto.

8. Quintus papa secundus eloquentissimus qui obiit anno MCCCCLXIIII in Anchona dum proficisci proposuerit contra turcos conpossuit etc. s. l. et a.

Anfang: Pius Episcopus servus servorum dei illustri Mahometi principi turcorum —. No. CCLVIII. Ph. 249.

113) Compendium sacre theologie pauperis sancti Bonaventure. Impressum per magistrum Jacobum de pfortzen civem Basiliensem anno salutis et gratie millesimo quingentesimo primo nono Kal. Jan. 4.

No. CCLIX. D. 6. Das Exemplar hat Johannes Ness Namen und Zeichen.

114) Magister Alanus de Rupe sponsus novellus beatissime virginis Marie doctor sacre theologie devotissimus ordinis fratrum predicatorum de immensa et ineffabili dignitate et utilitate psalterii precelse ac intemerate semper virginis Marie. Am Schluss: Finit feliciter a. domini MCCCCXCVIII in vigilia annunciationis glor. virginis Marie. Impressa (ac bene corecta) in christianissimo regno Swecie impensis generose domine Ingeborgh conthoralis strenui domini stenonis quendam gubernatoris regni Swecie.

No. CCLXI. M. 44. Vorn ist handschriftlich bemerkt: liber sancte Marie virginis in bordesholm — quem miserunt nobis venerabiles patres Carthusicensis ex Swecia. Oremus devote pro eis. Hinten steht: dit Bock senden de Carthuser uth Sweden in dat Closter tho borsholm.

115) Liber de Remediis utriusque fortune prospere et adverse. Copulatus per quendam Adrianum Cartusiensem et sacre theologie professorem. s. l. et a. 4.

No. CCLXIII. Ph. 246.

116) Tractatus consultatorii venerandi magistri Henrici de Gorychum artium et sacre theologie professoris illuminatissimi quondam insignis universitatis Coloniensis vicecancellarii ac Burse montis gymnasiarche primi, quibus nonnulle latebrose questiones — et quorundam Bohemorum nefarios errores emergentes — demonstrantur. Am Schluss des elften und letzten tractatus der tripartitus ist und contra hussitas et temeraria eorum judicia circa potestatem pape heisst es: Explicit tract. tripartitus —. Impressus Colonie in magistrali Officina pie memorie Henrici Quentel pridie idus Aprilis Anno supra Jubileum tercio. 4

No. CCLXXVII. D. 6. Vergl. Grässe l. c. II, 1. 356.

117) Viola anime per modum dialogi inter Raymundum Sebundium artium medicine atque sacre theologie professorem eximium et dominum Dominicum seminiverbium. De hominis natura (propter quem omnia facta sunt) tractans ad cognoscendum sc. deum et hominem. Am Schluss: Finit dyalogus de mysteriis sacre passionis christi aliis quoque salutiferis doctrinis quibus homo suas actiones — et per consequens totus liber iste (qui viola anime inscribitur) merito cum verum odorem vite doctrine sapientieque spiret in septem dist. dyalogos Colonie Impensis honesti viri Quentell denuo impressus anno natalicii salvatoris nostri Jesu Christi MCCCCCI Die decimo sexto mensis Julii. 4.

No. CCLXXVII. 2, jetzt getrennt Ph. 193. R. de S. ist am bekanntesten wegen seiner theologia naturalis. Montaigne giebt in seinen Essais, Londres 1771, 12, T. 4, p. 166, eine Apologie de Raimond de Sabundo, er vertheidigt dessen Schrift de theologia naturali. Vergl D. Matzke die natürliche Theologie des Raymundus de Sabunde. Breslau 1846. Die Kieler Bibliothek hat einen Druck der theologia naturalis ex officina Martini Flach junioris civis argentin. Anno domini millesimo quingentesimo primo septimo Kal. Februarii. Fol. Bei diesem Werke sind gebunden: Contemplationum Remundi libri II.

Impressum Parisiis pro Joanne parvo mercatore morante in vico sancti Jacobi in leone argenteo MCCCCCV. X Septembris. Auf dem Titelblatt steht ein epigramma Beati Rhenani, anfangend: En pius egreditur latum remundus in orbem —.

118) Lavacrum conscientie. Am Schluss: Explicit lavacrum conscientie omnibus sacerdotibus summe utile ac necessarium. Impressum Colonie impensis honesti viri Henrici Quentell. Anno salutis MCCCCCI. Die octavo mensis Januarii. Mit Register 58 Bll. 4.

No. CCLXXVII. M. 48.

119) Resolutorium dubiorum circa celebrationem missarum occurrentium per venerabilem patrem dominum Johannem de lapide doctorem theologum parisiensem ordinis Cartusiensis ex sacror. canonum probatorumque doctorum sententiis diligenter collectum. Impressum Colonie per Henricum Quentell. Anno domini MCCCCXCIII. 4.

Das Exemplar D. 42 ist bezeichnet auf der Rückseite des Titels: liber s. M. v. in bardesholm. Der Bordesholmer Catalog nennt No. CCLXXX einen Druck Davent. 1494, den ich nicht finde. Der Druck, dessen Titel ich anführte, war wohl früher einem anderen Werke beigebunden. Das Titelblatt ist beschädigt. Vergl. No. 130.

120) Ars epistolandi Francisci Nigri. Am Schluss: Opusculum hoc de arte scribendi epistolas quam diligentissime emendatum charactere et impensis Richardi pafroet Impressum est Anno dominice incarnationis MCCCCXCII vicesima sexta Februarii Daventrie. 4. No. CLXXX. 3. 1. 1898.

Nach dem Bordesholmer Catalog war es früher mit Joh. de Lapide resolut. zusammengebunden. Franciscus Niger, Venetus doctor, hat das opusculum clarissimo viro Jacobo Gerold styro Knitelfeldensi patavini gymnasii moderatori gewidmet.

121) 1. Consolatio theologie compilata a magistro Johanne de tambaco sacre theologie doctore eximio. s. l. et a. 4.

Die Kieler Bibliothek hat auch Joh. de Tamb. liber de consolatione theologie consummatus anno domini MCCCLXVI in die Ambrosii. Fol. M. 44. Es hat wie der Quartdruck 15 Bücher, ist aber viel ausführlicher.

2. Tractatus magistri Jacobi de Erffordia sacre theologie professoris Cartusiensis ibidem de contractibus qui fiunt cum pacto reemptionis perpetuorum censuum seu ad vitam. s. l. et a. 14 unfol. Bll.

3. Tractatus sancti thome de aquino de regimine principum. s. l. et a.

No. CCLXXXIII. M. 44.

122) 1. Libellus qui appellatur regimen conscientie vel parvum bonum editus a fratre bonaventure cardinalis. s. l. et a. 4.

Im Schlusstitel: cardinali.

2. Epistola sancti methodii episcopi patarensis de regnis gentium et novissimis temporibus certa demonstratio christiana. s. l. et a.

3. Tractatus de preparacione ad missam domini seraphici Johannis bonaventure. s. l. et a. 4.

4. Tractatus de Simplificacione stabilicione seu mundoficacione cordis magistri Johannis gerson Cancellarii parisiensis, tractatus ejusdem de directione seu rectitudine cordis, Ejusdem dyalogus de perfectione cordis, in quo theologus loquitur ad animam Christianam. s. l. et a.

5. Joh. Gerson collegit in Lugduno anno domini millesimo quadringentesimo decimo nono quendam tractatum quem intitulat trigilogium astrologie theologisate quem librum scripsit delphino unico regis francie filio. Ejusdem opusculum contra superticiosam observacionem dierum (vier und fast ein halbes Bl.). Johannes Gerson adversus doctrinam cujusdam medici in montepessulano sculpentis in numismate figuram leonis cum certis caracteribus pro curatione renum. Propositio I—VII. s. l. et a. 4.

No. CCLXXXIV. M. 2.

123) 1. Tractatus de instructione seu directione simplicium confessorum Editum a domino Anthonino archiepiscopo Florentino. Am Schluss: Explicit summa Confessionum seu interrogatorium pro simplicibus Confessoribus Editum ab Archiepiscopo florentino videlicet fratre Anthonino ordinis predicatorum. Darauf folgt: sermo beati Crisostomi de penitentia. s. l. et a. 4.

2. Epistola Eusebii ad sanctum damasum portuen. episcopum et Theodosium Romanorum senatorem De morte gloriosi confessoris Hieronimi doctoris eximii. s. l. et a.

3. Epistola beati Augustini — doctoris Eximii ad beatum Cyrillum. Hierosolonnitanum Episcopum de magnificentiis Eximii doctoris beati Hieronimi presbiteri. s. l. et a.

4. Epistola Sancti Cyrilli secundi Hierosolimitani Episcopi Ad beatum Augustinum Episcopum doctorem eximium de miraculis beati Hieronimi doctoris egregii. Epistola beati Hieronimi ad Susannam lapsam. s. l. et a.

5. Epistola Sancti Hieronimi ad Elyodonem. s. l. et a.

No. CCLXXXV. D. 42.

Das im Bordesholmer Catalog No. CCCLXXXVII genannte Buch: Albertus M. de laudibus Virginis Coloniae 1502, dem Dominici Bullani de conceptione virginis Argent. 1504 beigebunden sein soll, ist nicht auf der Kieler Bibliothek, sie hat:

Liber de laudibus gloriosissime dei genitricis marie semper virginis famosissimi sacre pagine interpretis domini alberti magni de laugingen radispanen. episcopi nec non predicatorum ordinis professoris celeberrimi. s. l. et a. Fol.

Commentum beati gregorii pape super cantica canticorum. s. l. et a.

Das letztere ist dem liber de laudibus beigebunden. S. 816. Beide sind beschädigt und schon oben S. 18, No. 51, 1. 2. erwähnt worden.

124) Sermones de sanctis Francisci Maronis doctoris theologie illuminatissimi (a devio pristini exemplaris accuratissime purgati) cum tractatibus subtilissimis: de baptismo: Angelis: Humilitate: Suffragiis mortuorum: Articulis fidei: Penitentia: Indulgentiis: Jejunio: Corpore Christi: Septem donis spiritus sancti: ultimo judicio: super Pater noster: magnificat et missus est. Impressi Basilee per magistrum Jacobum de Pforczen post partum virginis salutiferum Anno millesimo quadringentesimo nonagesimo octavo. 4.

No. CCXC. M. 54. Handschriftlich sind angehängt: Capitula notabiliora ex gestis romanorum. Ueber Franciscus Mayronius vergl. Walch Bibl. theol. I, 450, und Grässe Mittelalter II, 1, 293.

125) 1. Guidonis de monte Rotherii liber qui manipulus curatorum vulgariter appellatur officia sacerdotum secundum ordinem septem sacramentorum perbreviter complectens. s. l. et a. 4.

Die Bibliothek hat ein anderes Exemplar bei dem Confessionale Antonini archiep. Florentini Argentine 1494. 4. Dies Confessionale Antonini ist, obgleich der Anfang derselbe, verschieden von seinem 123. 1 erwähnten Tractatus de instructione etc.

2. Panormitani judiciarius ordo, quem tradidit aquila juris. Am Schluss: Panormitani practica de modo procedendi in judicio tam summarie et de plano quam mere et cum strepitu judiciali in omnibus ferme curiis observari consueta. s. l. et a. 4.

No. CCXCI. M. 48. Vergl. Grässe l. c. III, 2, 639.

126) 1. De lamiis et phitonicis mulieribus. Tractatus ad illustrissimum principem dominum Sigismundum archiducem austrie Stirie carinthie etc. per Ulricum molitoris de constantia studii papiensis decretorum doctorem et curie constantiensem causarum patronum. Am Schlusse der epistola oder des Tractats an den Erzherzog: Ex constan. anno domini MCCCCLXXXIX die decima januarii. s. l. et a. 10 unfoliirte Bll. mit 6 Holzschnitten. 4.

Die Schrift ist theils Dialog, theils Trilog zwischen Sigismund, Ulrich und Conrad Schatz civitatis constantiensis plurium annorum pretor et magistratum gerens. Vergl. Grässe II, 1, 401.

2. Manuale parrochialium sacerdotum perutile. s. l. et a. 10 unfoliirte Blätter. Das 9te fehlt.

3. Libellus de regimine rusticorum qui etiam valde utilis est curatis capellanis drossatis scultetis ac aliis officiariis eisdem in utroque statu presidentibus. Impressum Lovanii In domo Johannis de westfalia. s. a. Am Schlusse handschriftlich: Tract. de confessione etc. Vorn ist handschriftlich bemerkt: o

nobiliss. virgo maria pia patrona in bardesholm ora pro fratre Johanne nesen de plone et presbitero professo librum presentem ego procuravi quum fui — plebanus in brugghe.

No. CCXCII. Ph. 185.

127) 1. Liber de arte moriendi magistri mathei de Cracovia sacre theologie professoris. s. l. et a. 4.

2. Dialogus racionis et consciencie an expediat vel debeat quis raro vel frequenter celebrare vel comunicare nuper editus per magistrum matheum de cracovia sacre theologie professorem. Am Schluss: Explicit Exortatio seu dialogus de disceptatione conscientiae et rationis — Editus per Venerabilem Magistrum Matheum de Crakovia sacre Theologie professorem studii pragen. s. l. et a.

3. Exposito Venerabilis magistri Henrici de Hassia super orationem dominicam. Expositio Ejusdem super Ave Maria. Speculum anime. s. l. et a.

4. Dyalogus eloquentissimi atque reverendi patris domini Enee Silvii poete laureati atque episcopi senensis pii pape secundi contra bohemos atque thaboritas habitus de sacra communione corporis christi. s. l. et a.

5. Liber dyalogorum Sancti Johannis crisostomi constantinopolitani Episcopi et sancti basilii cesariensis episcopi college beati gregorii nazianzeni de dignitate sacerdotii. s. l. et a.

No. CCXCVIII. (Diese Nummer steht noch in dem Buche.) M. 44. Vergl. über Matthaeus de Cracovia aus Pommern u. Henricus de Hassia Grässe l. c. II, 1, 317. 325.

No. CCCI viola animae Col. 1495 hat die Bibliothek nicht, aber einen oben No. CCLXXVII. 2, No. 117, erwähnten Druck dieses Werks Col. 1501. 4.

No. CCCII Gerson conclusiones, s. l. et a., 4., sind schon bei No. CCXXXIX, No. 103, erwähnt worden.

128) Grammatica Sulpicii verulani cum vocabulario suo. Am Schluss: Explicit declaratio quorundam vocabulorum contentorum in grammatica sulpitii additis quibusdam aliis vocabulis MCCCCLXXXVI. s. l. 4.

No. CCCIII. 1. 1814. Vergl. Grässe II, 3, 769.

129) Liber sancti Augustini Episcopi de vita beata admodum notabilis. Liber sancti Augustini episcopi de honestate mulierum. Libellus sancti Bernhardi Abbatis de honestate vite. Tractatus sancti Augustini episcopi de fuga mulierum. Tractatus sancti Augustini Episcopi de Continentia. Liber beati Augustini Episcopi de contemptu mundi. Epistola beati Jeronimi ad Paulinum presbiterum. Sermo 1. 2. beati Augustini de communi vita clericorum. 48 unfol. Bll. 4.

No. CCCIV. 3. 151. Gerson tractatus quidam, die nach dem Bordesholmer Catalog No. CCCIV. 2. beigebunden sein sollten, finden sich da nicht. Die Bibliothek hat Tractatus de passionibus anime venerabilis magistri Joh. Gerson. Tractaculus ejusdem de modo vivendi omnium fidelium. s. l. et a. 4. 3. 1080.

130) Summula clarissimi Raymundi revisa ac castigatissime correcta brevissimo compendio sacramentorum altissima complectens mysteria. Insuper de sortilegiis simonia furto rapina etc. Am Schluss vor der Tabula: Impresse est hec Raymundi summula Colonie apud Quentel anno mundi supra sesquimillesimum octavo ad finem Junii. 4.

No. CCCVII. IV. 680. Weder bei diesem Druck noch bei dem Druck derselben summula Colonie in officina Henrici Quentell 1502, 4., sind der im Bordesholmer Catalog No. CCCVII. 2. genannte liber de modo penitendi Col. 1501 und No. CCCVII. 3. Joh. de Lapide resolutor. beigebunden. Der Band ist neu. Von den statuta synodalia Egerdi episcopi, Slesv. 1498, die bei Raymundi summula sein sollten, heisst es im Bordesholmer Catalog: a malevola manu dudum subrepta.

131) Haymonis Halberstattensis homiliarum pars hyemalis. 8.

No. CCCIX. 8. 193. Das Titelblatt, so wie die ersten vier Seiten des Textes fehlen; nach dem Bordesholmer Catalog 1534 gedruckt. Die Vorrede Reverendo in Christo patri D. Andreae Boelgen ist von Gotfridus Hittorpius.

132) 1. Tractatulus Gerardi zutphanie de spiritualibus ascensionibus. 2. De quatuor in quibus incipientes deo servire debent esse cauti si proficere volunt (drei und ein halbes Blatt). 3. Speculum beati Bernardi abbatis de honestate vite (6 Bll.). 4. Octo puncta mediante quibus pervenitur ad perfectionem vite spiritualis ejusdem, 5. De quindecim signis divine predestinationis ex oratione dominica. 6. Liber meditationum beati Anselmi quod fugiendum est a mundi occupationibus. 7. Planctus beati Augustini de virginitate. 8. Ammonitio beati Augustini de diligentia studii et lectionis. 9. Epistola Bonaventure que est quasi quedam regulla et institutio omnium pie et spiritualiter in christo vivere volentium. 10. Viginti passus de virtutibus bonorum religiosorum Bonaventure. 11. Tractatus Bonaventure de septem gradibus contemplationis. 12. De quatuor gradibus scale spiritualis ex dictis beati bernardi a domino petro de allyaco quondam episcopo cameracensi. 13. De quadruplici exercitio spirituali a domino Petro Aillyaco quondam Cameracensi episcopo. Am Schluss: Impressum Lubeck Anno domini millesimo quadringentesimo nonagesimo. 12.

No. CCCXIII. M. 2.

133) Grammatices P. 1. regulis et exemplis earundem compendiose noviter collecta. Am Schluss: Explicit prima pars Grammatices elegantissima sub anno domini millesimo quadringentesimo octogesimo sexto lucubratione summa compilata et in hanc formam redacta. Annoque salutis millesimo quadringentesimo nonagesimo quinto Daventrie impressa per me Richardum paffraet de quo sit benedictus per cuncta secula vivens. P. 2 am Schluss: Impressa est hec secunda grammatices Daventrie In platea episcopi. 4.

No. CCCXVII. 1. 1814. Der Verfasser sagt am Schluss von P. 2, de regiminum viribus habe er in seiner Schrift nicht gesprochen, obgleich modernorum grammaticorum schola diesen Punkt behandele, er halte dies nicht für nöthig, da, wenn zwei Substantive verbunden würden, das eine den Genitiv erhalte.

Preclarissimum atque divinum opus quod gemma predicantium nominatur — compositum atque collectum per venerandum patrem fratrem Nicolaum de nyse provincie francie provincialem vicarium super fratres minores de observantia vulgariter nuncupatos. Am Schluss: a reverendo patre magistro Nicolao de Nyse — congestum et solerti cura digestum arte vigilantissima honesti viri magistri Jacobi de pfortzen impressioni basilee traditum Anno domini Millesimo octavo. 4.

M. 2. Vergl. Lackmann p. 151. Der Bordesholmer Catalog giebt No. CCCXXI einen Druck der Sermones von N. de N. Rothomagi 1507 an, es ist also wohl der oben genannte Druck nicht von Bordesholm gekommen.

135) 1. Epistole Enee silvii. Am Schluss: Pii II pontificis maximi cui ante summum episcopatum primum quidem imperiale secretario tandem episcopo deinde cardinali senensi Eneas silvius nomen erat familiares epistole ad diversos in quadruplici vite ejus statu transmisse Impensis Anthonii koberger Nuremberge impresse finiunt XVI Kal. Junii Anno salutis Christiane MCCCCXCVI. 4.

2. Jacobi Locher oratio de studio humanarum disciplinarum et laude poetarum Extemporalis. s. l. et a.

No. CCCXXI. 1. 1846. Am Schluss steht: Ad udalricum zasium Endecasyllabon Jacobi philomusi (Locher) und Tetrastichon ejusdem ad gabrielem lorch.

Das Verzeichniss derjenigen gedruckten früher Bordesholmer Bücher, die jetzt auf der Kieler Bibliothek sind, gestattet freilich schon deshalb, weil, wie erwähnt worden, vorher mehrere Bücher nach Gottorf gekommen waren, keinen sichern Schluss auf die Studien der Bordesholmer Canoniker; aber wir können daraus doch abnehmen, dass sie sich mit der Theologie, besonders der Homiletik, dem canonischen und dem römischen Recht, so wie der lateinischen Sprache beschäftigten; wir sehen, dass Einzelne, wie Johann Ness oder Nasus, eifrig Bücher für das Kloster sammelten. Wenn auch der gute Geist der Windesheimer Congregation, die Delprat und Mohnike „die Brüderschaft des gemeinsamen Lebens" geschildert haben, gegen Ende des fünfzehnten Jahrhunderts abnahm; so scheint es doch glaubhaft, dass unsere Bordesholmer Stiftung wohlthätig für die Bildung in Holstein gewirkt habe.

Was wir aus den gedruckten Büchern folgern können, zeigen auch diejenigen ehemaligen Bordesholmer Handschriften, welche jetzt in der Kieler Universitätsbibliothek sind. Johannes Ness oder Nasus hat mehrere derselben geschrieben. Wenn auch diejenigen Handschriften, welche nicht in Kiel sind, hier ausgeschlossen bleiben müssen, so darf ich doch bei einer eine Ausnahme machen, da diese nicht, wie andere, nach Gottorf gekommen ist, sondern wie mir Prof. Weinhold freundlichst mittheilt, in die Bibliothek des Cisterzienserstiftes Neukloster in Wiener-Neustadt, sie ist ausführlich von Doctor Zeibig beschrieben in dem Anzeiger für Kunde der deutschen Vorzeit 1854, No. 1 u. No. 2, S. 5—9 u. S. 27—30. Die Bemerkung von Zeibig in den Einleitungsworten, dass Herzog Heinrich der ältere das Bordesholmer Kloster aufgehoben habe, beruht auf einem Druck- oder Schreibfehler, es war Herzog Hans oder Johann der ältere, dem in der Rendsburger Theilung von 1544 das Kloster Bordesholm zufiel, er errichtete statt des Klosters in Bordesholm eine Schule mit mehreren Freiplätzen; die von dieser entlassenen Schüler studirten in Rostock und hatten dort herzogliche Stipendien. Die Handschrift, XII, D. 21 bezeichnet, enthält, nach Zeibig, unter andern eine vita anscharii, De inclyto Adolpho comite Holsatiae ordinis minorum in Kiel, vita Wicelini, vita Thitmari, sie ist von der Hand des Johannes Nasus und bezeichnet: liber sancte marie virg. in bardesholm ordinis canonicorum regularium s. Augustini bremensis dioc. Quem ego frater Johannes cum naso etc.

Schon vor mehreren Jahren arbeitete ich an dem Verzeichniss der Manuscripte der Kieler Universitätsbibliothek. Der Studirende A. W. Wolff aus Flensburg, welcher 1848 in Kiel zum Doctor der Rechte promovirt wurde, arbeitete in der ersten Zeit seiner Universitätsstudien mit vielem Fleiss an denjenigen Handschriften, die von Bordesholm nach Kiel gekommen, er las sich in die Schrift des funfzehnten Jahrhunderts hinein; die Arbeit an diesen Handschriften ruhte darauf lange, es schien näher zu liegen und entsprach mehr den Wünschen und Anforderungen Anderer, ein Verzeichniss derjenigen Handschriften anzufertigen, welche sich auf die Geschichte und das Recht der Herzogthümer beziehen. Der Catalog dieser historischen Manuscripte, die nicht von Bordesholm gekommen, erschien auf Professor Waitz's Aufforderung seit 1844 mit den Nordalbingischen Studien und wurde dann 1847—1852 in zwei Bändchen herausgegeben. Auch bei dieser Arbeit fehlte es mir nicht an Hülfe, der Studirende Diermissen aus Lauenburg und Andere haben manche Mühe mit mir getheilt.

Als im Juli 1862 Doctor W. Junghans wegen seiner hansischen Arbeiten einige Tage nach Kiel kam, widmete er freundlichst seine freie Zeit den Bordesholmer Handschriften, in der freilich, wie er nach vollendeter Durchsicht schrieb, „nicht erfüllten Hoffnung, durch Auffindung der einen oder andern von den für norddeutsche Geschichte wichtigen Quellen, welche der alte Bordesholmer Bibliothekscatalog von 1488 anführt, belohnt zu werden." Ich erwähne gern mit freundlichem Dank seiner Angaben der Bordesholmer Handschriften und habe seine Abtheilungen derselben mit einigen nothwendigen Aenderungen beibehalten.

Bei der Beschreibung der Manuscripte habe ich die vor mehreren Jahren angefangene Arbeit wieder vorgenommen, und bei einigen Handschriften die Hülfe dankbarst benutzt, welche mir der schriftkundige Doctor Detlefsen aus Glückstadt gewährte, der im August dieses Jahres einige Tage in Kiel war. Bei der schliesslichen Arbeit hat mir College Weinhold treulich die theils etwas unleserlichen Handschriften lesen helfen. Die meisten Manuscripte sind auf Papier geschrieben, wo Pergament gebraucht ist, habe ich es erwähnt. Die Handschriften gehören dem funfzehnten, einige dem Anfang des sechszehnten Jahrhunderts an.

Ehemalige Bordesholmer Handschriften der Kieler Universitätsbibliothek.

1 a. Catalog der gedruckten Bücher und Handschriften des ehemaligen Bordesholmer Stiftes des Augustinerordens. 97 Bll. Fol.

No. XXV. Auf den ersten 85 Blättern und der ersten Seite von Blatt 86 steht ein alphabetischer Catalog, beginnend mit abbas siculus. Die Ueberschrift lautet:

Hic reperis tabulam librorum bibliothece
Qua sedem propriam quisquis dicere de se
Perficiunt hunc ambo iohannés nomen habentes
Reborch prepositus meyger prior hic residentes
M quadringenteno bis quatuor octuageno
Lectoris precibus celo potiantur ameno

auf der Rückseite von Bl. 86 beginnt das Standortsrepertorium mit folgender Ueberschrift:

Littera sub serie libros numerusque registrant
Istos hac tabula quibus inveniendo ministrant.

Doctor Merzdorf, Bibliothekar in Oldenburg, hat diesen und den gleich folgenden handschriftlichen Catalog in seinen bibliothekarischen Unterhaltungen, Neue Sammlung, Oldenburg 1850, zum Theil abdrucken lassen.

1 b. Catalogus bibliothecae Bordesholmensis. 6 Bll. Fol.

No. XXV. Auf diesen spätern Catalog ist bei dem Verzeichniss der gedruckten Bordesholmer Bücher, die in der Kieler Universitätsbibliothek vorhanden sind, Rücksicht genommen, und ich werde auch bei den Handschriften die Nummer, welche dieselben in diesem Verzeichniss haben, mit Römischen Ziffern anführen.

2. Eine Abschrift von 1 b.

Heiligenleben und Ascetik No. 3—10.

3. Liber historiarum de quibusdam sanctis. 132 Bll. 4.

No. CCXXXVI. Der Anfang wie in Jacobi a voragine legenda aurea rec. Th. Graesse, Dresdae 1846, 8, p. 700, Crisantus filius Polini viri illustrissimi, dum fidem christi edoctus esset et a patre ad ydola revocari non posset jussit cum pater in conclavi recludi et quinque puellas eidem —. Auf der Rückseite von Bl. 1 de beato quintino — eustachius, Bl. 5 Rückseite quatuor coronati — theodorus, Bl. 6 crisogonus — Bl. 131 Rückseite: De sancto anschario, Bl. 132 de translatione beati rymberti.

4. Sermones de virginibus, oder nach der Angabe am Schluss: Passiones et legendae aliquarum sanctarum virginum cum aliquibus legendis de viris intermixtis que aliquando ponuntur in legendis sanctarum. 261 Bll. 4.

No. CLXXXIX. Voran ein Kalendarium de virginibus et viduis auf 6 unfoliirten Blättern und auf 2 Blättern: Registrum alphabeticum hujus libri ex passionale et eciam ex speculis hinor. Vincentii de virginibus et viduis factum, von Anna — virgo quaedam Corinthe a lupanari per juvenem liberata. Bl. 1: De sancte barbare virgine et martire. Temporibus imperatoris Maximiani erat quidam vir —. Die letzte Heilige ist Hildegundis in habitu virili Joseph dicta, Bl. 258—261. — Auf dem unfoliirten Schlussblatt steht, ausser dem erwähnten Titel des Buchs, noch: Quas passiones et legendas ego frater Johannes cum naso presbiter professus in bardesholm ordinis canonicorum regularium sancti Augustini collegi ex diversis libris scil. ex speculo historiale vincentii ex antiquo passionale et ex legenda aurea sive lombardia feria sexta in profesto beati viti martiris Anno domini 1510. Oretis dominum deum pro me unum ave Maria propter deum. Ovidius naso Johannes cum naso Nasonem petito.

5 a. Legendae sanctorum. Im Bordesholmer Catalog: de martyribus. 347 Bll. 4.

No. CXC. Voran unfoliirt ein Calender 6 Bll. u. auf 2 Bll. Register oder tabula: Abraham et de cognata ejus maria 303. — urbanus papa et martir. De apostolis, heisst es am Schluss der tabula, non invenies hic legendas, sed in sermonibus nostris quos scripsi ante 36 annos ibi invenies etc. Der Text auf Bl. 1: De sancto blasio episcopo et martire. Temporibus Licinii imperatoris qui Constantini Augusti sororem habebat —. Auf Bl. 347: De sancto menno milite et martire. Passus est et sanctus mennas eo tempore —. passus est autem in scithia metropoli phrigie. Der Catalog giebt Johannes cum naso als Compilator an, was die Schriftzüge bestätigen.

5 b. Legendae sanctorum confessorum, quas frater Johannes cum naso presbiter professus in bardesholm ordinis canonicorum regularium sancti Augustini compilavit die beati francisci confessoris anno domini 1510. Oretis dominum deum pro me unum Ave maria propter deum. Ovidius naso Johannes cum naso Nasonem petito. 349 Bll. 4.

No. CLXXXVIII. Der angegebene Titel steht Bl. 349 b. Das Kalendarium de confessoribus 6 unfol. Bll., die Tabula 2 Bll., anfangend: Augustinus episcopus iponensis et doctor Katholicus 1. — Walfridus heremita et confessor 246. Der Text auf Bl. 1: De sancto Augustino episcopo yponensi et doctore Katholico. Augustinus hoc nomine sortitus est —. Auf Bl. 349 b. schliesst die vita sancti brandani, die Bl. 329 anfängt, so: inter manus discipulorum migravit ad dominum cui honor est et gratia in secula seculorum Amen. Explicit. Mit dieser handschriftlichen Vita Brandani stimmt im Ganzen der Druck in Jubenal la légende latine de Brandanus, Paris 1836, p. 1—53, nur ist der Druck viel vollständiger, das Manuscript ist nur ein Auszug. Der Schluss der Handschrift steht bei Jubenal p. 53, Anm. 1.

6. 1) Liber de illustribus viris ordinis canonicorum regularium monasterii in Wyndesem dyocesis traiectensis. Bl. 1—180.

2) De origine moderne devotionis nec non de origine monasterii Wyndesemiensis et de origine capituli nostri generalis et de ejus dilatatione, capit. 1 — 35 (chronicon collegii Windesheimensis canonic. regular. s. Augustini) Bl. 180 b. bis 254.

3) De profectu et defectu ordinis etc. Bl. 256—300 b.

4) De magistro gherardo magno ymnus 1. 2. Bl. 300 b. — 311.

No. CCLXII. 4. Auf Fol. 1: Incipit prologus in librum de illustribus viris ordinis —, wie der Titel oben G. 1 angegeben, und dann: Illustrium patrum gesta praeclara omni veneratione et imitatione digna in lucem proferre ac boni exempli gratia ad posteros —. Fol. 2 b. Fol. 6 b: sequuntur capitulorum tituli libri sequentis cap. 1—72. Die Ueberschrift des letzten Capitels: praefati patres nostri quamvis exteriora miracula non fecerunt idcirco non minus sancti et illustres possunt appellari auctoritate sancte matris ecclesie cap. LXXII et ultimum, dessen Text auf Bl. 177 anfängt und 180 schliesst. Der Text von No. 1 beginnt nach der Capitelangabe: Laudemus viros gloriosos patres nostri ordinis primitivos, qui spiritu sancto repleti primum tantae molis monasterii nostri in wyndesem structure fundamenta jaciaverunt et septorum ejus menia — Bl. 180 b. schliesst das erste Werk: cristo qui cum patre et spiritu sancto vivit et regnat deus per omnia etc. Explicit liber de illustribus viris domus vindesemensis.

Auf Bl. 180 b. steht der prologus des zweiten Werkes dieses Bandes: Incipit prologus in librum de origine —. In nomine sancte et individue trinitatis amen. Autenticorum scriptores voluminum propter majorem dicendorum agnitionem et ob latrancium calumpniam prologum quendam seu praefationem materiam unde tracturi sunt in genere continentem in libris suis solent proponere —. Die Vorrede oder der prologus schliesst Bl. 183: A me autem in wyndesh. pro nunc simplici fratre post aliquorum monasteriorum reformationem et praelaturarum exactionem ista sunt inchoata sed in sultensi praelatura ordinis et capituli nostri in saxonia in Anno domini MCCCC sexagesimo tercio utcunque completum. Auf demselben Bl. 183: Incipiunt capitula sive tituli capitulorum libri sequentis. Magister gerhardus magnus divinitus inspiratus et factus dyaconus auctoritate ordinaria praedicavit capitulum primum —. Auf Bl. 185 schliesst das Capitelverzeichniss: Epilogus quot monasteria et congregationes devotorum temporibus nostris sunt fundate et reformate et quanta bona per eas facta sunt in terra et gratiarum actione deo inde exhibenda cap. 47. Auf Bl. 254 b. bricht das cap. 35 ab, dessen Ueberschrift auf Bl. 184 b. und Bl. 252 b. ist: De constructione domorum ad austrum et occidentem in wyndesem circa ambitum illius altaris quoque ac campane conservatione. Es fehlen also der Schluss von cap. 35—47.

Val. Ferd. de Gudenus hat in sylloge varior. diplomat., Francof. 1728, 8., p. 387—400, aus einer Mainzer Handschrift den Prologus und die Ueberschriften der 47 Capitel des zweiten Werkes unter dem Titel: Chronicon collegii quondam Windesheimensis canonicorum regularium S. Augustini, abdrucken lassen, der Druck weicht mehrmal ab von der Kieler Handschrift. Herib. Rosweyde's Ausgabe des chronicon Windesemense, Antv. 1621, kann ich leider nicht vergleichen. Man sieht aus Gudenus p. 400, dass in Mainz auch eine Handschrift des ersten Werks de illustribus viris ist.

Auf dem jetzigen Bl. 256, vor dem mehrere Blätter, gegen 100, ausgerissen sind: impugnat Amen. Es folgt 3) Sequitur qualiter fratres domini florentii convenerunt in unum conferentes de profectu et eorum defectu et quod ab illis exercitiis discessissent que dominus florentius exercere consuevit. Auf Bl. 257 b: Incipit prologus Libri quarti de prima congregatione clericorum in daventria. Auf Bl. 258 werden die Ueberschriften von 14 Capiteln libri quarti angeführt. Das vierzehnte Capitel hat Bl. 296 die Ueberschrift: de Arnoldo Schonovie devoto clerico —. Bl. 300: defunctus est autem dulcis et amabilis frater anno domini MCCCC trecentesimo mensis maji die nono in civitate sutphanie terre gelrensis et in cimiterio beate marie virginis sepultus ad australem partem ecclesie. Novicius: cum istorum virorum vitam audio cogor vitam meam despicere quia in istis conspicio quam longe adhuc a veris virtutibus disto tamen mihi perficere spero quod hec te narrante percepi nam intendo me cordialiter emendare. Bl. 300 b. Senior: Idcirco ista breviter tibi dixi ut ad spiritualem fervorem te studeas dare et in humilibus exercitiis gaudeas conversari nec unquam ad alias dignitates vel honoris officium anheles —. Explicit liber quartus.

Dann folgt das vierte Werk dieses Bandes Bl. 300 b. bis 308 a.: De venerabili magistro gherardo magno deo devoto florentio et de ejus primitivis fratribus tam in wyndesem quam extra religionem conversantibus ymnus:

Laudemus bonum dominum
Qui natum suum prodigum.

Bl. 308: Hinc laus omnisque gloria unquam tibi exhibita collecta in fasciculum sit jam tuum praeconium. Amen.

Bl. 308: Praedictus ymnus habet versus ducentos octuaginta quinque.

De venerabili magistro gerardo magno ymnus. Trajectensis dyocesis ymnum canens sis hilaris. Dieser Hymnus schliesst:

Sancte willebrorde gerardum amplectere velut dilectum filium tuisque tam proficuum Ecce tua dyocesis jam particeps est luminis hujus piis sudoribus doctrinis atque moribus ob hoc omnium minimus hujus ego discipulus mecumque omnes homines exclamemus unanimes laus honor benedictio claritas jubilacio sit trinitati simplici ex hoc nunc aevo perpeti. Amen.

Ueber die Brüderschaft, welche Gerhard Groot und sein Nachfolger Florentius Radewin in Deventer stifteten, und über das Kloster zu Windesheim bei Zwoll vergl. Delprat: die Brüderschaft des gemeinsamen Lebens, bearbeitet und mit Zusätzen versehen von Mohnike. Leipzig 1840. Das Bordesholmer Kloster ward 1490 in die Windesheimer Congregation aufgenommen. Kuss in Falck's Magazin B. 9, S. 102. Ein Schwesterhaus, ähnlich dem Agneshause vor Zwoll, war nach Delprat und Mohnike S. 174 zu Neustadt in Holstein. Thomas de Kempis hat bekanntlich vita magistri Gerhardi und Florentii geschrieben. Johannes de Kempis, Bruder des Thomas, war nach Capitel 35 des ersten Werks dieses Bandes prior in monte sancte agnetis prope Zwollis.

7. 1) Conradus ordinis cisterciensis de viris illustribus. Am Schluss: Explicit liber qui dicitur Conradus secundum nomen auctoris tractans de inchoacione ordinis cisterciensis et conversatione et vita reverendorum patrum et fratrum qui in ordine claruerunt. Finitus est presens liber anno dominicae incarnacionis MCCCCLXXVII in vigilia pasche in monasterio montis sancte marie virginis prope fluvium Jazenitze in territorio Stetinensi situm per me Johannem Neszen de plone Holtzaticum professum in monasterio Novimonsterii alias bardesholm ordinis canonicorum regularium sancti augustini tunc temporis stans cum quatuor fratribus in eadem domo Jazenitze ordinis supradicti prô reformatione eorundem fratrum Ex quodam exemplari domus gracie dei prope stettin extra muros ordinis Carthusiensium Maria. Bl. 1—193 a. 4.

2. Incipit prologus Willelmi de sancto theodorico in vitam sancti bernardi Clarevallensis abbatis. Scripturus vitam servi tui ad honorem nominis tui —. Der Prologus, anfangend Bl. 193 a., endet 194 a.: Incipit vita sancti bernardi clarevallensis abbatis: Bernardus burgundie partibus fontanis oppido patris sui oriundus fuit liber 1. Diese vita endigt Bl. 217 b. Explicit liber primus. Subscriptio operis precedentis quam auctore defuncto Burchardus balernensis abbas apposuit. Bl. 218 a. Incipit prefacio arnoldi bonevallis abbatis in libro

secundo de vita sancti bernardi abbatis —. Bl. 239: Explicit liber secundus. Incipit prologus domini Gaufridi abbatis in tres ultimos libros de vita sanctissimi patris bernardi clarevallensis abbatis. Der Text beginnt Bl. 239 a., geht bis Bl. 275 a. und schliesst: quod est super omne nomen deus benedictus in secula amen. — Explicit vita beati bernardi clarevallensis abbatis in extenso. Anno domini MCCCCLXXVII in die Marci evangeliste In monasterio montis sancte marie virginis prope fluvium Jazenisse etc. — Ex dyalogo Cesarii beatus Bernardus suscitavit mortuum. D. X. cap. XVI. Ex eodem dyalogo de monacho apostata d. II. cap. III. Auf Bl. 275 b. stehen 18 Verse über den heiligen Bernhard, anfangend:

1. Mira loquor sed digna fide. Quid hoc est?
vivis adhuc? vivo. Non es rogo mortuus? ymmo
Et quid agis? Requiesco.

— — — — — — — —

16. donec celeste fiat terrestre cadaver
larga benigna pia dulcissima virgo maria
da dulcem ihesum dulcissima mater in esum Amen.

No. CCXXXVII. 4. Die vita Bernhardi Clarevall., wie sie in diesem Bande Bl. 275 a. benedictus in secula endigt, ist gedruckt mit Bernardi opera, Basil. 1552, Fol., p. 1099. Paris 1580, Fol., T. 2, p. 753 u. f. In der Pariser Ausgabe stehen p. 672 auch von den angeführten Versen mira loquor die ersten sechszehn Verse. Der siebzehnte heisst im Druck: Hoc quando fiet? Omnis caro quando resurget.

8. Lebensgeschichte von heiligen Eremiten und ascetische Schriften nach alter Foliirung. 230 Blätter. 12. Die ersten zwei Pergament. Im Bordesholmer Catalog: Paulus heremita liber moralis.

No. CCCXVIII. 12. Die Ueberschrift Paulus heremita. Anfang: Beatus Paulus heremita Thebanus princeps et potissimum inceptor monachorum fuit Bl. 2 b. Anthonius heremita. Bl. 5 b. de monacho fugitivo. Bl. 15 exemplum de penitentia. Bl. 17 de sancto Appollino. Bl. 22 b. de duobus machariis. Bl. 24 b. de Paulo anachorita. Bl. 30 de humilitate et paciencia. Bl. 90 septem capitula verborum que misit abbas moyses peni. et qui custodit ea liberabitur a penis. Dixit senex moyses. Bl. 104 sequitur de abstinencia adulacio etc. Bl. 205 usura. Bl. 212 de malicia demonum. Bl. 222 de confessione satisfactione. Auf den letzten Blättern ist die Schrift verwischt.

9. Incipit prologus in libros dyalogorum cesarii cisterciensium prioris vallis sancti petri in heisterbach. 309 Blätter. 4.

No. CCLVII. Anfangend: Bl. 1. Colligite fragmenta ne pereant cum ex debito injuncte sollicitudinis —. Bl. 1 b. Explicit prologus incipiunt capitula sequentis libri De institutione ordinis cisterciensis I. Quid sit conversio unde dicatur et de speciebus II. — Bl. 2. Expliciunt capitula jam orditur dyalogus miraculorum et distinctio prima de conversione capitulum primum. Die erste distinctio, 43 Capitel enthaltend, schliesst Fol. 22, die zwölfte distinctio de penis et gloria mortuorum beginnt Bl. 280 b. und schliesst Bl.

309 b. Explicit duodecimus cophinus sive distinctio Cesarii cistorciensis monachi de halsterbach sive vallis sancti petri.

Scriptum et finitum anno domini MCCCCLXXVII in die Mathie apostoli in refectorio montis sancte marie canonicorum regularium ordinis sancti Augustini prope fluvium Jazenitze Caminensis diocesis prope Stettin ex quodam exemplari domus gracie dei Carthusiensium extra muros civitatis predicte per me fratrem Johannem Neszen de plone professum Novimonasterii alias Bardesholm bremensis diocesis ordinis supra dicti.

Das Werk des Caesarius Heisterbacensis monachi ordinis Cisterciensis dialogus miraculorum ist herausgegeben von Jos. Strange, Vol. 1. 2, Coloniae, Bonnae et Bruxellis 1851, 8. Der Druck stimmt, so viel ich gesehen, mit der Bordesholmer Abschrift des Johannes Ness, der für sein Stift sehr fleissig war.

10. 1) Omelia sive sermo domini Martini pape quinti de translatione ac donatione corporis beate monice matris beati augustini de hostia tyberina ad ecclesiam fratrum sancti augustini sive sancti triphonis in Roma. Bl. 1—8.

No. CCLIV. 4. Anfang: Gaudeo me quoque fratres religiosissimi leticiam hanc communem esse que hodie vestrum universum ordinem contingit. — Schluss: Hac itque cogitatione spem vestram erigite hys consiliis ordinem vestrum conservate hac religione caritatem vestram adornate apud vos leti spectabimus nos pietatem vestram studiosa sinceritate observabimus Deum nobiscum tante felicitatis gaudia celebrabimus. Amen.

In den actis Sanctorum Maji T. 1, Venet. 1737, Fol., ist p. 490 ein Theil einer Rede des Pabstes Martini V. in Beziehung auf die heilige Monica gedruckt, sie ist nicht dieselbe mit 10, 1.

2) Jordanus vitae fratrum ord. eremitarum. Bl. 1—204.

Bl. 1. Incipit registrum alphabeticum in vitas fratrum ordinis heremitarum sancti Augustini Bl. 1—7. Bl. 7 summa regule beati augustini episcopi. Bl. 8. spiritualis pulchritudinis vero amatori in cristo alteri sibi fratri Johanni ordinis fratrum heremitarum sancti augustini lectori in argentina frater Jordanus inter ejusdem ordinis lectores minimus. — Bl. 9 b. Incipiunt (21) capitula primae partis. Bl. 38. Incip. capitula (32) secundae partis. Bl. 152. Incip. capitt. (17) tercie partis. Bl. 179. Incip. capitt. (15) quarte partis.

Bl. 201. Explicit vitasfratrum lectoris Jordani provincialis eorundem fratrum heremitarum ordinis sancti Augustini anno domini MCCCCLXXVIII per me Johannem Nesen de plone presbiterorum professum in bardesholm ordinis canonicorum regularium. Orate pro eo.

Bl. 202 u. 203. Nachweisung: Incipit regula sancti patris nostri augustini 81 — mandata in regula sunt XVII. In die beati blasii finitus est presens liber vitasfratrum anno quo supra. Orate pro scriptore. Bl. 203 b. Incipiunt laudes et preconia sancti patris nostri Augustini ipponensis episcopi doctoris eximii ex cronicis sanctorum congesta. Calixtus de conversione sancti augustini. (M)agnus ille doctor et egregius augustinus. — Bl. 204 — non longe a civitate augustino docuit. Ueber Jordanus von Quedlinburg vergl. Grässe II, 1, S. 166.

Theologische, dogmatische und moralische Schriften von No. 11—21.

11. Incerti super 1. 2. 3. 4 sententiarum. 184 Blätter, jedes 2 Columnen. Fol. maj.

No. XXIII. Den angegebenen Titel hat der Bordesholmer Catalog. Auf einem Vorsetzblatt: liber sancti Marie virginis in novomonasterio alias Bordesholm quem scripsit bone memorie frater noster Nicolaus Thome presbiter professus et baccalaureus decretal. qui obiit anno domini MCCCCLXXIIII infra octavam nativitatis marie virginis cujus anima requiescat in pace amen In die Gregorii martiris.

Bl. 1. Circa prologum librorum sententiarum petri lombardi episcopi parisiensis. Cupientes aliquid. Iste liber sententiarum proxima dividitur. — Bl. 184 a. Quod nobis prestare dignetur eternaliter benedictus deus Amen. Finitus quartus liber sententiarum.

Mit den obigen Worten: Cupientes aliquid beginnt Petrus Lombardus den prologus zu seinen libros sententiarum, die unsere Handschrift commentirt.

12. Commentar zu Petri Lombardi sententiae lib. 1—3. 226 Blätter in 2 Columnen. Fol. maj.

Bl. 1. Utrum nostrum mentale — Bl. 226 — Speculatia autem simpliciter est dicenda quod fuit conclusum. Das Werk bezieht sich nur auf lib. 1—3 von Petri Lombardi sent. Der Text von P. L. fehlt. Auf dem Vorsetzblatt: Liber sancte marie virginis in Novomonasterio alias Bardesholm quem scripsit et conscribi fecit frater noster Nicolaus thome presbiter professus et baccalaureus in jure canonico qui obiit anno domini MCCCCLXXIIII in die Gregorii requiescat in pace.

13 a. Petri Lombardi sententiae. Bl. 1—198 befasst den Text von lib. 1 mit einigen Marginalbemerkungen auf den ersten Seiten. Von Bl. 199—331 Commentar zu lib. 1. Fol.

Der Commentar auf Bl 199—331 stellt die Textworte in grösserer Schrift voran und schliesst daran die Bemerkungen: Cupientes aliquid de penuria ac tenuitate nostra cum paupercula in gazophylacium domini mittere.

Iste liber (sagt der Commentar oder die Glosse) sententiarum prima divisione dividitur in tres partes in prologum tractatum et epilogum. — Bl. 331 b. schliesst der Commentar zur letzten, der acht und vierzigsten, distinctio libri I: Sequitur secundus liber.

13 b. Bl. 1—145 b. der Text libri secundi Petri Lombardi. Register Bl. 145 b. — 148 a. Von Bl. 149—250 Commentar zu liber 2. Fol.

* Der Text des liber 2 schliesst in der Handschrift: deus precepit ut in malis nulli potestati obediamus; es fehlen in dem Manuscript nur die letzten Zeilen des Textes, welche den Uebergang zu lib. 3 bilden.

13 c. Petri Lombardi sententiae lib. tertius auf Bl. 1 — 70 b. Nach dem Schluss des Textes: ut vitiorum fere occidantur, folgt auf Bl. 70 b. und 71 a: Decalogus est lex decem precepta habens — humana societate versaberis. Bl. 72 — 163 tabula in sententiarum libros. Dann nach einem leeren Blatt folgt Bl. 165 — 260 Commentar zum dritten Buch: Iste liber est tertius sententiarum qui sic continuatur ad precedentem. — Am Schluss: Et sic est finis hujus tertii libri sententiarum anno domini MCCCCLXIIII in die beate Gertrudis virginis. Fol.

13 d. Liber quartus sententiarum. Text Bl. 1 — 184, Commentar Bl. 185 — 322. Auf dem Deckel vorn steht: qui michi dicit aue mox a me tollitur a ve semper sit sine ve qui michi aue —. No. CIV—CVII.

14. Petri Lombardi sententiarum lib. secundus. Text Bl. 2—110 bis in dist. 44 in malis nulli potestati obedimus, mit einigen Marginalbemerkungen. Bl. 110 b.—113 Uebersicht der Distinctionen. Bl. 114—236 Text des libri quarti sententiarum. Bl. 236 b. Explicit quartus sententiarum scriptus anno domini 1462 in sexta feria ante nativitatem beate virginis in studio rostokiensi per me Johannem Meygher. Bl. 237—239 Registrum quarti libri sententiarum.

Auf dem ersten unfoliirten Blatt von No. 14, so wie auf dem Deckel des Bandes inwendig stehen Belehrungen über die Sacramente, ebenso auf dem Deckel am Schluss des Bandes.

15 a. b. Astesani (Astaxani) summa de casibus conscientie T. 1, lib. 1—4, u. tabula partis prime de casibus fratris astaxani secundum ordinem alphabeti abbas — yronice. T. 2, lib. 5—8 u. Bl. 353, tabula de exposicione vocabulorum contentorum in corpore juris et de eorum significationibus secundum ordinem alphabeti. Bl. 373 In nomine domini Amen Incipiunt rubrice seu tituli decretalium. Bl. 374 a. incipiunt rubrice institute, 374 b. digestorum. Bl. 377 Codicis, Bl. 381 autentice, Bl. 382 Expliciunt rubricae diversorum voluminum juris civilis secundum ordinem alphabeti posite sive compilate. Cupiens ergo frater astaxanus compilator hujus summe —. Das alphabetische Register von Bl. 383—395. Fol.

No. LXXVII. LXXVIII. Band 1 hat 338, B. 2 395 Bll., der erste fängt Bl. 1 an: In nomine domini amen. Incipit summa de casibus ad honorem dei compilata per fratrem astaxanum de ordine fratrum minorum ubi praemittitur litera ad dominum Johannem Cajetanum sancti Theodori dyaconem Cardinalem et postea subjungitur immediate litera ejusdem domini quam quando recepit summam misit ad supra dictum fratrem. Beide Briefe, der erste anno domini 1317, der andere undatirt, stehen auf Bl. 1 a, wo auch das prohemium anfängt, auf Bl. 2 a. tituli primi libri, tit. 1 de lege divina. Am Schluss von T. 2, Bl. 395 b: Explicit summa de casibus edita a fratre astaxano de ordine fratrum minorum. Städlin, Geschichte der christlichen Moral, Göttingen 1808, S. 83 u. 85, nennt die mehrmal gedruckte Summa unsers Minoriten aus Asti in Piemont († 1330) unter den casuistisch-moralischen Schriften und hat aus der Vorrede der summa einen Theil abdrucken lassen. Die Kieler Bibliothek hat einen Druck dieser summa s. l. et a. Fol. M. 19. Die rubricae de usu feudorum des gedruckten Textes fehlen in der Handschrift.

16. Miscellanhandschrift, 206 Blätter, 4., von drei verschiedenen Händen geschrieben.

No. CCLXVI. Bl. 1 b. Ausführung über Matth. 26: qui gladio pungit gladio subit boleot de bello. Bl. 2 a. in quo quis peccat —. Bl. 2 b. Imagines virorum doctorum depinguntur. Bl. 3—18 a. Imagines genealogiae Christi. Bl. 18 b. Inhaltsangabe. Bl. 19 Dyonisii Eclipsis in passione domini qui fuit Dionisius Areopagita dictus ex tali — vico ariopago qui erat vicus martis in quo colebatur mars in templo — Athenienses cum singulos vicos denominabant a diis quos colebant. — Bl. 206 Schluss: flagillatus tradidit voluntati eorum. Auf der ersten Seite, Bl. 1 a. quer von oben nach unten mit Noten der Anfang des alten Osterliedes:

Krist ys op ghestanden van der marter alle des scolo. wii alle vro syn got schal vnser Trost syn. Kyrieleison.

Jesus rex christus qui pro nobis passus passione cuius liberati
Bo stena hucze stole mer twen soedncze chwolme boas swesoto twotrina
sumus
phobisma boly kir'.
bohemicum.

17. Eneas Silvius de miseria curialium. 19 Blätter. 4.

No. CCLXVI. Anfang: Eneas silvius dicit domino Joh. de aich perspicaci et claro iurisconsulto multos esse qui regibus serviunt —. Schluss: Vale vir nisi (?) ex curialibus unus esses meo judicio prudens esses Pridie Cal. Decembr. anno domini millesimo quadringentesimo quadragesimo quarto indictione septima. Finit eneas de miseria curialium.

Der Brief ist gedruckt in Aeneas Sylvii opera Basileae 1551, Fol., p. 720—736, datirt Pridie Kal. Febr. 1545. Ex Pruch.

18. Summa virtutum. 295 Blätter. Fol.

No. CIX. Bl. 1. Presens opus habet quinque partes principales prima est de virtute in genere; sie schliesst Bl. 12: secunda de tribus virtutibus theolog. (de fide spe et caritate) tertia de quatuor virtutibus cardinalibus quarta de donis quinta de beatitudinibus. Bl. 289 schliesst der Text: quibus obligaverunt parentes nostri celestem hereditatem. Laus et gloria deo sit in secula. Explicit summa virtutum. Bl. 290—295 Register.

19. 1) Collaciones ad diversos hominum status Bl. 1—252. 2) Bl. 253—295 a. de oculo morali et spirituali ad similitudinem oculi corporalis. Bl. 295 b. — 297 Register. Fol.

No. CLIII. 1) Bl. 1 beginnt: persecutis inspirante domino sex partibus secundi tractatus cujus est titulus de — doctoris restat pars septima quam habemus in manibus difficilior et diffusior — quam alie de doctrina videlicet hominum pertinente ad praedicatores secundum — schliesst Bl. 252 b: et socrates habeo inquit curae ut te meliorem tibi reddam quam accepi vicit eschines munificentia(m) opulentorum qui dederunt de alieno quia de fortuitus ille de suis suo. Der Anfang dieses Schlusses bis Aeschines ist aus Seneca de beneficiis lib. I, c. 8. 2) Am Schluss des Tractats de oculo: Hic finitur tractatus de oculo morali et spirituali ad similitudinem oculi corporalis — anno domini 1438 —. Nach Flügge Geschichte der Theolg. Wiss. Th. 3, S. 651, ist dieser Tractat de oculo von Raymund Jordanus.

20. Liber de instructione sive preparatione cordis fratris wylhelmi gallici ordinis predicatorum. 226 Blätter Text u. 226 b. — 231 tabula alphabetica. 12.

No. CCCXII. Anfang: Preparate corda vestra domino verba sunt samuelis in libro regum —. Schluss Bl. 226: et regnat deus per omnia secula seculorum amen. Et sic est finis.

Die Kieler Bibliothek hat Guillermi professoris parisii postilla super epistolas et evangelia de tempore et sanctis et pro defunctis. Argentine 1486. Fol. M. 54.

Theologische Schriften vermischten Inhalts von No. 21—58.

21. Ein Miscellanband in 4. mit Ueberschrift: Registrum vide in fine. No. CCLXXXVIII. 175 Blätter, von denen wenige Pergament.

1) De virtutibus et viciis Bl. 1—24. Anfang: E salute summi qu — — to. Sciro volitis in christo dilectissimi fratres et amici —. Schluss 24 a: sine intercessione preces effundentes amicos quos nostis nominatim salutando. 2) Questiones naturalium effectuum. 25. Anfang: Aristoteles reddit causam quare homines habent crines in capite et non in parte inferiori —. 3) Questiones theolog. notabiles. 37. Registrum libri doctorum videlicet ysidori bede sixti laurentii gregorii Augustini —. Dann Ueberschriften von 37 Capiteln, das erste auf 37 hat die Ueberschrift: Primum querite regnum dei —. 37 b. capitulum 2. Quid sit oracio —. 38 b. cap. 3. de morte mors est dicta ab eo quod sit amara —. Schluss 60 b. ipse punit et verberat. 4) 61. Prima questio: utrum sacerdos habens beneficium non curatum possit preterponere officium diei et legere aliud quodcunque —. 69 a. In nomine domini amen. — dei et apostolice sedis g episcopus universis et singulis clericis sue iurisdictioni servientibus. 72 a. Nolo mortem peccatorum sed ut convertantur. 74 b. Schluss: ut deus ei formam imprimat et gratie sue virtutes apponat. 75 a. pelle vos publicare vel facere publicari. Schluss: XX dierum indulgentias concedas. 75 b. Bonifacius episcopus servus servorum dei et — felicis recordacionis urbanus papa VI predecessor noster dignum reputans et debitum ut festum visitationis ipsius (?) marie virginis quum ut prefertur visitaret elizabeth. 76. Datum rome apud sedem petri V. idus novembris pontificatus nostri anno primo. 5) 77. Tractatus ysidori ad instaurationem bone vite. Dilecti fili dilige lacrimas, noli differre eas. Schluss 78 b. lacrime penitentium apud deum in baptismo reputantur. Explicit tractatus etc. 6) 79. Tractatus Hugonis de consciencia in qua anima perpetuo est mansura edificanda est —. Schluss 80 a. et nulla est melior illa quam se homo cognoscit. Explicit deo gratias. 7) 80 b. Bonaventura de ligno vite. Anfang: Christo confixus sum cruci. Verus dei cultor cristique discipulus salvatori omnium pro se crucifixo —. 87 b. Explicit tractatus de ligno vite editus a fratre bonaventura generali ministro fratrum minorum sequitur oratio composita ab eodem de cruce domini —. Sis rogo scribentis crucifixe memorque legentis Intima qui meatis relicis tibi compatientis. Die oratio fehlt in der Handschrift. Die Kieler Bibliothek hat einen undatirten Druck des lignum vitae bei einem Foliodruck von Bonaventura breviloquium von 1484. Der Druck weicht etwas ab von dem Manuscript. 8) 88. De oratione. Anfang: Oratio ut dicit summus confessoris liber 3, tit. 24, questio 3. Schluss 89 b. sepulcrum lapide pregrandi clauditur signatur custoditur et vallatur. 9) 90. De penitentia. 90 a. Secundum ambrosium de penitentia —. Penitentia est mala preterita perlegere et perlegenda iterum non committere. 107 a. Incipiens ab adam — (Berechnung der Zeitalter von Adam an). 108. Qui fecit voluntatem patris mei qui est in celis ipse manebit in regnum celorum. Schluss 115 a. non in flammas et consumens sed illuminans. Roges dominum Amen. 10) 116. Disceptatio rationis et consciencie de eucharistia mathei de cracovia, anfangend: multorum tam clericorum quam laycorum querela est non modica occupatio gravis et questio dubiosa. — Die Kieler Bibliothek hat diesen Tractat Mathei de Cracovia de disceptacione consciencie et rationis de frequenter aut raro celebrando aut communicando in einem Druck s. l. et a., 4., bei seinem liber de arte moriendi. M. 44. 11) 127. Tituli psalmorum. Anfang: Beatus vir qui non abiit in consilio impiorum. 12) 149. Questio sancti thome de Aquino ordinis predicatorum de casibus emergentibus circa sacramentum altaris. Sumpta de ultima parte summe (quaestio 83, art. 6). Schluss 149 b. in sacrario recondito sic de rasura tabule dictum. 13) 150. Alani liber parabolarum mit Glossen. Anfang: 150 a. A phebo (sole) phebe (luna) lumen capit a sapiente. Vergl. Polyc. Leyser historia poetarum medii aevi p. 1064. Die Kieler Bibliothek hat einen Druck von Alani Doctrinale altum seu liber parabolarum metrice descriptus cum sententiis et metrorum expositionibus utilis valde ad bonor. morum instructionem. Colonie per Henricum Quentell. s. a. 4. Die Handschrift enthält cap. 1—5 und den Anfang der sechsten von Alanus parabol. bis: primo dictantes et postea versificantes. Dann folgen in der Handschrift zehn Verse, die nicht zum Alanus gehören. 165. Anno domini 1448 die nono in jejunio finiebatur textus presens a scriptore — anno domini 1447. 14) 165 b. Der Anonymus salutaris. Anfang: Aurea lux oritur pratum pete collige flores et pueris caput —.

171 b. florent huius honor carminis atque decor. Et est finis huius salutaris. Vergl. Leyser l. c. p. 2058. 14) 171 b. speculum lectorum. Anfang: Scholasticus dixit socios —. 175 b. Register.

22. Miscellanhandschrift. 212 Blätter. 4. Mehrere sind unbeschrieben, aber mitgezählt. No. CCXCIX.

1) Bl. 1. Disputacio corporis et anime, No. 317. Anfang: vir quidam extiterat dudum heremita Philebertus, francigena cujus dulcis vita. Schluss: Rebus transitoriis abrenuntiavi Et me Christi manibus totum commendavi. 6. Et sic est finis disputacionis corporis et anime anno domini 1454 ipso die dionisii hora nona ante prandium scripsi et finivi ego N. M. manu mea propria supra sancti nicolai scholam in Idzeho et in eadem estate preterita stud. fueram orphanus. Es ist die sogen. visio Philiberti. Der Text unserer Handschrift stimmt, Kleinigkeiten ausgenommen, zu der Wiener, welchen Th. G. v. Karajan in der Frühlingsgabe für Freunde älterer Literatur (Wien 1839), S. 85 bis 98, herausgab. Der Pariser Text bei Du Meril poésies populaires latines, S. 217—230, ist vollständiger. Vergl. auch Büdinger in den Sitzungsberichten d. Wiener Akad. Ph. hist. Cl. XIII, 330. 2) 6 b. Oratio, anfangend: Nota quod quidam petunt et non exaudiuntur quia non petunt —. 3) 8. de usurariis oder wie es auf dem Vorsetzblatt heisst: usura dampnanda. 4) 14. anno domini 1461 regimen sive tabula summorum pontificum. Sanctus Petrus sedit annis XXV mensibus VIII diebus VI. — Calistus, Pius, bei mehreren ist die Regierungszeit bemerkt. 5) 19. De beata virgine dorothea vita et passio: gloriosa virgo dorothea. 6) 22. De dilectione dei. 7) 23 b. Tabula doli mundi. — 24. de monachis. 25 b. anno 1459 in Billigenstede per me N. M. Dieselben Buchstaben stehen p. 6. Im Bordesholmer Catalog ist als 5) angegeben: mundi status diversus ridiculus, ebenso auf dem Vorsetzblatt aber als viertes Stück. Die Rythmen beginnen 23 b: viri fratres servi dei ne vos turbant vana mei set audite propter deum flebilem sermonem meum —. 8) 26. Virtutes et vicia per ordinem alphabeti: abstinencia — indulgencie im Ihesus judicium extremum. 95. Alphabetisches Register mit Verweisungen auf die vorhergehenden und auf die noch folgenden Seiten. 103—126 Fortsetzung von Bl. 94 mors —. 9) 127. Exempla de beata virgine. Fuit quidam miles qui ardebat mirabiliter in amore cujusdam mulieris. 140. usurarius de viro paupere venit vir quidam —. 142. de beata virgine —. 215. de beata Juliana temporibus Maximiniani imperatoris erat quidam senator —. 217. Confessionis salubritas. 220. Notabile de elemosina hominum und andere notabilia. 231. De natu sancti Laurentii et ejus invencione. 238 b. de temptatione demonis. Als das letzte Stück auf dem Vorsetzblatt ist als No. 6 angegeben: Exempla beate virginis et aliorum.

23. Miscellanhandschrift. 306 Blätter. Fol. No. CLIX.

1) Bl. 1. Evangeliarne (Mattheus et Johannes). 2) 67 a. leer, 67 b. visitatio marie. 3) 69 b. utrum liceat sacramenti omnino (?) et celebracione abstinere et alia notabilia. 4) 117 b. Epistola magistri hugonis de quatuor questionibus valde utilibus. Questio 1. utrum tam bona fuit christi passio qua mala fuit ade prevaricatio —. 5) 122 b. utrum peccata redeant cum semel dimissa fuerint. 6) 125. Boecius (?) de trinitate. Anf.: omnis sciencia suis nititur regulis velut propriis fundamentis ut de grammatica tacemus —. 7) 135. Questiones de sacramentis. 8) 180. Tractatulus magistri Samuelis israhelite (im Bordesholmer Catalog epistola israhelitae marochii ad R. Isaac ex arab. vers., Bl. 180 des manuscripts auch ismaelita) in quo scribitur claro adventum cristi messie fuisse et processisse. Anfangend: Ego magister alphoncius hispanus hunc libellum antiquum — de arabico latinum —. In der maxima bibliotheca patrum T. XVIII, p. 519—531, ist die epistola seu liber Rabbi Samuelis Judaei marrochiani ad Rabbi Isaac Judaeum de adventu messie, lateinisch gedruckt. 9) 192. sacerdos fornicarius. 10) 194 b. Ad horas beate virginis vel vigilias mortuorum qui tenerentur. 11) 196 b. de celebracione misse. 12) 204. de horis Canonicorum. 13) 214. Questiones. 14) 217. Nach der Ueberschrift Orosius, durchstrichen ist Origenes; im Register auf 227 b.—229: Vox penitentie ecclesie liber synagoge. Der Anfang 217: osculetur me osculo oris sui —.

(Die Schrift ist ein Commentar zum cant. canticor., stimmt aber nicht überein mit Origenis homiliae zum Hohenliede). 15) 230. leer, 231. de virgine maria, anfangend: Ave maris stella dei mater alma atque semper virgo — der Hymnus Mar. (Daniel thes. I, p. 204) mit Commentar. 16) 245. de angelis etc. 17) 246. Commentar in epist. ad Gal. 18) 257 a. b. Bulla de nativitate marie de institutione. Anfang: Gregorius episcopus servus servorum dei —. 257 b. datum Anagine VII ydus Septembr. pontificatus nostri anno septimo. 19) 258. de arte dicandi ad formandam salutationem et ad meliorem ordinationem. 20) 262. de sententia excommunicationis et interdicto. 21) 265. summula de ecclesiasticis interdictis domini Johannis Caluani doctoris decretorum. 22) 267 b. regule cancellarie domini pape. 23) 270. de matrimonio. 24) 271. Exsurgens maria abiit —. 25) 275. Augustinus de decem preceptis. 26) 282 b. Register der einzelnen in diesem Miscellanband enthaltenen 138 Tractatus. 289 b. Anhang zum Tract. Augustini de decem preceptis. 27) 291. Quedam precepta in quibusdam casibus medicinalibus. 28) 305. Virtutes vitia precepta.

24. Miscellanhandschrift. 372 Blätter. Fol. Alle in 2 Columnen geschrieben. Auf dem Vorsetzblatt sind die Titel mehrerer Schriften des Bandes angegeben, aber zum Theil vom Wurm zernagt. Im Bordesholmer Catalog No. CXLVI: 1) Tractatuli XXX varii quorum primus acta concilii Basileensis alius Brocardica, 2) Bartholomaei questiones dominicales Vener. et Jurid.

1) Bl. 1. Acta concilii Basileensis. Anfang: sacrosancta generalis sinodus Basileensis in spiritu sancto legittime congregata — per magistrum Stanislaum de Starbirini. licentiatum. 2) 23 b. Lucipher princeps tenebrarum — omnium et singulorum premissorum. Iste est nonus processus. 3) 28 b. de proprietatis vicio in viris religiosis. Sequitur de peccato proprietatis in viris — si hec duo pronomia tollerentur meum et tuum. 4) 31 b. Incipit tractatus de arte moriendi. In nomine sancte et individue trinitatis Amen. Cum de presentis exilii miseria — gaudeat in eternum. Der Tractat stimmt überein mit dem gedruckten Tractat Matthaei de Cracovia de arte moriendi s. l. et a., 4., nur fehlt der Schlusssatz des gedruckten Werks, die Handschrift hat 38 b. ein nicht in diesem Druck befindliches Gebet und 39: sequitur alius modus disponendi se ad mortem — ord. carthusiensis. Vergl. oben S. 36. 5) 40 b. meditationes sancti augustini. Quoniam medio laqueorum positi sumus — adque vos perducat filius dei qui vivit et regnat. (Anselmi opp. Paris. 1721, p. 227.) 6) 45 a. Tractat. Anfang: Volens purgari de viciis peccatis — et sanaberis sine dubio nunc et in eternum amen. 7) 49 b. Incipit libellus ejusdem praefati magistri (der Name fehlt in No. 6) pro novicio in deum prospicere cupienti. Ex quo iam viam dei arripuisti —. Ille qui est benedictus in eternum amen. 8) 51 b. meditatio abbatis Cesariensis in passione domini. In deuteronomio legitur vivit et regnat in secula benedictus amen. 9) 55 a. meditatio de resurrectione domini nostri Jesu christi. Die dominica cogita de resurrectione — vivit et regnat deus in secula benedictus. Amen. 10) 56 b. gregorius duo sunt — tormentorum genera martirii unum in occulto —. Marienhymnus: ave maria gracia plena —. (Abweichend von Daniel II, p. 92.) 11) 57 b. In nomine domini amen. Incipiunt orationes sancte Brigitte canonizate Rome a domino Bonifacio nono et sunt quindecim ammoniciones sancte passionis domini nostri Jesu christi pater noster et ave maria ad qualem ammonicionem dicantur. Sequitur prima ammonitio quam diligenter legas, pater noster ave Jesu christe eterna dulcedo — lacum mundatum tuum vivas amen. 12) 58 b. Institutio carthusiensium. Sicut patres nostri narraverunt nobis — quasi nulla sint themere (sic) despiciant. Expliciunt statuta ordinis carthusiensis. 13) 61. Tractatus de symonia (nach der Angabe auf dem Vorsetzblatt): Moyses sanctus et tanquam solitudinis amicus — nisi ad ejus exstinctionem diligentissime laboretur. 14) 77. Hec notula subsequens est compilata super caput si celebrat ur — per dominum Johannem Caldrini doctorem doctorum Bononie de irregularitate continens utilia. Quia de multis causis dubitatur an propter celebracionem divinorum sit quis irregularis —

cum medicinalis depr. CX et C is cui lib. VI. 15) 78 b. Inter reverendum in christo patrem dominum A dei gratia Bremensis ecclesie archiepiscopum ex una ac archidiaconum ejusdem ecclesie Bremensis parte ex altera super nonnullis jurisdictionibus — ejusdem ecclesie noviter exorta. 16) 85 a. Libellus de interdicto Jo. an. (Johannis Andreae) de modo observandi interdictum — ne inconceptum leve peccatum veniat immortale. 17) 91 a. Johannes Andreae super quarto libro decretal. de sponsalibus Christi nomine invocato ad honorem ipsius et reverendissimi patris me domini archidiaconi Bononiensis qui divinam imitatus potentiam de me nihilo fecit aliquid ego Johannes Andree decretorum doctor summam brevissimam super quarto libro decretalium compilari — dum quid dicum vide per te Jo. Andree. 18) 96 b. de contractibus reddituum. Queritur utrum omnes redditus — pro quisque inolevit. Explicit de contractibus disputatio a doctore pragensis studii magistro Conrado de Ebraco doctore in theologia. 19) 104 b. Tractatus venerabilis predicatoris us (?) domini Andree de myens qui in pluribus partibus predicavit contra quosdam contractus censuum. Quicunque autem cui census licitos — hec Johannes Caldrini. Hic expliciunt collecta de contractibus censuum ad receptionem (?) et ad vitam. (Grässe II, 3, 648, nennt Joh. Calderini Adoptivsohn des Johannes Andreä). 20) 112 b. Sequitur alius tractatus domini Andree predicatoris viri multum eruditi et sancte vite. Nos Jesko de ghretz Johannes de Ach Procopius bohuslay et ceteri consules et jurati cives majoris civitatis pragensis — secundum formam que posita est in principio videlicet nos Jesko judex. 21) 117 a. Sequitur rescriptum domini Michaelis Bliden contra tractatum domini Andree qui incipit Nos Jesko. Ticius civis pragensis a Lucio concive emit duas sexaginta census annui perpetuo percipiendas — et per quos nec solvat. — 22) 118 b. Sequitur responsio domini Andree ad scriptum domini Michaelis Bliden. Ticius civis Pragensis et infra dummodo contractus non sit usurarius — quod contractus ille non sit illicitus. 23) 124 b. Sequitur responsio domini Andree ad casum magistri Stanislay. Habet domum — quod contractus ille est illicitus. 24) 127 b. Sequitur alius contractus de eadem materia compilatus a sepe dicto domino Andree circa annos domini 1404 — Petrus emit duas sexag. annui census perpetui super domo — ymmo pocius que omnino idem. 25) 129 a. Istud quod sequitur scripsit quidam iurista in wyenna postquam vidit et perlegit tractatus de censibus prius seu ante scriptos in eodem isto volumine. Licet de materia contractuum sc. venditionis reddituum ad vitam — quam fieri licet exiliter in studio Wyennensi. Henricus Bernstein. 26) 130 a. Hic sequitur determinacio magni magistri in theologia parisiensis (?) hynrici de Gandavo in primo quolibet questione 39 quam publice disputavit. Utrum licet emere redditus ad vitam et arguitur primo licet emere redditus ad vitam —. Es folgen bis 135 b. ähnliche Tractate des Henricus de Gandavo. Am Schluss: et salubriter ad vota dirigat in agendis. Datum etc. III die Octobris 1407. Vergl. über Henricus de Gandavo Grässe l. c. II, S. 278. 27) 136. Tractatus de usura videndum est quare sic vocatur usura — et dicit beatus augustinus in enchiridion. 28) 144. Nach dem Titel auf dem Vorsetzblatt und dem Inhalt: Brocardica bartholomei brixiensis. Quoniam secundum juris veritatem — ego bartholomeus brixiensis brocarda juris canonici duxi pro viribus corrigenda. At ignoranciam excusare. 160 b. non posset aliter probari. Expliciunt brocarda damasi. Vergl. Savigny Gesch. des Röm. Rechts im Mittelalter. 2. Aufl. B. 5. S. 165. Das letzte brocard. fängt wie bei Savigny an: Qui ignoranciam allegat —. (Barth. Brix. corrigirte Damasi brocard.) 29) 161 a. Questiones dominicales. Ad honorem omnipotentis dei et ecclesie romane cui preside Gregorius IX et ad utilitatem Bononie et illi studentium ego bartholomeus brixensis inter scholares unus —. Nach der Einleitung: Quidam habens uxorem —. 203 b. Credo misericordia adhibenda circa istum condemnatum. Expliciunt questiones dominicales brixiensis. 30) 203 b. Incipiunt venerales ejusdem doctoris. Queritur utrum in suprascripto aliquis. 223 b. in prima parte allegata. Hec est finis hujus opusculi brixiensis. 31) 227. (Es sind 3 Blätter ausgeschnitten. Der folgende Tractat hat eine ältere Foliirung 98, war also früher einem andern Werk von 97 Blättern angebunden.) Tractatus de contractibus: Abbas monasterii sancti jacobi de consensu conventus vendidit —. 32) 239. Speculum aureum de symonia. Reverendissimis in christo patribus et dominis dominis sacrosancte ecclesie romane ac universalis ecclesie cardinalibus nec non aliarum — pro ecclesie concilio generali. Amen. Explicit speculum aureum de symonia per manus egregii doctoris magistri Engelsthale studio pragensi presentatum doctoris famosissimi studii ejusdem anno incarnacionis MCCCCXIII circiter. (Im liber decanor. facult. philos. univ. Prag. wird P. 1, p. 248, magister Albertus Engelschalk genannt.) 33) 281. Repetitorium decreti auf dem Vorsetzblatt genannt. Aaron de caritate — alphabetisches Lexikon von A — Z. 34) 300. Metra biblica mit Glossen. Sex prohibet peccat abel enoch archa fit intrant egreditur dormit variantur turris it abram — —. Flebunt ad cenam surgunt sponsamque venio iam. 35) 306. Tituli decretalium. Incipit primus liber decretalium cum concordanciis. Auf dem Vorsetzblatt: Remissorium titulorum ad decretum. 37) 309. Tabulae Johannis Caldrini de auctoritatibus que inducuntur ex biblia in compilationibus decretorum et epistol. decretalium incepte et finite in Rostock anno domini incarn. Ihesu cristi MCCCCXXVI sabbato pro letare hora undecima. (Von A—Z.)

25. Miscellanhandschrift. Bl. 13—443 foliirt, aber 307—318 u. 334—346 fehlen, 383, 440 u. 441 sind unbenutzt. Vorn zwei unfol. Blätter, enthaltend ein unvollständiges Inhaltsverzeichniss. Die ersten 12 Blätter fehlen. Fol. No. CCXIV.

1) Bl. 13. Sermones dominicales. Die erste über Zacharias c. IX (v. 9) u. Matth. 21, 2: exulta filia Syon — rex tuus veniet —. Expliciunt sermones dominicales per me Johannem reborch scripti. 2) 75. Sermones. 75. 76. Sermo in die pasche. 77. Incipiunt quidam sermones — et primo de Apostolis. Tollite jugum meum super vos Matth. XI (29). 113. Sermones de confessoribus: Qui se exaltat humilitabitur Luc. 14. 125. Sermones de virginibus. Surge propera amica mea. Cant. canticor. secundo capit. 138. Sermo de viduis. 3) 139. Exempla quedam pulcherrima de diversis hinc inde collecta. Queritur utrum major sit virtus in contritione an in confessione — de confessore de confessione — de ficta confessione — diabolus confitebatur — de contritione — de usurario contrito. 165. exempla de sacramento. 169. de missa. 172. ave maria. 179. pro mortuis benefacere multum valet. 182. Quid sit melius missam audire an verbum dei seu predicacionem. 4) 188 b. Registrum vitaspatrum in Bardesholmo secundum ordinem alphabeti. Abstinencia — ymagines. Auf dem Vorsetzblatt: registrum vitaspatrum nostre librarie s. Bardesholm secundum ordinem alphabeti. 188 b. steht über dem Titel: Numerus infra positus est foliorum et non capitulorum. 5) 192. Incipiunt quedam adaptationes sive similitudines secundum ordinem alphabeti et primo de accidia. 6) 232. sermo. Quasi modo geniti. 7) 233. Septem peccata mortalia. 8) 233 b. Quomodo hore canonice sunt dicendae. Septies in die laudem dixi tibi- —. 9) 237. Avisamentum absolutionis a sentencia excommunicationis. 10) 238. Incipit epistola luciferi principis demoniorum ad potentes et prelatos ad plebanos et curatos ad episcopos et ad fratres mendicantes et ad taxillorum lusores. 11) 240 b. Sermo. Emite agite appropinquabit eternum regnum. 12) 243. Sermo quidam ex parato de decem preceptis domini. Abrahe dicte sunt promissiones et semini ejus. Nomina XXIV sermonum. Peccata quedam ex ignorancia. 13) 245. Tractatulus quidam de decem preceptis incipiens si vis ad vitam ingredi. — Tabula materie precedentis secundum ordinem alphabeti. 14) 262. De perversis fidem irritam facientibus et adhaerentibus. 15) 263. Collatio egregii viri doctoris Jacobi de Cracovia facta erphordie ad fratres ordinis benedicti et lecta in generali capitulo ipsorum erphordie celebrato. Salubriter beatissimi petri principis apostolorum dulcissimam obsecracionem ad aures hujus alme congregationis. 16) 296 b. Dyalogus mathei de cracovia de sacramento. (Ueber Matth. von Chrochovo in Pommern vergl. Grässe II, 1, 272. 317. u. oben S. 49, No. 10.) 17) 302. Determinatio magistri adalberti bohemi de communione corporis christi. 18) 306. Quomodo factus est sacerdos legalis. 19) 319. Epistola venerabilis doctoris Augustini episcopi ad beatum Cyrillum secundum iherosolimitanum pontificem de magnificenciis eximii doctoris iheronimi. Responsum epistola Cyrilli de miraculis beati iheronimi. — 20) 321 b. Mira declaratio pestifere secte grecorum que dici quod anime beatorum et maledictorum perveniantur gloria et pena ad diem judicii. 21) 322 b.

De morte beati Eusebii et alior. virorum resuscitatorum et difficultate penarum purgatorii et inferni. 22) 323 b. De miraculo sancti iheronimi et de sabiniano heresiarcha. Miraculum de sancto silvano archiepiscopo. Miraculum duorum gentilium et de combustione plus quam trecentorum —. 23) 347. Liber de exemplis sacre scripture compositus a fratre nicolao de Hanapide ordinis predicatorum patriarcha ierosolimitano per me Johannem reborch sub anno domini MCCCCLXVI. (Von diesem liber fehlen nach der Inhaltsangabe auf Bl. 378—379 cap. 1—34 und der Anfang von cap. 35. (N. de Hanapide † 1291.) 24) 358. Figure et extranaturalia secundum ordinem alphabeti ad diversas materias applicabiles seu applicabilia. — Abstinere corpus nostrum debemus. 25) 385 b. Quedam exempla et miracula beati gregorii et de vitaspatrum —. Septem gaudia marie. 26) 391 b. Tabula florum beati Bernardi. 27) 394. De novo anno distribuciono statibus diversis. 28) 429 b. Corpus christi quadraginta duo genera hominum non debent sumere. 432. Conceptionis marie sermo. Aufer rubigenem de argento. Levate capita quum appropinqualit redemptor. 442. Expositio patrum de vigilia epyfanie super evangelio mathei defuncto herode.

26. Miscellanhandschrift. 279 Blätter. Fol. Vorn ein unvollständiges Inhaltsverzeichniss. No. CXXIX.

1) Bl. 1. Tractatus qui intitulatur oculus consideracionis religiosorum. In nomine domini nostri Jesu christi. Multorum deo militare cupientium ymmo et militantium seque ab inutilibus secularium actionum abstrahencium vias considerans — (27 Capitel). 50 b. Formula spiritualis vite in fine hujus opusculi addita. Johannes Kopke in Bordesholm presbiter professus scripsit hec. 51. Infine hujus opusculi oculus —. 56. Explicit tractatus qui intitulatur oculus consideracionis religiosorum doctoris Jacobi de yuterbuk ordinis carthusiensis professi in erfordia. (Auf dem ersten Blatt ist Jacobus de Cracovia als Verfasser genannt. Als Schreiber ist Bl. 56 Joh. Kopke wieder genannt mit dem Zeichen eines Bechers (altd. Kopf). 2) 57. Incipit prologus in tractatum de vita anime domini Johannis Jersonis cancellarii parisiensis. Reverendo in christo patri et sacre theologie professori eximio domino Petro episcopo cameracensi (lectio 1—6, gedruckt in Joh. de Gerson opera von 1488, Fol., P. 3, Fol. 60, bb. 2, unter dem Titel: de vita spirituali anime). 3) 80 b. Tractatus Joh. de Gerson de meditatione cordis, de simplificatione cordis. Tract. de directione cordis editus anno domini 1417 in constanciensi consilio. De illuminatione cordis, de pusillanimitate. (Die 5 Tractate gedruckt in Gerson opera P. 3, Fol. 60.) Breves instructiones contra quosdam scrupulosos edite a Johanne jersonis in proprio idiomate scil. in gallico quas alius transtulit in latinum et huic accidit rusticitas in latinitate quia sic translator transtulit sicut reperit in gallico scriptum ab autore. De temptationibus blasphemie. 4) 103. Questionis cujusdam religiosi facte ad eundem responsio magistri Joh. Jarsonis ad Johannem Ghauteri vicarium majoris domus Carthusie. Quidam in sua confessione narrant. 5) 103 b. Joh. Gerson de concepcione beate virginis marie. In sacros. consilio basiliensi determinatum est anno domini 1440 quod beata virgo marie nunquam subjacuit peccato originali —. 6) 105. Tractatus de instructione seu directione simplicium confessorum P. 1 de potestate in audienda confessiones. 135. P. 2. de vitiis capitalibus. 146. P. 3. de interrogacionibus certis ad certas personas. 169 b. P. 4 de absolutione. 172. Explicit summa confessionum seu interrogatorium pro simplicibus confessoribus edit. ab archiepiscopo florentino videlicet fratre Anthonino ordinis predicatorum. Vergl. oben S. 31 7) 173. Meditaciones dominicales bonaventure de passione domini ihesu finito anno domini MCCCCLX. Anfang: Inter alia virtutum et laudum preconia de sanctissima virgine cecilia. Schluss S. 279. (Gedruckt in Bonaventurae opp. Mogunt. 1609, Fol., T. 6, p. 334: Meditationes vitae Christi.)

27. Miscellanhandschrift, von verschiedenen Händen geschrieben. Ausser fünf in dem voranstehenden Inhaltsverzeichniss genannten Schriften sind noch drei andere

genannt, die sich nicht mehr finden. 81, 110, 38, 21 und 10 Blätter. 4. No. CCLXXV.

1) Bl. 1. Historia beati Thome de aquino ordinis fratrum predicatorum et primo de necessitate institutionis predicti ordinis et ejus commendacione. Cap. 1—69. Cap. 70 von Bl. 43—65 a. de miraculis post obitum dicti doctoris. 65. Incipit prologus in librum de laudibus sancti thome de aquino. Item magnus vocabitur Mathei V. Cum beatissimus thomas de aquino inter omnes mortales sciencia effloruerit. Cap. 1—7. 2) 1. Epistola venerabilis patris fratris humberti magistri ordinis predicatorum de libello sive tractatu qui intitulatur vitasfratrum. Dilectis in dilecto dei filio fratribus predicatoribus universis frater Humbertus servus eorum inutilis P. 1—5, jede mehrere Capitel, das neunte der letzten Pars: de his qui miraculis claruerunt. Gegen das Ende ist der vorletzte der frater Raymundus de provincia hyspanie, als der letzte Johannes Teutonicus nacione de saxonia diocesi Osnabrugensi genanut · ingressus est ordinem antequam redisset ad patriam circa annum domini MCC vicesimum quintum prius domino hugone cardinali, qui magister suus fuerat cum eo in eodem proposito concurrente. Explicit a. d. 1470 — per me fratrem Johannem Nesse. Der Verfasser sagt Bl 1 b: libellus qui vitasfratrum intitulari potest compilatus est de diversis narrationibus, quas fratres multi. 2. Liber vitasfratrum stat pro una dictione sicut et vitaspatrum qui est liber beati Iheronimi. Est enim nomen compositum ex duobus obliquis et ideo manet indeclinabile per omnes casus secundum grammaticos juxta hanc regulam: si componantur obliqui non variantur. 3) 1. Biblica metra per ordinem alphabeti. Per hos versus epylogos cognoscitur nomen numerus capitulorum libri ordo librorum ac quotus sit et de quo quilibet liber tractat summarie. — 31. Explicit vetus testamentum, incipit novum. — 38 b. Explicit novum testamentum. Anno 1477 per quendam kentum in Stetyn. 4) 1. Vita brandani abbatis. sanctus filius Brandanus kelmalchi de genere eugeni stagnili regione mininensium ortus fuit. Erat vir magne abstinencie et in virtutibus clarus —. In den Actis Sanctor. Maji T. 3, p. 600: Fuit Brendanus, ut acta ejus antiquiora habent, filius Finlochae senatoris Alti (aliis nepotis Athil) de genere Eugenii ex Fragnili (aliis Stagnili) regione mononiensium ortus. (Vergl. oben S. 41. 5 b. Der Schluss stimmt mit Jubinal's Druck p. 53 Anmerk.) 5) 1. Katherine de Senis. Beata Katharina de civitate Senensi oriunda mirabiliter et valde singulariter a christo delecta et electa fuit —.

28. Passio domini extensa s. explicata D. Rubenow proconsulis Gryphiswaldensis cum quibusdam aliis. So No. CCLX im Bordesholmer Catalog. 4. 259, 70 u. 11 Blätter.

1) Passio extensa salvatoris nostri domini Ihesu Christ.* Bl. 1—19, prefaciones. Anfang: Inspice et fac secundum exemplar quod tibi in monte —. Hora matutina 20—82; hora prima — nona 82—215; hora vespertina, hora completorii 215—30. Am Schluss der latein. Schrift 230 b: Dat is dar unse Heregod geve uns eyn gud iar Der nome yk wol eyn par dat is werliken war. Amen. Declaracio 231. Anno domini MCCCCLII ego Henricus rubenow minimus inter legum professores ac proconsules Gripeswaldenses decretorum baccalaureus collegi istam dominicam passionem pro deductione temporis in opido Gripeswaldense Caminens. dioc. et incepi illam feria secunda post invocavit in quadragesima et finivi eam sabbato ante judica — et peto me desuper excusare cum illa materia non sit de facultate legali et ego eam non auctoritate ut doctor sed narrative ut minimus sacre theologie facultatis —. Registrum 1. 2. 3. Bl. 233—259. Ueber Heinrich Rubenow, dessen Wirksamkeit für die Stiftung der Universität Greifswalde so wichtig ist, vergl. Kosegarten Gesch. der Universität Greifswalde. Th. 1, S. 45. 2) De passione Bl. 1—70. Anfang: Egredimini filie syon et videte regem Salomonem in dyademate quo coronavit eum mater sua (cant. cant. III). Verba ista hodie cuilibet fideli animo proponuntur ad meditandam mortem christi per compassionem —. 3) 1. Incipit omelia de lancea passionis Christi et clavorum facta per magistrum henricum de hassia cognominatum qui est doctor sacre theologie parisiensis. Anfang: Unus militum lancea latus ejus apperuit —.

Ueber Henr. de H. † 1397 vergl. Grässe Mittelalter II, 1, 325. 6—11. Historia de lancea domini. Noten mit Text: In splendore fulguninantis haste sue deus et homo regnavit —.

29. Miscellanhandschrift. 103 und 35 Blätter. 4. No. CCCIV. 3.

1) Bl. 1—103. Horologium eterne sapientie. Sentite de domino in bonitate et in simplicitate cordis querite illum — te regem glorie dominumque virtutum in decore suo conspicientes Ihesum christum dominum nostrum qui cum patre et spiritu sancto vivit et regnat per omnia secula seculorum amen. Explicit liber horologium divine ac eterne sapientie appellatus. 2) 1. Cum quadam die corporali manuum cum quadam die corporali manuum (sic) labore occupatus de spirituali hominis exercicio cogitationem cepissem quatuor gradus speciales in cogitatione se subito optulerunt — quandocunque te invadit accidia cogita de tempore quod isti qui in inferno sunt totum mundum darent pro eo quod haberent et tu cum facilitate prodis et sic cogita super istas duas civitates Amen. 3) Vita christiana secundum augustinum. Bl. 19 b. Ego peccator et ultimus insipientiorque ceteris et imperitior universis te ut societatis et justicie viam perges crebrioribus audeam literis ammonere — non conferamus absentes. Explicit vita christiana secundum augustinum. Deo gratias.

30. Miscellanhandschrift. 58, 23 und 70 Blätter. 4. No. CCLXXXI.

1) Bl. 1. Cordiale: memorare novissima tuarum in eternum non peccabis ecclesiast. VII. Sicut dicit beatus Augustinus in libro suarum meditacionum plus vitanda sola peccati feditas quam qualibet tormentorum immanitas. Cum igitur novissimorum noticia — vivere capiat homo vere vestra gens absque consilio est et sine prudencia. O utinam saperent et intelligerent ac novissima providerent. Explicit deo gratias. Explicit cordiale liber valde utilis. 2) 58. Stück einer Rede: Reconsiliati enim sumus deo ut ait apostolus per mortem christi quod non sic est intelligendum quasi nos ei reconsiliavit christus ut inciperet amare quos oderat — cum in diaboli potestate esse permisit quia nec diabolus. 3) 1. Speculum amatorum mundi. Videte quomodo caute ambuletis non quasi insipientes sed ut sapientes redimentes tempus quoniam dies mali sunt —. Ad ephes cap. V. apost. Paulus —. 23 b. De habitaculo carnis egressus ad edificatam perveniet domum non manu factam eternam in celis, approperante qui cum patre et spiritu sancto vivit et regnat deus in secula seculorum Amen —. Explicit speculum amatorum mundi. 4) 1. Eusebii epistola ad Damasum Portuensem episcopum et Theodosium Romanorum senatorem de morte Hieronimi. Die Kieler Bibliothek hat einen undatirten Quartdruck dieser epistola. Vergl. oben S. 34. 5) 26—70. Tractatus de virtutibus atque peccatis. Sunt quedam vicia que frequenter speciem virtutis assumunt, ut cum vera sint vitia videantur esse virtutes sicut severitas potentia justicia — ut presentes a predictis peccatis clementer eripiat et eciam futuros ac consilia committant benigne ac propitius custodiat.

31. Miscellanband. 17, 33, 34 und 76 Blätter. Fol. No. CLIV.

1) Bl. 1—17. De confessione. Cum morbus curarum sit perpetuus et curarum phisica sit theologia quomodo dabit medicinam ad omnem morbum qui nihil audivit de phisica. Si quis fateretur se esse marscalcum equorum et profiteretur se nihil didicisse de cura animalium nullus committeret ejus cure asinum vel equum —. 2) 1. Am Schluss p. 31: Explicit viridarium consolacionis de viciis et virtutibus anno domini MCCCCLXVIII in quinta feria post dominicam oculi hora octava finitum est istud opusculum in otterendorppe. 3) 31 b. De assumpcione Johannis evangeliste. 33. Tabula. 4) 1. Legenda perpulcra de persecucione fidelium in hamburch videlicet de quodam papa qui ibidem cum sua collega infidelibus eosdem occidentibus martirii coronam gloriose triumphando adeptus est. Die Legenda, anfangend Alacrius solito, ist gedruckt, wie Lappenberg mir nachgewiesen hat, in Leibnitz script. Brunsvic. T. 1, p. 184. 5) 7. De dedicacione. Terribilis est et admirandus et venerabilis est locus iste —. 6) 1—76. Sermones. Der Anfang der ersten fehlt, die zweite Bl. 2

über evang. Joh. III: Erat homo ex phariseis; 5 b. Ego sum vitis Joh. XV; 17 b. Si quis diligit me sermonem meum servabit Joh. XIV; 72 b. Ambulans Ihesus juxta mare Galilei Matth. IV.

32. Miscellanhandschrift. 81, 21, 85—114, 34, 13, 60, 61, 103 und 20 Blätter. Fol. No. CCXXIV.

1) Sermones diversi de tempore Bl. 1—81. Der erste dom. pr. adventus cum appropinquaret Matth. 21 —. 2) Sermones. Der erste in die natalis domini: ego hodie genui te psalm. 2. Bl. 1—21. 3) Sermones de beata virgine Bl. 85—114, der erste: missus est angelus gabriel a deo, der letzte, anfangend Bl. 111, de conceptione beate virginis orietur stella ex Jacob —. 4) 1—34. Sermones, der erste anfangend: vocis nova lux vias —. 5) 1—13. Sermones, Anfang: sume vas vini et mitte in illud —. 6) Compendium Thome de humanitate Christi. Bl. 1—60. 7) Consolacio theologie lib. 1—15, Bl. 1—60. Quoniam secundum apostolum quecunque scripta sunt ad nostram doctrinam scripta sunt ut per consolacionem scripturarum spem habeamus —. (Nach S. 33, No. 121. 1 von Joh. de Tambaco.) 8) 60 b. De pudicicia lucrecie. De lucrecie violata pudicicia que corrupta nolens —. 9) 1. Malogranati liber primus notandum quod opus subsequens sive tractatus intitulatur malogranatum qui tractat de triplici statu religiosorum videlicet incipientium perficientium et perfectorum. Hic liber non incongrue potest censeri malogranatum nam sicut in malogranato sunt multa grana per diversas cellulas inclusa. Nach der Handschrift 34 (No. CXXXIX) ist Mathaeus abbas ord. cisterc. in bohem. der Verfasser. 10) 102 b. Sermo: Gaudium est angelis dei Luc. XV. 11) 1. Registrum biblie. 12) 9—20. Legenda Gregorii pape. Gregorius dicitur a Gre et gor — quasi gregis predicator —.

33. Miscellanhandschrift. 324 Blätter. Fol. No. CXXXV.

1) 1. Nach dem Titel auf dem Deckel des Bandes: Summa sacrificiorum yphonis episcopi. Der Anfang auf Bl. 1 ist wiederholt Bl. 2: scribere disposui quod mistica sacra priorum missa representat quodve minister agat commentator super secundum librum celi et mundi sic scribit melius est scire modicum de rebus nobilibus quam multum de rebus ignobilibus sed constat quod nulla sententia de nobilioribus rebus tractat quam theologia —. 35. hic liber est parvus monstrans tibi quam fore magnum presbiter ante crucem cum stat sibi munera litans — quia deo de omnibus beneficiis gratias agere debemus et maxime de beneficio in sacra missa exhibito pro quo deum gloriosum debemus ex altare benedicere et laudare tam celestes quam terrestres cui laus honor et gloria sint per infinita seculorum secula amen. 2) 35 b. Devota atque perutilis brevis exposicio misse quam libenter mediteris. Ingreditur sacerdos et ibi induitur — sacerdos benedicit populum et ad sacristiam revertitur. Ecce christus benedictis discipulis ascendit in celum ad patrem unde venerat. Deo gracias. 3) 37. Dyalogus et occupacio devotorum de compassione beate marie virginis. Anfang: In nomine gloriose virginis marie. Amen. Devote et religiose virgini sacre cujus nomen liber vite tenet insertum. Pauper fraterculus —. 45. domino nostro Ihesu christo qui laborem ponderat et pensat affectum et graciam prosequitur utrumque promovendum. Sequitur sermo de compassione beatissime marie virginis. 49 b. Sequitur meditacio de compassione beate virginis. Am Rande ist bemerkt: Sermo Origenis —. 52 b. Explicit dyalogus et occupacio devotorum circa compassionem gloriose virginis Marie genitricis domini nostri Ihesu christi, qui est benedictus in secula seculorum. amen. 4) 53. Sequuntur nunc et devote meditaciones de passione domini nostri Ihesu christi. 5) 68. Dyalogus de vita sive statu seculi. Nach der Angabe auf dem Vorsetzblatt: Mathei de Cracovia. Anfang: Discipulus querit magister quomodo faciendo vitam eternam possidebo. Magister respondet dicit Ihesus mandata nosti hoc fac et vives quorum primum et maximum est diliges dominum tuum —. 6) 77. Nach der Angabe vorn: Epistola magistri Humberti de tribus substantialibus et quibusdam annexis. Auf Bl. 77: Sequens epistola omnibus religiosis caritatem habentibus est ascripta. Filiis gratie et coheredibus glorie fratribus karissimis religiosis universis. Vitam ducere deo gratam sibi fructuosam angelis jocundam demonibus terribilem —. 7) 95 b. Ex regula beati Benedicti abbatis de XII gradibus

humilitatis. Augustinus in quodam sermone ad fratres in heremo dicit O fratres mei cavete se orantes —. 8) 97. Liber meditacionum beati Bernhardi multi multa sciunt —. (Gedruckt in Bernardi opp. Paris 1642, T. 3, 423.) 9) 108 b. Tractatus de viciis. Si dixerimus quia peccatum non habemus nos ipsos seducimus et veritas in nobis non est — de superbia carnali — de invidia — de ira — de accidia. Accidia est cum quis habet tedium laudandi gracias agendi — de fallacia de symonia. 10) 114. Conflictus virtutum et viciorum Augustini episcopi. Apostolica vox clamat per orbem —. (Gedruckt in Augustini Opera T. VI, appendix 219. Venet. 1731) 11) 122. Anfang: Exemplum dedi vobis ut et vos ita faciatis Joh. XIII — —. 12) 140. Liber de septem gradibus schale (sic) continens meditaciones devotas super septem psalmos poenitentiales a domino Petro de Alliaco episcopo camerac. postea sancti crisogoni. presbitero cardinali confectus in constancia provincie maguntinensi sub anno domini MCCCCXVI indictione IX die quarta mensis marcii. Incipit prologus vera penitencia velud schala quedam —. (Gedruckt in Grynaei monumenta patrum orthodox. T. 2, p. 1085—1123.) 13) 195. Tractatus quidam de laude virginis marie super ymnno ave maris stella dei mater alma etc. Ave maris stella dei mater alma atque semper virgo felix celi porta. In hoc versu continetur laus beate virginis —. 157 b: Sequitur secundus versus: Sumens istud ave gabrielis ore fundans in pace mutans nomen eve. (Der Hymnus ist gedruckt in Daniel thesaurus hymnol. T. 1, p. 204.) 14) 171. Nach der Angabe vorn: Sermo de assumpcione beate marie virginis und Sermo de nativitate beate marie virginis. 15) 185 b. De feminis vitandis et cavendis (vorn: Sermo beati Augustini). 16) 186 b. Augustinus de honestate mulierum. nemo dicat fratres. (Gedruckt in Augustini opp. T. V. append. p. 488. Venet. 1731. Fol. 17) 188. Cordiale quatuor novissimorum a quodam solempni carthusiensi compositum anno domini 1428. Memorare novissima tua et in eternum non peccabis ecclesiast. VII sicut dicit Augustinus in libro suarum meditationum —. Vergl. S. 56, No. 3) 18) 224 b. Infra questiones cum suis determinacionibus ponit beatus Thomas ex parte secunda questio CI considerandum est consequenter de preceptis cerimonialibus —. (Gedruckt in Thomas Aquinas opera T. 21. Venet. 1786. 4. p. 415.) 19) 261. Nach der Angabe vorn: Collecta ex moralibus beati Gregorii super Job. 261: Flagellum ut dicit gregorius libro XXVI moralium —. 20) 269. Nach der Angabe vorn: Tractatus de oracione. Anfang: de oracione septem sunt videnda. Primo quid sit oracio secundo de modo orandi —. 21) 277. Nach der Angabe vorn: Questiones circa passionem domini. 277. Questio utrum christo paciente in cruce maximum sui corporis dolorem —. 22) 282. Nach der Bezeichnung vorn: Questiones et soluciones diverse magistri Johannis Scharpe. 282. Alias fuerant hic questiones alique concernentes materiam de celebracione missarum celebrare quas intendo nunc sub brevitate iuxta facultatis exilitatem et temporis exigenciam solvere. Prima ergo questio fuit utrum sacerdos habens beneficium non curatum possit postponere officium dici et legere alind —. 291 b. utrum schapule porcorum licite a fidelibus ad ecclesias deferantur ut per verba lectionis dominice passionis ante pascha benedicantur. 295. Predicta questio conscripta erat occasione duorum sacerdotum in civitate Rigensi super hac materia contendencium unde non modica scandalizacio generabatur in populo —. 23) 296 a. Excerpta quedam de diversis. 24) 302. Nach der Bezeichnung vorn: Omelia beati Gregorii pape super evangelio designavit dominus Ihesus et alios LXXII (Luc. X). Anfang: Dominus et salvator noster Ihesus christus fratres karissimi aliquando nos sermonibus aliquando vero operibus nos ammonet —. 25) 306 b. Nach der Bezeichnung vorn: Questio utrum beata Maria Magdalena vixerat seu vitam finierat in continencia virginali. 26) 308 b. Casus in quibus percussor clericorum non est excommunicatus omnia collecta sunt a summo ostiensi ut patet in singulis punctis. 27) 310 b. Casus quibus quis ipso facto est excommunicatus. 28) 312 b. Nach der Angabe vorn: Casus Berengarii episcopi litera. 29) 321 b. Nach der Bezeichnung vorn: De interdicto servando. Anfang: Quia ignorancia facti alieni probabilis regulariter —.

34. Miscellanhandschrift. 315 Blätter. Fol. No. CXXXIX.

1) 1. Nach der Angabe auf dem Vorsetzblatt: Malogranatum cum registro cujus autor est Matthaeus abbas domus aule regie ordinis cystere. in Bohemia. Anfang: Notandum quod opus

subsequens seu liber seu tractatus intitulatur malogranatum, qui tractat de triplici statu religiosorum videlicet incipientium —. Bl. 1—110. Libri 1. dist. 1—3. Bl. 111—282. lib. 2. dist. 1—3. Register der Bücher und Capitel 282—283. Das dritte Buch de statu perfectorum fehlt. Jöcher setzt Matthäus, der in dem Kloster Aula Regia bei Prag lebte, in den Anfang des 15. Jahrhunderts. In dem liber decanorum facult. philos. univers. Pragensis P. 1, Pragae 1830, wird Matthaeus de aula-regie p. 377. 379. 400—409. 413. 415. erwähnt. Vergl. S. 57, No. 82. 9. 2) 284 b. Vita humana. Sciendum Aristoteles primo ethicor. vita humana est triplex (?) scil. voluptuosa civilis seu politica speculativa —. 3) 285 b. Peccatum quando dicitur veniale vel mortale —. 4) 287. Liber fratris Thome de aquino de perfectione spiritualis vite. Que sit intentio auctoris cap. primum cum quidam perfectionis ignari de perfectionis statu varia quedam —. Das letzte Cap. der Handschrift ist XVIII. Quid requiratur ad statum perfectionis — perfectos quidem esse qui tamen perfectionis statum non habent alios vero perfectionis statum habere sed perfectos non esse: Non explicit sed deficit medietas. (Gedruckt in Thomae Aquin. opera T. XIX. Venet. 1787. p. 382—405. (Das in der Handschrift C. XVIII benannte Capitel ist im Druck Cap. XV.) 5) 300. Pulcherrimus sermo in quo consistit vite perfectio spiritualis. Anfang: Perfectus omnis erit, si sit sicut magister ejus. Luce VI magister plane christus — quomodo fugit christus et etiam apostolus paulus et in consimilibus est similiter judicandum. Finis est. 6) 305 b. Regimen summorum pontificum anni menses et dies eorundem. Der letzte Pabst: Leo undecimus sedit annis. Bis Benedikt XI. sind die Regierungszeiten angegeben, nachher nur bei Einzelnen. 7) 307. Beneficia dei erga homines sunt tria. Magnificavit dominus facere nobiscum. 8) 310. Registrum alphabeticum malogranati. Auf dem ersten nicht mitgezählten Blatt: Liber sancte marie virginis in novomonasterio alias Bardesholm, quem scripsit et conscribi fecit frater noster Nicolaus thome baccalaureus in jure canonico qui obiit anno domini MCCCCLXXIIII in die gregorii martiris Contenta in hoc volumine —. Auf dem folgenden nicht mitgezählten Blatte steht ein prologus in dialogum dictum malogranatum.

35. Miscellanhandschrift. 164 Blätter 4. und ein Pergamentblatt vorn mit Inhaltsverzeichniss, so wie ein Pergamentstreifen: Contenta in hoc libro —.

1) 1. Nach dem Verzeichniss: Sermones ad diversos status. Ad virgines, ad cives reipublice vacantes Ephes. V. — ad cives quiete viventes — mercatores — agricolas — conjugatos — viduas —. 2) 29—42, nach alter Foliirung 40—53. Tractatus de meditationibus. Multi multa sciunt —. (Nach No. 33. Bl. 97—108: Meditationes Bernhardi vergl. S. 58.) 3) 42—56 (53—67). Tractatus boneventure de ligno vite. Anfangend: Christo crucifixus. (Gedruckt s. l. et a. Fol. Vergl. S. 16 u. 49.) 4) 57—73 (68—73. Colloquium anselmi cum beata maria de passione christi. Anfangend: Notandum quod beatus anselmus longo tempore cum lacrimis orabat et oracionibus et jejuniis beatam virginem —. (Gedruckt in Anselmi opera Lutet. Paris. 1721. p. 488. s. t. dialogus D. marie et Anselmi de passione domini, auch Planctus mariae.) 5) 63—66 (74—78). Soliloquium Augustini cum maria de passione domini. Anfang: Quis dabit capiti meo aquam et oculis meis fontem lacrimarum —. 6) 66 b. Lectiones de virgine gloriosa in festo pasche. 7) 68 b. Lectiones in ascensione domini. 8) 74. Tractatus quidam de quatuor distinctionibus s. de quarta distinctu sc. divino angelico dyabolico et naturali. Anfang: Semen accidit in terram bonam et ortum fecit fructum centuplum Luc. VIII —. 77 b. diabolicus —. 81 b. naturalis —. 9) 90. Tractatus quidam de eucharistia. Anfang: Homo quidam fecit cenam magnam —. 10) 98 b. De sensu et sensato cum glosan. Anfang: Sine studio philosophie eger est animus Seneca. Sine studio philosophie eger est animus Seneca in libro ex iis — quidem humanus de sui non esse ad esse productione habet se sicut tabula bene rasa et polita —. 99. Quoniam de anima secundum se determinata. Iste liber qui intitulatur liber de sensu et sensato — es folgt die Capitelangabe (Aristoteles de sensu et sensibilibus) —. 122 b. folgen, wie es scheint, nach Thomas von Aquino zu Aristoteles parva naturalia, Auszüge und Register Aristotelischer Schriften. 122 b. De memoria. Registrum libri de memoria —.

128 b. Registrum libri de sompno et vigilia —. 140 b. Registrum libri de longitudine et brevitate vite. 143. Registrum libri de juventute. 153. De mundo. 156. De motu cordis. 156 b. De morte et vita. 11) 158. Incipit liber de ratione (?) principum ipsius venerabilis Aristotelis quod fecit peticionis Alexandri principis illustris sic ut tam efficiens movens fuit Alexander magnus motus fuit Aristoteles filius Nicolai grecorum peritissimus in cujus ore in longevis temporibus non est repertus mendacium ut dicit Averrois de eo super primum phisicorum —. 158. Olexander cum sit corpus corruptibile eo quod accidit corrupcio et disposicione calorum et humorum —. 188 b. Oportet te Alexander cum a sompno surrexeris modicum ambulare — deinde induere te vestimentis optimis et limpidissimis et ornare et pulcriori ornatu, quia animus letabitur. 159 b. Post hec accipias ex genere aloes id est ex electurio ligni quod in lignis medicabilibus invenitur —. 163 b. et etiam humectat corpus scilicet quies et saturitas et — dulcium et pocio lactis dulcis et calida potacio vini dulcis —.

36. Miscellanhandschrift. 138 Blätter. 4. Mehrere wegen früherer Feuchtigkeit unleserlich.

51. Incipiunt tytuli Dubiorum penitencia. 54. Beda de sancta civitate dicit de missa. 56. Exposicio sancti Athanasii Alex. ep. de fide catholica. Quicunque vult salvus esse ante omnia opus ejus ut teneat catholicam fidem. 61. Parabole Salomonis mit Commentar.

37. Miscellanhandschrift. 234 Blätter. 4. No. CCLXXI.

1) 1. Raymundi summa mit Commentar. Anfang: omnem scienciam et omnem doctrinam sacra scriptura transcendit —. Nach dem Schluss der summa: Expliciunt dicta Raymundi datum in gartzo per magistrum abbakuk per manus hermanni de civitate massow anno domini MCCC sexagesimo Septembr. amen. Si her ponatur et man simul associatur et nus jungatur qui scripsit in vocatur. (Die Kieler Bibliothek hat einen Druck dieser kirchenrechtlichen Summa mit Commentar. Colonie 1502 u. 1508. 4. vergl. S. 37.) 2) 147. Boecius de regimine et disciplina scolarium mit Glossen. Anfang: vestra novit intentio de scholarium disciplina —. (Gedruckt in Boethii opera Basileae 1570, p. 1277.) 3) 182. Meditationes et sermones in fest. mariae. 189. Orationes devotae mit sermones. Das erste Gebet: O lux mundi deus immense pater eternitatis —. Item alia: O summi domine deus fac linguam meam sicut sagittam —. 200. Speculum peccatorum edit. a beato augustino confessore et pontifice. Anfang: Quoniam carissimo. (Gedruckt in Augustini opera T. 6. append. 155. Venet. 1731. Fol.). 202. Sermones.

38. Miscellanhandschrift. 316 Blätter. 4. No. CCCVI.

Auf dem Deckel des Bandes steht ein unvollständiges Inhaltsverzeichniss, betitelt: Contenta hujus libri. 1) 1. Auf einem ungezählten Blatt vorn ist das unter den contentis nicht genannte Werk genannt: Tractatus per modum dyalogi consciencie et rationis de sacra communione seu celebracione quemque Christivolum optime instituentis. Auf Bl. 1: auctor hujus est magister Mattheus de Cracovia. Anfang: Multorum tam clericorum quam laycorum querela est non modica —. (Dasselbe Werk ist unter den Bordesholmer Drucken S. 86, No 127. 2. und unter den Handschr. S. 49, No. 21, S. 53 in No. 25 S. 296 b. genannt worden.) 2) 19 b. De ymagine vite eterne Bonaventurae. Electo gemma mea ad patrem domini nostri Ihesu christi a quo omnis —. 42 b. Explicit tractatus bonaventure cardinalis nuncupatus ab eodem ymago vite eterne. (Gedruckt s. t. Bonaventurae breviloquium s. l. 1484. Fol. vgl. S. 8) 3) 43. Eusebius de obitu ieronimi. Anf.: Patri reverendissimo Damaso. (Gedruckt s. l. et a. 4. vgl. S. 34) 4) 69 b. Gregorius episcopus servus servorum dei venerabili fratri archiepiscopi Pragensi salutem et apostolicam benedictionem. Plurium fide dignorum relacionibus ad meum pervenit auditum quod quidam militzius presbiter olim pragensis — multos errores — hereticos —. 71 b. Dicitur etiam quod iste militzius quidquid de suis erroribus ad effectum perducere non valeat hoc perducere conetur per secularium principum — plures postmodum in pragha hereses invaluerunt prout patuit ab illo tempore MCCCLXVI et duravit ad multa tempora — ad annum MCCCCXXXIIII et nondum finis venit erroris supradicti. (Ueber Johan Milicz aus Mähren vergl. Schröckh Kirchengesch. Th. 31, S. 568.

Da es nicht möglich ist, die Geschichte der Universitätsbibliothek zu dem herannahenden Festtage zu beenden, so erlaube ich mir, die spätere Zeit übersichtlich zu berühren. Die alten Universitätsgebäude bei der Klosterkirche verfielen immer mehr, die Bücher der Bibliothek waren 1759 nicht geschützt gegen den eindringenden Regen. Es wurden deshalb für die Aufnahme der Bücher beim Eingang des Klosterkirchhofs interimistisch in dem Hause einer Wittwe Müller zwei Stuben monatlich zu fünf Rthlr. gemiethet, und diesem Hause für die Miethzeit Befreiung von Abgaben, die sogenannte Hausfreiheit, bewilligt. Für die Ausbesserung der alten Gebäude hatte allerdings Geld zurückgelegt werden sollen, aber das Ersparte war wenigstens nicht hinreichend; für den Bau eines neuen Gebäudes waren mehrere Baupläne entworfen, aber es hatte an Geld zur Ausführung gefehlt. Der bekannte Baumeister Sonnin hatte 1765 den nach dem Hafen liegenden Schlossflügel erneuert und am östlichen Ende desselben eine schöne Schlosskirche hergestellt. Die noch vorhandene Inschrift über diesen Schlossbau lautet:

Q. F. F. S.
munificentia
Catharinae II[dae]
Russiarum imperatricis
matris ac tutricis
Pauli
magni ducis Russorum
Schleswici et Holsatiae
principis regnantis
haec arcis pars
restituta est
A. R. S. MDCCLXV.

In diesem restaurirten Flügel des Schlosses hielten die grossfürstlichen Collegien ihre Versammlungen. Sonnin übernahm am 30. September 1766 auch den Bau des neuen Universitätsgebäudes, in welches 1768 nach Vollendung des accordirten eiligen Baues auch die Bibliothek und zwar eine Treppe hoch in das grössere Zimmer daselbst, den jetzigen Consistoriensaal, gebracht wurde. Zu den bisherigen unbestimmten Einnahmen von den Inscriptionen der Studirenden, den Promotionen, der Anstellung von Professoren u. s. w. erhielt die Bibliothek im Jahre 1770 aus der grossfürstlichen Cammercasse eine jährliche Einnahme von hundert Reichsthalern. Als der Raum in dem jetzigen Universitätsgebäude, wo auch die Anatomie war, bald zu klein und eng wurde, ward der Bibliothek auf dem Schlosse ein grosser Saal eingeräumt. Unter diesem Saal war damals in dem grossen Eckzimmer des Flügels nach der Stadt hin eine kleine Russische Kirche. Der Geistliche derselben zeigte im August 1776 an, dass die Wand der Kirche von der Bücherlast Risse erhalte.

Obgleich man damals die Sache unbedenklich fand und die Gefahr durch kleine Vorrichtungen abwenden wollte, mag dies doch Veranlassung gewesen sein, später in diesem und dem daran stossenden kleinern Zimmer das Gewölbe wegzunehmen und eine Gipsdecke einzurichten. Nach dem Austausch des grossfürstlichen Antheils erhielt die Universitätsbibliothek durch die Gnade des Königs bedeutende Geschenke und Bewilligungen, theils an Büchern aus der Königlichen Handbibliothek, theils an ausserordentlichen Geldsummen zum Anschaffen von Büchern. Auf dem Schlosse wurden zu dem erst eingeräumten einen Saal mehrere gestattet. Die Bibliothek hatte im Jahre 1791 zur Anschaffung von Büchern eine regelmässige Einnahme von vierhundert Reichsthalern, die 1841 und 1846 erhöht wurde. Die Kieler Universität war allerdings nicht ausgezeichnet durch glänzende wissenschaftliche Anstalten und Sammlungen, aber sie erfreute sich der Vorzüge, die man nicht mit Unrecht an kleinen Universitäten in kleinen Städten gerühmt, die man für sie und ihre Erhaltung gewünscht hat, die bei ihnen leichter als bei grössern Anstalten möglich sind, „der warmen Theil„nahme und kräftigen Unterstützung der Regierung, der Aufmerksamkeit auf jede „Thätigkeit, Anerkennung und Ermunterung jedes Verdienstes, der unmittelbaren Be„rührung der Lehrer mit den Lernenden.“ Diese Vorzüge kamen auch der Universitätsbibliothek zu Gute, ihr wurden bei dargebotener Gelegenheit, z. B. bei dem Verkauf der Hensler'schen Bibliothek, der Sammlung des Theologen wie des Juristen Cramer, der Bibliothek des Doctor Herrmannsen u. s. w. allerhöchste ausserordentliche Bewilligungen zu Theil. Als der Raum in den oberen Sälen des Schlosses nicht mehr ausreichte, kamen wiederholt Pläne zum Bau eines eignen Universitätsgebäudes in Anregung. Seine Majestät der höchstselige König Friedrich VI. würdigte diese Angelegenheit Seiner allerhöchsten Berücksichtigung, es wurden mehrere Bauplätze in Augenschein genommen, der Neubau kam jedoch nicht zu Stande, der Bibliothek wurden 1834 die untern geräumigern gewölbten Säle und die zum Theil gewölbten Nebenzimmer angewiesen. Im Frühjahr 1838 ward das Kieler Schloss, dessen freie Räume Ihrer Königlichen Hoheit der Herzogin von Glücksburg und deren hohem Gemahl zur Wohnung dienen sollten, restaurirt. In der Nacht vom funfzehnten auf den sechzehnten März 1838 brach oben in dem Flügel, dessen untere Etage die Bibliothek noch jetzt einnimmt, Feuer aus, die Decke des nicht gewölbten Raumes, der ehemaligen Russischen Kirche und des daran stossenden Zimmers, stürzte, nachdem hier die Bücher weggebracht waren, gleich ein. Weil das Feuer lange nicht beherrscht und mehrfach die Besorgniss geäussert wurde, dass auch das Gewölbe einstürzen werde, ward der grössere Theil der Bücher schnell entfernt; die Bibliothekscommission sprach den hiesigen Studirenden, den Bürgern und dem Militair für die bei diesem Transport bereitwilligst geleistete Hülfe ihren Dank aus. Die Bücher waren aufgehäuft in dem jetzigen academischen Gebäude, es war weder Raum noch Veranlassung, sie dort aufzustellen; sie wurden, da das Gewölbe sich gehalten hatte, sehr bald wieder zurück gebracht, das Local ward interimistisch überdacht, der Bau möglichst beschleunigt, die ehemalige Schlosskirche ward jedoch nicht als Kirche wieder hergestellt, es ist der jetzt dem Museum gestattete Raum. Folgende Inschrift in dem Schlossflügel nach dem Hafen erinnert an dieses Unglück und diesen Wiederaufbau:

Hanc arcis partem
medio nocte dierum XV et XVI m. Martii a. MDCCCXXXVIII igne funesto consumtam
restituit Fridericus sextus
Dan. Vand. Goth. rex
Dux Slesv. Holsat. Storm.
Dithm. Lauenb. Oldenb. rel.
Opus absolutum die XXX m. Sept. e. a.

Auch jetzt ist der der Bibliothek angewiesene Raum nicht ausreichend, die Vergrösserung der Büchersammlung seit 1834 durch den jährlichen Ankauf, durch mehrere Schenkungen, namentlich die des Etatsraths Callisen im Jahre 1854 und in diesem Jahre die des Doctor Blohm macht ein grösseres Local nicht bloss höchst erwünscht, sondern zum dringenden Bedürfniss. Die Bücherrepositorien gehen bis an das Gewölbe, so dass die früher gebrauchten Leitern nicht mehr ausreichen, an mehreren Stellen stehen die Bücher in doppelten Reihen hinter einander, wodurch die Benutzung erschwert wird und mehrere Arbeitskräfte erfordert werden, als der Bibliothek zu Gebote stehen. Die Sammlung bestand nach einer von Doctor Vöge, dem Gehülfen der Bibliothek, im September 1861 vorgenommenen Zählung aus 134,070 Bänden, wozu in diesem Jahre die Sammlung des Doctor Blohm von ungefähr 2000 Bänden gekommen ist.

Nach der allerhöchsten gnädigsten Berücksichtigung, deren sich die Kieler Bibliothek, die alle Fächer des Wissens fördert, rühmen darf, können wir gewiss hoffen, dass der frühere Plan eines neuen Bibliotheksgebäudes zur Ausführung gebracht werde.

Zur Feier des Geburtstages Seiner Majestät des Kön FREDERIK'S VII, welche am 6. October 1862 um 12 Uhr dem grossen academischen Hörsaale mit einer deutschen R des ordentlichen Professors der deutschen Sprache, Literatur Alterthümer, Dr. philos. Karl Weinhold, begangen wer wird, laden Rector und Consistorium der hiesigen Christi Albrechts-Universität hiemit geziemend, ein den hochgeehr Curator der Universität, die hohen Königl. Militair- und Ci behörden, die hochverehrlichen Stadtbehörden, die hochwür Geistlichkeit, die geehrten Lehrer der Gelehrtenschule, Angehörige unserer Universität, sowie sämmtliche Bewoh der Stadt und alle Freunde des Vaterlandes.

Kiel, den 1. October 1862.

Feier des Geburtstages
Sr. Majestät des Königs
FREDERIK'S VII

welche

am 6. October 1863 Mittags 12 Uhr

durch eine Rede

des ordentlichen Professors der classischen Philologie und der Beredsamkeit

Dr. philos. Otto Ribbeck

im grossen academischen Hörsaale

festlich wird begangen werden

zeigen hiermit an

Rector und Consistorium der Christian-Albrechts-Universität.

Zur Geschichte der Kieler Universitäts-Bibliothek
(Fortsetzung des Programms zum 6. October 1862)

von

H. Ratjen,

Doctor der Rechte und der Philosophie, ord. Professor und Bibliothekar, Conferenz-Rath, Ritter des Danebrogordens und Danebrogsmann

KIEL.
Druck von C. F. Mohr.
1863.

Zur Feier des Geburtstages Seiner Majestät des Königs FREDERIK'S VII, welche am 6. October 1863 um 12 Uhr in dem grossen academischen Hörsaale mit einer deutschen Rede des ordentlichen Professors der classischen Philologie und der Beredsamkeit, Dr. philos. Otto Ribbeck, begangen werden wird, laden Rector und Consistorium der hiesigen Christian-Albrechts-Universität hiemit geziemend ein den hochgeehrten Curator der Universität, die hohen Königl. Militair- und Civilbehörden, die hochverehrlichen Stadtbehörden, die hochwürdige Geistlichkeit, die geehrten Lehrer der Gelehrtenschule, alle Angehörige unserer Universität, sowie sämmtliche Bewohner der Stadt und alle Freunde des Vaterlandes.

Kiel, den 1. October 1863.

Fortsetzung der in dem Programm, welches zum Geburtstage Sr. Majestät des Königs 6. Octbr. 1862 erschien, begonnenen Geschichte der Kieler Universitäts-Bibliothek.

In dem vorjährigen Programm beginnt, nach der Aufführung der Druckschriften, welche von der ehemaligen Bordesholmer Bibliothek nach Kiel kamen, S. 40 die Angabe der ehemaligen Bordesholmer Handschriften der Kieler Universitäts-Bibliothek und ist S. 60 fortgeführt bis No. 38 der Handschriften. Von dieser No. 38, einer Miscellanhandschrift, sind die ersten vier Schriften im Jahre 1862 angegeben.

5) 72. Tractatus de arte bene moriendi. Anfang: Cum de praesentis exilii miseria —. (Dieser Tractat des Matthäus de Cracovia ist a. l. et a. 4. gedruckt vergl. S. 36 No. 127 u. S. 51 24 No. 4.) 6) 83 b. Summa de foro penitentiali utilis et valde necessaria maxime sacerdotibus curatis composita per reverendum patrem Beringarum quondam episcopum Tustalensem. Anfang: Inprimis debet interrogare sacerdos penitentem utrum sciat pater noster credo in deum ave maria —. Die Uebersicht der einzelnen Abschnitte der summa Bl. 82 u. 83 a. (J. Albert Fabricius bibl. lat. med. et inf. aetatis ed. Mansi T. 1 p. 214 schreibt Berengarius Stedellus [† 1321] eine summa poenitentialis zu.) 7) 131 b. Bulla indulgenciarum Martini pape de festo corporis christi — Datum Rome apud sanctos apostolos VII — Junii pontificatus nostri anno duodecimo. 8) 133. Quatuor novissima. Anfang: (m)emorare novissima tua et in eternum non peccabis (vergl. oben S. 56 No. 30. 1. 58. No. 33. 17. (Nach J. A. Fabricius biblioth. med. et inf. latin. ed. Mans. T. 3 p. 217 ist dies cordiale der quatuor novis. von Henricus de Hassia.) 9) 174. Sequitur aliud pulchrum et potest applicari ad quodcunque s. de timore mortis. Anfang: neque ad dexteram neque ad sinistram declinantes — sed heu amatores mundi non attendunt hec —. 10) 175. Sequitur apparicio spiritus Gwidonis et admiracio ejusdem per priorem quendam. Anfang: sicut dicit Augustinus in libro de fide —. 11) 184 b. Registrum evangeliorum per anni circulum servandorum. 12) 187. Nota quando aliquis este excommunicatus —. 13) 187 b. Remedium contra pestilenciam. Anfang: si vis te regere tempore pestilencie — Hec Romanorum summus pontifex regi francie de epidemia et pestilencia — insinuavit et ipse vicinis suis promulgavit. 14) 188 b. Sermo de Sancto Josepho — de s. philippo Jacobo. 15) 191. Epistola Anselmi Cantuariensis archiepiscopi de incarnacione verbi cap. primum. Excusatio auctoris de susceptione operis (cap. 1—13). Anfang: Domino et patri universe ecclesie in terra peregrinantis summo pontifici Urbano pater Anselmus vita peccator habitu monachus — filius tamen genitus spiritus sanctus, nec genitus nec ingenitus in eodem libello aperte invenies. Explicit. (In Anselmi opp. Lut. Paris 1721 p. 41 gedruckt als liber de fide trinit. et

de incarn. verbi. In andern Ausgaben epistola genannt). 16) 205. Sequitur monologion Anselmi. Anfang: Quidam fratres sepe me studioseque precati sunt —. (Cap. 1—80.) (Gedruckt in Anselmi opp. T. 1. Lutet. Paris 1721 fol. p. 1 u. folg. in 79 Capitel getheilt.) 17) 241 b. Anfang: Omnes filii debent similari patri, quia secundum Augustinum filius dicitur quia fit ut ille —. 18) 250. De proprietatibus rerum liber primus. Narracio de deo. Anfang: Est ut dicit Innocencius IIII. solus et verus deus eternus immensus incommutabilis omnipotens et ineffabilis. —. 19) 262. Vorago de trinitate sermo. (Ueber Jacobus de Voragine vergl. oben S. 21 No. 63.) 271 b. Bertrandus de ascensione domini. — 277. Penthecostes. — 278 b. De sancta trinitate. Credimus in deum —. 283. Bertrandus de trinitate. Anfang: Fratres gaudete 2 Cor. XII. — 289 b. Capitulum XIX in summa virtutum tr. de fide ubi ostenditur trinitas et equalitas personarum (vergl. über Bertrandus de turre nobili Fabricius l. c. T. 1. p. 244). — Bl. 306 b. Sermo augustini de ymagine hominis ad deum. Anfang: Tanta dignitas condicionis humane —. 308. Jordanus. Tres sunt qui testimonium dicunt in celo pater verbum et spiritus et hi tres unum sunt. 1 Job. V.

39. Miscellanband. 127 Bll. Fol. LXXX.

1) Bl. 1. Tabula super summa Anthonini secundum alphabeti ordinem (vergl. oben S. 9 No. 6 u. 7) —. 2) Bl 2. Sermones vocatum est nomen ejus Jhesus Luc. 2do (v. 21) — 29. de trinitate — 30 b. dom. prima de adventu domini — 37 b. de sancto stephano — 38. scribit Matthei 22 quod cum quidam legis doctor interrogasset dominum magister quod est mandatum magnum in lege. — 3) Bl. 61. Anfang: Adhuc excellenciorem viam vobis demonstro ita scribitur prioris Corinth. XII. Apostolus Paulus in textu hunc precedente enumerat plures gratias gratis datas et diversa dona que deus distribuit in ecclesia diversis statibus —. 4) Bl. 68 b. Precepta decalogi —. Bl. 73. que sunt plures varie et pene inumerabiles superstionum modi et sensus quibus homines vacue et vane hoc aut illa conantur attingere —. Bl. 97. Qui modi amplius patebunt ex sequentibus quia in eorum declaracione utilius est inniti exemplis pro informacione simplicum — Bl. 113 b. sequitur decimum preceptum — Bl. 114 b. (c)ompletum anno domini MCCCC 60 in vigilia corporis Christi per Johannem etc. — 5) Bl. 115. Liber beati Augustini de spiritu et anima. Anfang: Quoniam dictum est mihi ut me ipsum cognoscam sustinere non potui — pueri in genetricis utero sine sciencia et voluntate vivunt, mens autem vocata est quia eminet in anima vel quod meminerit. (Abgedruckt in Augustini opp. Venet. 1731 T. VI app. 35—48. Das Manuscript bricht ab in Cap. 31.)

40. Miscellanband. 195. Bll. Fol.

1) Bl. 2. Thomas de humanitate Christi. Das Werk beginnt, wie oben S. 57 in No. 32. 6, wo es Thomae compendium de humanitate Christi genannt ist: Christus Jhesus pervenit in hunc mundum peccatores salvos facere. 2) Bl. 57. Dicta magistri Johannis Scharpen (Scarpen) doctoris sacre theoloye. Anfang: Queritur utrum sacerdos habens beneficium non curatum possit postponere officium diei et legere aliud. (Derselbe Tractat auch oben S. 49 No. 21. 4 und S. 58 in No. 33. 22) 3) Bl. 78 b. Liber Augustini de spiritu et anima. Anfang: Quoniam dictum est mihi. — Bricht Bl. 104 b. ab in Cap. 50 des in Augustini opera app. T. VI p. 35 Venet. 1731 gedruckten Textes: et visionis dei quam cernere finis. Die Herausgeber des Augustin bemerken: hic clauditur liber in omnibus mss. nostris —. Die Bordesholmer Handschrift fügt hinzu: Laus tibi sit christe cum liber explicit iste anno domini MCCCCXXXII ipso die exaltacionis crucis per me Hinricum Raven tunc temporis cappellanum in Kyl. — 4) Bl. 105. Tractatus de sacramento eucharistie. Auf dem hintern Deckel des Bandes: circa officium misse tractatus. Anfang: Iste presens tractatus qui pertractat aliqua generalia de sacramento eukaristie habet XIIII capitula, primum erit de hoc in quibus hoc sacramentum in veteri lege est prefiguratum —. 5) Bl. 183 b. Si a judicibus duobus vel pluribus fuerit appellandum quia forte de facili eorum presencia simul haberi non possit liceat coram ipsis vel majori parte ipsorum appellare

41. Miscellanhandschrift. 23 u. 271 Bll. 4. Bezeichnet CCLXXIX.

1) Nach dem Bordesholmer Catalog, der den Inhalt des Bandes unvollständig angiebt, soll in dem Bande sein de modo penitendi. Die ersten Blätter sind durch frühere Feuchtigkeit grösstentheils unlesbar, sie handeln ersichtlich von der poenitentia und enthalten einen Commentar oder Glossen zu Pönitenzversen Bl. 3 b: spes venie cor contritum confessio culpe pena satisfaciens et fuga nequiciei? Bl. 4 b. ut dimittaris aliis peccata dimitte hiisque satisfacias quos tu lesisse putas Bl. 6. sperne voluptates ludos spectacula mundi desere consortem pravum populique tumultum secretasque preces et opus pietatis amato 22 b. et gravitas culpe quam consuetudo ruuine. 2) Zum grossen Theil unleserlich Bl. 1 de arbore virtutum. Anfang: opus istud vocatur arbor virtutum. — 3) Bl. 3 b. Dicto de arbore virtutum dicendum est de arbore viciorum in qua tria consideranda sunt —. 4) 5 b. Ad habendum salutiferae confessionis ordinem — 5) de celebracione misse 10 b. de pontificalibus indumentis secundum quod episcopo convenit et de sandaliis et caligis 11. de cingulo et succinctorio 11 b. de dalmatica 13 b. de alba 14. de planeta postremo super omnes vestes induit casulam vel planetam — 15. de baculo — 18. secunda particula de accessu ad altare — 18 b. de processione romani pontificis a secretario ad altare — 20 b. de thurificacione — 22. de candelabro et cruce — Bl. 24. de extensione manuum sacerdotis in missa — 24 b. de epistola — 25. de reverencia quam subdyaconus exhibet episcopo post epistolam — 29 b. de salutacione que premittitur evangelio — 30 b. de XII partibus simboli — 33 b. de patena — 34 b. exposicio prefacionis —. 6) Bl. 44. Exposicio X preceptorum. Audi Israel precepta domini et ea in corde tuo quasi in libro scribe et dabo tibi terram fluentem lac et mel Exo. VI —. 7) Bl. 107. Passio domini nostri Jhesu christi —. 8) Bl. 177. Im Bordesholmer Catalog ist 2) als Inhalt dieses Bandes angegeben: de ciclo solari et lunari item de epactis. Anfang: 177 cum superiorum motus a quo omnia in infimis gubernantur diversique errores circa nos ab eodem annuatim generantur naturaliter orbicularis existat etc. idcirco plurima secum adducit in inferiora ut plus utique in spericis quam in planis — quare de sole inchoandum est a quo ciclus solaris primo nominatur qui spacium 28 annorum continet — 177 b. sic igitur in prod. tabula ciclum solarem invenire poteris Considera annos incarnacionis superfluos ultra millenarios et centenarios — 179. ciclus lunaris — 180 b. de festis mobilibus quorum quinque sunt in anno nunc est dicendum — 191 a. finis. (In dem Text sind sechzehn Zeichnungen.) — 9) 191 b. Ars epistolandi. Bl. 191 b. werden verschiedene Arten von Briefen genannt: Epistola amicabilis hostilis narratoria petitoria —. Bl. 192. 193. verschiedene Stände und Arten der Anreden an dieselben papa imperator —. 197. Exordium — 197 b. narracio — 198. peticio — 199. conclusio — subscripcio — 199 b. suprascripciones — 201 b. modi proloquendi — 201. modi abbreviandi — 201 b. colores verborum sunt triginta — 202. colores sentenciarum — 203. privilegium est alicujus dicti vel facti confirmacio — 204. generalis forma privilegiorum primo capiatur illud in nomine domini amen — 204 b. finitus per me reymarum swichtebe amen anno domini 1444 dominica quasi modo geniti in segheberghe me regente ibidem puerulos. — 10) Bl. 204.—206. Alani liber parabolarum: A phebo phebe — (die ersten 111 Verse von Alanus parab. Vergl. oben S. 49 und Leyser hist. poetar. medii avi p. 1064). — 11) Bl. 208—246. Meditationes sacrae et sermones. — 208. De passione. — 221 Resurrectionis explicatio.

42. Miscellanhandschrift. 184 Bll. 4 CCXCIII. Auf einem Fol.-Blatt steht ein Inhaltsverzeichniss.

1) Bl. 1. Sermones de apostolis Philippo et Jacobo. Anfang: Ecce quomodo computati sunt inter filios dei Habetur verbum istud generaliter sive textualiter sapienter vel officialiter in epistola hodierna Hodie est festum duorum gloriosorum apostolorum — Bl. 1 b. de beato philippo. Dixit christus sequere me Joh. 1 — 3 b. de vita beati Jacobi — 4 b. domine ostende nobis patrem et sufficit nobis Joh. XIIII — Bl. 9 b. non turbetur cor vestrum creditis in deum et in me credite

in domo patris mei mansiones multe sunt Joh. XIIII. — 2) Bl. 13. Incipit tractatus brevis de arte faciendi sermones. (A)rs concludendi prima sui divisione dividitur in tres partes prima docet themata concludere secunda dividere —. 3) Bl. 20. vorn ist angegeben: de effectibus penitentie. Anfang: Quoniam provida sollercia est jugiter meditari necessaria ad salutem et in illam intendere econtra evidens insipiencia illa que sunt necessaria ignorare vel negligere — 20 b. de penitencia — 24. de falsa penitencia — 24 b. de circumstanciis penetencie — 27 b. de effectibus penetencie — 29. de contritione — 33. de confessionis qualitate — de jejunio — 4) 37 b. de oratione — 39 b. de cantu spirituali — 42. de dominica oratione — 44 b. de elemosyna — 54 b. de confessione — 58. de satisfactione —. 5) 64 b. Innocencius super ave maris stella. (Postu)lasti a me in christo michi dilecte ut de laude beate virginis marie quam spirituali affectu amas veneraris et predicas aliqua tibi scriberem quo fieri posses de amore ejus ferventior. Huic peticioni assensum prebere diu distuli timens si opus —. Bl. 90. Anno domini millesimo quadringentesimo nonagesimo die Johannis ante portam latinam in Hamborgh per Didericum Lestemannum. 6) Bl. 90 b. Incipit ternarius Bone Venture cardinalis — descripsi tibi tripliciter proverbiorum 22 cum omnis scientia debeat ingerere trinitatis insigne et precipue illa que in sacra scriptura docetur debeat representare vestigium trinitatis propter — ejus triplicem intellectum spiritualem scil. moralem allegoricum et anagoricum — 92 b. secundo loco post purgacionem sequitur de illuminacione in qua debet se homo exercere — 93. ultimo circa viam illuminacionis videndum est qualiter iste radius intelligencie per meditacionem reflectendus sit. — 96 b. Postquam diximus qualiter ad sapienciam nos exercere debemus per meditacionem et oracionem nunc breviter tangamus per contemplacionem — 102 b. et ve tacentibus de te cum loquaces muti sunt quis mihi dabit adquiescere in te etc. (Der Anfang dieser Handschrift hat Aehnlichkeit mit dem Anfang von Bonaventuras centiloquium, aber das Fernere stimmt nicht überein. Bonaventuras Schrift de tribus ternariis peccatorum ist es nicht.) 7) Bl. 103. Francisc. Maronis super missus. Anfang: In mense autem sexto missus est angelus Gabriel etc. Luc. 1 circa medium scripta est lectio ista et quia vero instante tempore devotissimo — 144. Explicit tractatus magistri Francisci de Maronis ordinis minorum super missus est. (Gedruckt in den S. 35 No. 124 erwähnten Sermones Francisci Maronis. fol. CCXLII—CCLIX.) 8) 144 b. Incipiunt meditaciones beati Anselmi canthuariensis archiepiscopi. Es folgen zehn kleine meditationes oder richtiger Auszüge aus Anselmi Betrachtungen. Die erste: Exhortacio ad secretum contemplacionis. Anfang: Eia nunc humuncio absconde te modicum a tumultuosis cogitationibus. Die zehnte u. letzte de deploracione virginitatis. (Gedruckt in Anselmi opp. Lut. 1721 p. 29—208.) — 10) Bl. 152. Passionis domini Jhesu christi expositio secundum Evangelistas. Anfang: Quare rubrum est indimentum et vestimentum tuum sicut calcancium in torculari ysay. LXIII. Consuetudo est in primo sermonum invocare beatam virginem. — 11) Bl. 180. Hodie magnificata est anima mea pre omnibus diebus vite mea Judith XII verbum istud dicere potuit beata virgo quando ad celum fuit assumpta et super omnes choros angelorum.

43. Miscellanhandschrift. 255 Bll. Fol. CXXXVIII.

Auf dem Vorsetzblatt ist bemerkt: Liber sanctae marie virginis in Novomonasterio alias Bardesholm quem scripsit frater noster Nicolaus thome adhuc scholaris et post promotus baccalaureus in jure canonico et obiit anno domini MCCCCLXXIIII in die gregorii. Auf einem andern unfoliirten Blatt sind die Titel der verschiedenen Schriften angegeben. 1) Bl. 1. Lecturae super psalterium. Anseman ut habetur IIII^to regum V ps. 1—150 — 205 b. Finitus est psalmista ante nativitatem marie anno domini MCCCCXXIX manu Nicolai tome civitate in brunswik scolaris. 2) 206. Expositio super pater noster. Pater noster qui es in. Hec oratio que est summa omnium oracionum secundum hugonem — 207 b. libera nos a malo ut sciat unusquisque se liberum a malo in eo quod non infertur in temptationem. Amen. 3) 208. stella clericorum. Quasi stella matutina —. 210 b. Sequitur de XII speciebus elemosine 211 b. de adulteris sacerdotibus 212. de apostasie 214. de dignitate sacerdotum 215. notabilia de missa 216. Orationes. 4) 216. Pro exordio septem psalmorum penitentialium — de primo — sexto gradu penitentie. (Vorn betitelt psalmi penitentiales glossati.) 5) 247 b. Incipiunt puncta reverendi magistri vincentii utiliora et meliora utiliora qui meliori uniuscujuscunque artis — 6) 253. Arbor consanguinitatis et affinitatis, circa arborem notandum quod omnes circuli arboris dicuntur celluli — 254. circa arborem affinitatis est notandum —. 9) Bl. 254 b. sacra scriptura quatuor modis exponitur ex. de templo salomonis in Jerusalem hytoria allegoria misice tropologia moraliz. anagoge —.

44. Miscellanhandschrift. 96, 92, 71 und 38 Bll. Fol. CXXVI.

1) Bl. 1—90. Glosa super apocalypsin a Petro de Candia (lib. 1—7). Anfang: Legimus in ecclesiastica historia beatum Johannem a domiciano impiissimo cesare in pathmos insulam relegatum et cum dampnatum ad secanda marmora —. Bl. 89 d. Explicit glosa super apocalipsyn compilata a reverendissimo doctore petro de candia qui postmodum electus erat in romanum pontificem et sic mutato nomine allexander erat vocatus et antecessit papam Johannem qui tunc vixit seu rexit ecclesiam romanam et fuit peritissimus omnium doctorum tocius romane ecclesie. Sequitur (Bl. 89 b bis 94) registrum per quod facile inveniuntur capittula secundum ordinem omnium librorum. (J. A. Fabricius bibl. lat. med. et inf. latin. ed. Mansi T. 1, p. 59, nennt unter den Schriften Alexandri V sonst Petri de Candia keine Glosse über die Apocalypse. In Jakobs' u. Ukert's Beiträgen Bd. 2, S. 64, wird eine Schrift mit gleichen Anfangsworten von Bischof Haymo genannt, jedoch nach relegatum steht daselbst exilio deportatum metallo dampnatum.) 2) Bl. 1—72. In den Notizen, auf dem Vorsetzblatt genannt: tabulae theologicae, im Bordesholmer Catalog: tabulae super variis scientiis. Genealogie der Jungfrau Maria. Bl. 1 b. Oleum unctio — flumina paradisi Eufratis —. Bl. 2. Tabernaculum —. Bl. 3. Artes liberales. 3 b. Trinitas. 16 b. Nomina generalia demonum dyabolus —. 3) Bl. 73. Tractatus de confessione auf dem Vorsetzblatt. Anfang: Quoniam fundamentum et janua virtutum omnisque gracie ac spiritualis consolacionis —. (Vergl. unten Handschrift N. 49, No. 1.) — 4) Bl. 85. Anfang: Oro ut caritas vestra magis ac magis habundet in sciencia et in omni sensu ut probetis pociora et sitis etc. Et sitis sinceres et sine offensa in die christi ad philipenses primo. — 92 b. Explicit libellus artis predicatorie factus et compilatus per dominum Conradum pie memorie quondam predicatorem in praga existentem plebanum ad beatam virginem in leta curia cujus anima requiescat in domino Amen. (No. 4 ist in der zweiten Hälfte des vierzehnten Jahrhunderts geschrieben, Fabricius nennt l. c. T. 1, p. 419, von Conradus Prag. eine postilla studentium, die Staphorst, Hamb. Kirchengeschichte I, 3, S. 272. 284. 390 näher erwähnt, obige Handschrift ist davon verschieden.) 5) Bl. 1. Tractatus de alteracione racionis et consciencie de sacramento altaris editus per venerabilem virum dominum et magistrum Matheum (am Rande Jacobum) de Kracovia sacre theologie professorem. Anfang: Multi tam clericorum quam laicorum querela est et non modica occupacio —. Am Schluss auf Bl. 11 der Titel und eine Uebersicht der 29 Capital des Tractats. (Vergl. S. 36, n. 127. 2. 49, n. 21. 10. 53, n. 25. 16. 60, n. 38. 1.) 6) Bl. 13. Pastorale Gregorii pape. Uebersicht des Inhalts. Anfang Bl. 14: Pastoralis cure. Bl. 70 eplicit pastorale. (Die Regula pastoralis liber P. 1—4 ist gedruckt in Gregorii papae I. opp. Paris 1705. T. 2, p. 1—102.) 7) Bl. 1—5 b. Repeticio Clem. dignum de celebracione misse ubi tract. de horis canonicis. (So ist der Titel auf dem Vorsetzblatt angegeben, es ist eine repetitio des cap. 2. clement. lib. III, tit. 14, welches anfängt: dignum prorsus). Anfang: Ad honorem illius cujus sunt opera insuperabilia sacrosancte et individue trinitatis ac eciam matris unigeniti filii dei —. Ad aliquas horas peculiares obligatur. Finis deo laus amen. 8) Bl. 6. Bemerkungen über die missa. 9) Bl. 6 b. Repeticio regule peccatum de reg. juris lib. VI. (Repeticio reg. 4 in libro sexto decretal. v. 12.) Anfang, wie die regula: Peccatum non dimittitur nisi restituatur ablatum —. 38 b. Publice eam opecii pisis ubi erat jam sacrum consilium congregatum et in scriptis eam bononie redegi MCCCCXII die III Junii ego petrus de ancharano minimus utriusque juris doctor ad correccionem et supplecionem cujuslibet melius sentientis publicare scripta et completa 1413 IIII die mensis Septembris.

Explicit repeticio domini petri de ancharano utriusque juris doctoris ordinarii lectoris decretalium in universitate Bononiensi. (J. Alb. Fabricius bibl. latina mediae et infimae latin. ed. Mansi T. V, p. 240, nennt von P. de Anchorano eine repetitio mit dem Anfang: Peccatum non dimittitur, und Schluss: redegi 1412 die 3 Junii.)

45) Miscellanhandschrift. 272 Bll. 4. CCLXVIII.

Auf dem ersten nicht mitgezählten Blatt ist der Inhalt des Bandes unvollständig angegeben, auch ist die erste Nummer: sermones als die zweite genannt. D. Leverkus in Oldenburg hat bei Benutzung der Handschrift genauere Angaben der Titel der meisten Stücke gemacht. 1) Bl. 1. Sermones de tempore, dominica 1—5 post pascha, post ascensionem domini, dominica 1—19. 21—23 post trinitatem post penthecostes, 1—4. de adventu domini in carnem —. Bl. 119 beginnt die letzte Predigt Reminiscere. 2) Bl. 123. Breviloquium bonaventure. Anfang: Flecto genua mea ad patrem domini. Vergl. oben S. 60, n. 38. 2, wo der Anfang nicht richtig angegeben ist. (Das Werk ist s. t. de imagine vitae aeternae gedruckt 1484. 4. und in Bonaventura opera Mogunt. 1609, T. 6, p. 5.) 3) 190. Quomodo hore canonice sunt dicende. Anfang: Septies in die laudem dixi (Ps. 119.) 196. Qui devote septem horas cottidie deo persolverit vitam eternam habebit quam nobis concedat qui in trinitate perfecta vivit et regnat deus per omnia secula seculorum amen. (Vgl. oben S. 53 No. 25 8, unten No. 49.) 4) 196. De beata virgine. Signum magnum apparuit in celo —. 5) Bl. 208 b. Johannis baptiste nativitas celebratur triplici de causa primo racione sanctificacionis —. 6) Bl. 211. Non falsum testimonium dices —. 7) Bl. 212 b. Interrogandum est quis primo interrogaverit utrum anime haberent requiem in inferno apostolus paulus et michahel archangelus quando descenderunt in infernum —. 8) 214. De imitatione christi. lib. 1. cap. 1—25. Bl. 229 b. lib. 2. cap. 1—5. Die andern Capitel fehlen. 9) 234. Allegorie veteris et novi testamenti ysidori. (So auf dem ersten Blatt bezeichnet.) Anfang: Domino sancto ac reverendissimo fratri orosio ysydorus. Quedam nomina legis —. 241. Expliciunt allegorie ysidori veteris et novi testamenti. (Gedruckt in Isidori opp. ed. Faustino Arevalo Romae 1802, T. 5, p. 115—.) 10) 241. Sermo Augustini de ymagine hominis ad deum. Anfang: credimus in deum —. 246 b. Explicit sermo beati augustini de ymagine hominis ad deum. 11) 246. *Repeticio* c. omnis de poenit. et remissionibus (can. 38. X. 5. 38) omnis utriusque (sexus) fidelis postquam ad annos pervenerit discretionis solus sua peccata confiteri saltem semel in anno —. 12) 250. Statuta nostra antiqua satis rigida. Anfang: In duplicibus utimur suppliciis super schorochia per totum officium divinum praeterquam in prima completur et nova si cum missa non dicatur — de caligis — de inclinacione — de inclinacione prepositi — de absentia prepositi — de genuum flexione —. 13) 254. Sermones de animabus pro defunctis Macchab. II, 12 sancta et salubris est cogitacio pro defunctis secundum Macchab. 2do XII. 258 b. Calicem salutarem accipiam ps. 116. 259. Qui odit animam suam in hoc mundo — Joh. 12. 14) 261. Registrum evangel. et epistolarum per circulum anni —. 15) 271 b. — 272 b. Registrum super quatuor libros sententiarum.

46) Miscellanhandschrift. 263 Bll. Fol. CXXVII.

1) Bl. 1. Nach der Inhaltsangabe auf dem nicht gezählten Blatt: Tractatus magistri Nycholai de orem contra mendicantes. Anfang: Dives sepultus est in inferno Luc. 10. Dubitatur circa hoc utrum omnis dives —. Bl. 7. Explicit tractatus magistri nicolay Orem contra mendicantes etc. (J. A. Fabricius l. c. T. V, p. 121, nennt einen ungedruckten Tractat von Nicolaus Oremus oder Oresmius († 1382) contra mendicationem.) 2) Bl. 7 b. Sermo magistri Hinrici de Hassia de ascensione domini. Anfang: Sic veniet quemadmodum vidistis eum euntem in celum scribitur act. 1 —. 21 b. Explicit sermo editus a magistro Hinrico de hassia. 3) Bl. 22. Sermo ejusdem ad exhortationem religiosis. Anfang: Ecce reliquimus omnia et secuti sumus te —. 33 b Iste sermo editus est a magistro hinrico de hassia directus ad canonicos regulares neuenburgenses in austria irregulariter vivere incipientes ut per ipsum exhortati ad bonum religionis revertantur

(J. A. Fabricius l. c. T. 3, p. 218, nennt unter den Schriften des Henricus de Hassia oder von Langenstein († 1397) den Tractat über Matth. XIX, 27, ecce nos reliquimus —. Vergl. Pez thesaurum anecdotor. T. 1, p. LXXVI.) 4) Bl. 34. Ejusdem anime speculum per modum dyalogi. Anfang: Anima mea novi —. Bl. 42. Editum est istud a magistro henrico de hassia. Explicit his anime speculum quo te videt in se qui facit ut per te sistat requiescat et in te. (Gedruckt mit Matthei de Cracovia de arte bene moriendi s. l. et a. 4. Vergl. oben S. 40 n. 127 u. S. 51, n. 24. 4, auch in Grynaei orthodox. Basil. 1569, p. 1007.) 5) 42 b. Soliloquium bonaventure de quatuor virtutibus sive ymago bone vite. Anfang: Flecto genua mea —. 72 b. Explicit soliloquium sive dyalogus bonaventure de quatuor virtutibus. (Das soliloquium de quatuor mentalibus exercitiis oder imago vitae, welches mit dem breviloquium gleichen Anfang hat, ist gedruckt in Bonaventura Opp. T. 7, p. 105. Auch der Schluss beider Schriften Bonaventura's, die sonst sehr verschieden sind, ist ähnlich.) 6) Bl. 73. Sermo synodalis de sancta Katherina. 7) Bl. 75 b. Sermo de sancta Maria Magdalena. (78 u. 79 a. unbenutzt.) 8) Bl. 79 b. Sermo cujusdam primo ascendentis cathedram. Anfang: Magnum quidem et honorabile. Ista verba scribuntur in c. solite de majoritate et obediencia (cap. 31, X, I, 33) perreverendi patres —. (Bl. 80 b. u. 81 unbenutzt.) 9) Bl. 82. Nach dem Verzeichniss auf dem ersten Blatt: Sermo Jordanis de evangelio 2dae dominicae post trinitatem homo quidam fecit cenam magnam (Luc. XIV) —. (Nach Bl. 89 sind 5 bis 6 Blätter ausgeschnitten, nach dem ältesten vorhandenen Bordesholmer Catalog waren, worauf Dr. Leverkus aufmerksam machte, in diesem Bande, den derselbe durchgesehen, gesta Holtzatorum et Vicelini. In diesem alten Catalog steht in dem alphabetischen Theil vicelini vita in vulgari D. XXXV und in dem Standortscatalog unter D. XXXV der angegebene Titel: gesta Holtzatorum —. Die ausgeschnittenen Blätter werden diese Schrift in niederdeutscher Sprache enthalten haben.) 10) Bl. 90. Postilla nicholai de lyra super evangelia dominicalia per totum annum. 11) Bl. 208. Hinricus de Vrimaria de decem preceptis. Anfang: Audi israel precepta domini et ea in corde tuo —. Bl. 212 b. Forma autem cujuslibet precepti potest distingui in tres partes —. 249 b. Et sic est finis exposicionis decalogi. (Fabricius nennt l. c. III, p. 231 und 232, unter Henricus Vrimarius ein preceptorium oder expositio trivaria in decem precepta, das 1498 unter Nicolai Lyrani Namen gedruckt sei.) — 12) 250. Auf dem ersten Blatte: statuta synodalia domini R. episcopi zwerinensis quoad rectores parrochiarum. Anfang: Quoniam in sacramentorum collacionibus et variis regiminibus cautela multiplex et diligentia debet necessario adhiberi idcirco nos R. miseratione divina episcopus zwerinensis considerantes non sine cordis dolore simplicitatem et insufficienciam quorundam presbiterorum — 250 cap. 1. de baptismo — 250 b. de forma baptismi — 251 b. cap. 2. penitentia — 255. de sacramento eucharistie — 256. de alienatione rerum eccl. et obligatione ipsarum — 263. Explicit liber synodalis ecclesie compositus a domino R. episcopo zwerin. anno domini MCCCCIIII et tractat de utilissimis regulis jurisdiccionis. 13) Bl. 263. Fragen in Beziehung auf das Interdict. Dubitatur an tempore interdicti seu cessacionis generalis ad minus una tamen missa sit dicenda in ecclesiis collegiatis vel eciam aliis rationabiliter per doctores quod —. Am Schluss des Bandes 263 b. virgo maria deum pre cunctis magnificavit dum concepit eum verbo qui cuncta creavit confortans fragiles ergo cives esurientes exultans humiles salvat sua festa colentes.

44. Miscellanhandschrift. 171. Bll. Fol. CXXXVII.

1) Bl. 1. Johannis episcopi Constantinopolonitani commentarius in epistolam Pauli ad Hebreos incipit. Anfang: multifarie multisque modis olim loquens deus patribus in prophetis Omelia 1—35. Bl. 91. Explicit commentarius Johannis episcopi Constantinopolitani in epistolam Pauli ad hebreos ex notis editus post ejus obitum a constancio presbitero Antiocheno et translatus est de greco in latinum a muciano scolastico. (In Montfaucon's Ausgabe des Chrysostomus T. 12 Paris 1735 fol. und andern Ausgaben wird der Herausgeber dieser Homilien Constantinus genannt, die alte von Savilius gelobte lateinische Uebersetzung von Mutianus ist in Montfaucon's Ausgabe

neben einer neuern Uebersetzung abgedruckt in 34 Capiteln oder Homilien, in der Handschrift ist der Schluss derselbe, nur die Capiteleintheilung eine andere.) 2) Bl. 92. Johannis Chrysostomi septem homiliae de laudibus apostoli Pauli ab Aniano in latinam linguam translatae. (Nach J. A. Fabricius bibl. lat. med. et inf. lat. ed. Mansi T. 1 p. 109 übersetzte Anianus oder Annianus Celedensis in Campania diaconus et in synodo Diospolitana a 415 promachus Pelagii septem Chrysostomi homilias de laudibus Pauli easque Evangelo presbytero Pelagiono dicavit.) Bl. 92 der Handschrift sagt der Verfasser in der Dedication an den Presbyter Evangelus: Quid enim michi jucundius quid fructuosius imperare potuisti quam ut ex beati viri acti Johannis operibus in nostram linguam aliqua transferrem id est septem libellos ejus quibus super Pauli apostoli laudibus in ecclesia aliquando disseruit. (Die Dedicationsepistel domino sancto evangelo presbitero Anianus, so wie die Uebersetzung der 7 Homilien ist in Chrysostomi opp. ed. Montfaucon T. 2 p. 475 gedruckt.) Das Manuscript hat nach Homilie 7 Bl. 114, 114 b u. 115 b einen kleinen Nachtrag cap. 8 überschrieben, anfangend: sepe fulgido celi globo. — 3) Bl. 116. Omilia XXI ma: Sermo de lapsu primi hominis. Anfang: Deus sine inicio sempiternus sine fine perpetuus. (Gedruckt in Chrysostomi opp. Basil. 1558 T. 1 col. 545.) — 4) Bl. 117. Vicesima 2da sermo expositus in Adam et evam. Anfang: Deus institutor mundi. (Gedruckt ib. T. 1 p. 538.) — 4) Bl. 119 b. Tractatus sive sermo Johannis Crisostomi patriarche Constantinopolitani de reparacione lapsi ad Demetrium. Anfang: Quis dabit capiti meo aquam et oculis meis fontem lacrimarum oppostunius nunc a me quam tunc a propheta —. Schluss Bl. 134: si hec libenter relegas alia ultra medicamenta non queras. Deo gracias refero velud finis. Eine andere Uebersetzung ist gedruckt in J. Chrysostomi opp. Basil. 1558 T. 5 p. 969—999 s. t. ad Theodorum lapsum paraenesis. 5) 134. Habitantibus in regione umbra mortis lux orta est. — 6) 135 b. Liber chrisostomi de eo quod nemo leditur nisi a semet ipso. Anfang: Scio quod crassioribus quibuscunque — 143 b. et si omnes qui terram et mare habitant conveniant ad ledendum nocere nequaquam poterunt ei qui a semet ipso non leditur. Explicit —. (Gedruckt in Chrysostomi opp. T. 5. Basil 1558 col. 750—760.) 7) 141. Crisostomi de compunctione cordis. Anfang: Quum te intueor beate demetri frequenter — 152 b. lib. 2dus Schluss 158 b. (Gedruckt in Chrysostomi opp. Basil. 1558 T. V col. 565.) 8) Bl. 158 b. Crisostomus de lapso. Anfang: Si fletus possit et gemitus — (Eine andere Uebersetzung ist gedruckt ib. T. V col. 999 s. t. ad Theodorum monachum ep. 6ta.) 9) 163. Augustini libor de adorando deo —. 169 b. Augustinus de honestate mulierum. Anfang: nemo dicat fratres quod temporibus. — (Gedruckt in Augustini opp. T. 5 P. 2. Venet. 1731. p. 488—490 s. t. de incauta familiaritate mulierum.)

48. Miscellanhandschrift. 405 Bll. 4 105—109, 112—121, 210 b—217, 263 b—65, 392—96 unbenutzt. CCLXXIV.

1) Bl. 1. Hugo de archa noe. Anfang: Cum sederem aliquando in conventu fratrum et illis interrogantibus meque respondente multa. — (Das Werk ist gedruckt in Hugonis de S. V. opp. Rothomag. 1648. T. 2. p. 298. 2) 31 b. Testamenta XII patriarcharum in quibus sunt pulcherrime et aptissime prophetie de christo que transtulit magister Robertus dictus grossum caput linconiensis ep. de greco in latinum. Testamentum Ruben-Symeon. — 43. Expliciunt testamenta XII patriarcharum filiorum Jacob. (Ueber Rob. episcopus Lincolniensis, genannt Grosthead, † 1253, vergl. J. A. Fabricius l. c. T. VI p. 103. Der griech. Text der Testamente ist gedruckt mit Uebersetzung in Fabricius cod. pseudep. v. test. Vol. 1, p. 519, Hamb. 1722, in latein. Uebersetz. in Grynaei orthodox. lat. p. 864.) 3) 43 b Tractatus petri de allyaco episcopi tunc cameracensis nunc vero cardinalis cameracensis de XII honoribus sancti Joseph. — 60 b. Explicit tractatus petri de allyaco cardinalis cameracensis de XII honoribus sancti Joseph nutritoris domini Anno domini 1477 in domo monasterii sancte marie prope flumen Jasetanitze. (Petrus de All. † 1425, Fabricius l. c. t. v. p. 236.) 4) 49 b Apologeticum magistri Henrici de Hassia in quo defendit beatum Bernardum cap. 1—9. — Bl. 52 b Explicit prima pars epsitolae sequitur secunda pars hujus epistole in qua harum duarum opiniones

autores diffamacionum generacionem litis consideracionem multipliciter arguuntur et primo ex parte — cap. 1—8. Bl. 55. Explicit 2da pars epistole sequitur 3ia pars epistole contra maculigeros et maronitas et sompniatores cap. 1—5. Bl. 57. Explicit 3ia pars epistole ostendens beatum bernardum non insinuasse amissionem signorum virginalium marie cap. 1—14. Bl. 62. Explicit tractatus ut supra anno domini 1477 in jasenitze. (Ueber die Anschuldigung gegen den heiligen Bernhard, wogegen ihn Heinrich v. Langenstein vertheidigte, vergl. Fabricius l. c. T. 1, 221, T. 3, 218.) 5) 62. Incipit alius tractatus brevis et pulcher de concepcione beate virginis editus per magistrum Hermannum schildis sacre theologiae professorem ordinis fratrum heremitarum beati Augustini honorabili ac reverendo viro suoque domino spirituali ac in christo Jesu amico fidelissimo domino Lippoldo de bebenberch decretorum doctori eximio sancte maguntinensis et Herbipolensis canonico sancti quoque Severini Erffordensis et Pigmensis ecclesiarum proposito suus devotus frater Hermannus de Schyldictz. — Bl. 73 secunda pars. — Bl. 76 b. Explicit tractatus. (Fabricius l. c. T. 3, p. 241, nennt des Hermannus de Schildis, † 1357, Schrift de conceptione sanctae mariae.) 6) 77. Collatio de conceptione beate virginis. — Bl. 79 alia collacio de concepcione. Bl. 81. Item de conceptione. 83 b. Item de conceptione. 86. Exemplum de conceptione. 86 b. Exemplum aliud. 86 b. Exemplum aliud —. 7) 87 b. Legenda de conceptione beate virginis Ancelmi exemplum 1—3. Anfang: Anselmus Canthuar. archiepiscopus et pastor anglorum coepiscopus suis curatisque orthodoxis salutem — concepcio venerande dei genitricis — tempore namque illo —. Die 2te Abtheil. 88: Rursum hec solempnitas —. Die 3te 88 b: In pago gallico —. (Gedruckt in Anselmi opp. p. 505 u. 506. Lutet. Paris 1721, statt pago gallico steht gedruckt pelago gallico.) 8) 90. Epistola beati bernardi abbatis ad canonicos lugdunenses in qua corripit eos super celebracione festi conceptionis beate mariae absque autoritate generalis ecclesie que est in ordine epistolarum suarum LXXXI. (Die epistola ist gedruckt in Bernardi opp., Paris 1658, T. 1, p. 75, n. CLXXIV, nicht, wie im Register steht, CLXXXIV.) 9) 93 b. Collacio de visitacione beate virginis abiit in montem cum festinacione scribitur luc. 1—97 alia collacio de eodem festo per modum dyalogi. 10) 101 b. Brevis moralitas super historia visitationis beate virgines —. 102 b. moralitas alia brevior. Bl. 103: omni die dic marie mea laude anima ejus festa ejus gesta cole splendidissima contemplare et mirare ejus celsitudinem qui condignus promat hymnnos ejus excellencie. (Zur Seite dieser Reime: Hec episcopus Cenomanensis in prosa ad beatam virginem ex — beate virginis edita a quoque cisterciensis ordinis in Ridagesliusum prope Brunswick qui alias vocabatur Ketelhake, qui fuit magister Parisiensis.) 11) 110. Visitacionis marie Exposicio evangelii —. 12) 122. Tractatus magistralis de indulgenciis Francisci Maronis. Quodcunque ligaveritis super terram —. Matth. decimo quinto (XVIII, 18.) 130 b. Explicit tractatus magistralis et bonus de indulgenciis Francisci Maronis ordinis minor. (J. A. Fabricius l. c. T. 2, p. 195, nennt den Tractat des Franciscus de Mayronis († 1325) de indulgentiis.) 13) 131. Determinacio certorum articulorum in materia indulgenciarum per dominum Johannem Calliser sacre theologie professorem ordinis predicatorum de assensu et voluntate domini nostri domini Nicolai quinti. — 136. Explicit anno etc. 1477. 14) 136 b. Tractatus venerabilis magistri Johannis Gerson de indulgenciis a papa et episcopis concedi solitis. Quecunque alligaveritis erunt ligata — Matth. 18. Collata est autem —. (Gedruckt in Gersonis opp. 1488. T. 2, Fol. 34 A.) 15) 138 b. Subduntur alias consideraciones pro amplificatione materie super indulgenciis consideracio I. — Bl. 39. Explicit in Jasenitze anno domini etc. 1477. (Gedruckt in Gersonis opp. 1488. T. 2, Fol. 34 C.) 16) 139 b. Forma absolucionis sacramentalis ejusdem venerabilis johannes Gerson. Anfang: Gratia bi et pax. (Gedruckt in Gersonis opera T. 2. s. l. 1488. Fol. 33 J.) 17) 140 b. Tractatus de contractibus magistri Henrici de Hassia cap. 1—40. — 182 b. Explicit prima pars hujus tractatus, incipit secunda cap. 1—10. 182 b. Explicit tractatus magistri Hinrici de Hassia sacre theologie doctoris eximii. Der erste Tractat beginnt: In sudore vultus tui vesceris pane tuo —. 18) 183. Declaracio Martini pape quinti de contractibus. Anfang: Martinus episcopus servus servorum dei venorabilibus in christo fratribus archiepiscopo Gnesnensi (Suerinensi) et Lubecensi et Olmuzensi episcopis salutem et apostolicam benedictionem —. 184. Datum Rome apud sanctos apostolos sexto nonas Julii pontificatus nostri anno octavo. 19) 184. Determinacio domini cardinalis sancti Marci juris utriusque subtilissimi doctoris super reddditibus annuis episcopatus cum potestate rediendi et fuit facta per eum in cocilio Constanciensi ad mandatum Martini quinti idem tunc noviter electi. 185 b. Ista scripsit cardinalis sancti marci wylhelmus requisitus a martino Vto super ista materia. Explicit in domo montis sancte marie prope flumen Jaesnitze canonicorum (?) regularium anno domini 1477 circa dominicam palmarum. 20) 186. Hec est Tabula Confluentina primo anno domini 1471 facta per quam si scire volueris septuagesimam alicujus anni domini bisextilis vel communis inspice in ea aureum numerum ejusdem anni. Quo facto scias quod si annus ille domini cujus septuagesimam queris est scriptus ante predictum aureum numerum in eadem linea tunc septuagesima erit eodem die in quo aureus ille numerus cum ipso anno habetur —. (Das späteste in die Tafel aufgenommene Jahr ist 2530.) 21) 187. Notiz über die verschiedenen Temperamente de colericus, melancolicus, flecmaticus, sanguineus —. 22) 188. Johannes mathias Tuberinus liberalium artium et medicine doctor magnificis rectoribus senatui populoque brixiano salutem —. Rem maximam qualem a passione domini ad hec usque tempora nulla unquam etas audivit —. 18… Valete Tridenti secundo nonas Aprilis 1475. (Fabricius l. c. T. IV, p. 103, nennt von Joannes Matthias Tiberinus oder Tubertinus vom Jahr 1475 ad senatum populumque Brixianum: Martyrium Simonis pueri a Judaeis Tridenti crudeliter necati. Der Tractat ist gedruckt in Surius vitae sanctor. XXIV mart. und wieder in Seelen sel. literaria ed. 2, Lubecae 1726, 8., p. 635. 23) 191. In rogacionibus. Petite et dabitur vobis —. 24) 194. Repeticio de penis et remissionibus c. indulgencie e lib. VI. (Cap. 3. de poenis et remissionibus in 6to.) 25) 203. Repeticio magistri Johannis Dulmen de celebracione misse C. presbiter (Cap. 1, X. de celebrat. missarum III, 41). — 207 b. Explicit repeticio domini Johannis Dulmen. 26) 208. Nota sex utilitates eveniunt homini dicenti horas canonicas cum devocione —. 27) 209. Distinctio Johannis Calderini nota quando quis et qualiter aliquis ex violacione censure ecclesiastice incurrat irregularitem —. 210. Explicit. (Ueber Joh. Calderinus, Schwiegersohn des Juristen Joh. Andreä, vergl. Fabricius l. c. T. 1, p. 321.) 28) Sermones. 218. Sermo Gvirici abbatis de assumpcione marie vel dyalogus beate marie et angelorum ante assumpcionem ejus de langnore sui amoris —. 219. Omelia Anselmi Cantuariensis episcopi de eadem leccione. Intravit Jhesus in quoddam castellum — in scriptura sacra res una et eadem —. (Gedruckt in Anselmi opp. p. 178. Lutet. 1721. Die Handschrift enthält nur einen Theil der gedruckten Homilie.) 221 b. In nativitate Marie sermo beati Anselmi. Bernardi. Auch am Rande steht Anselmi. Anfang: Sollempnem memoriam sacrosancte virginis marie —. 225. Sermo beati Bernardi de X privilegiis seu gradibus singularis glorie beati Johannis baptiste. Anfang: Hodie nobis dies —. (Gedruckt in Bernardi opp. T. 5, Par. 1642, p. 92.) 230. Sermo 3tius beati Bernardi in dominica ramis palmarum. Anfang: Libet adhuc attendere —. 233 b. Sermo 5tus beati Bernardi in pasche de septemplicis lepre curatione. Anfang: Sicut in corporis medicina prius purgaciones adhibentur deinde refectiones —. 235 b. Sermo beati Bernardi de verbo domini Ego sum pastor bonus etc. — de discretione boni pastoris mercenarii et furis et de excellenti sacerdotum dignitate —. 239 b. In die sancte trinitatis —. 241. Sermo beati Bernardi ad petrum de corpore christi. Anfang: Pater sanctissime petre: audi quid loquatur dominus in paupercuIo servo tuo —. 29) 245. Liber beati Bernardi abbatis de colloquio symonis et Jhesu tractatus de vita et honestate clericorum cap. 1 … Anfang: Ut tibi dilectissime presentis exhortacionis —. 262 b. Registrum capitulorum libri de colloquio —. (Gedruckt in Bernardi opp. Vol. 3 sive Migne patrologiae ser. 2, T. 184, p. 437. Der Herausgeber schreibt das Werk dem Gaufridus zu, einem Schüler des heil. Bernhard.) 30) 266. Sermones seu collaciones de quibusdam festis principalibus —. 292. Quidam sermones domini Tu… cujusdam Carthus. pro capitulo et primo de nativitate christi —. 340. De angelis —. 342. Hugonis episcopi Lincolnyensis. In terra — ps. LXII. 31) 398. Registrum quod continet secundum ordinem alphabeti omnes materias predicabiles que reperiuntur in sermonibus et in omeliis sanctorum per totum annum —. 408 b. Explicit registrum —.

49. Miscellanhandschrift. Bl. 110—233; 148—151, 180 und 181 nicht benutzt. 4. CCLXXXXII.

Die Handschrift war früher Ulr. Molitor Tract. de lamiis et phiton. mulieribus angebunden. Vergl. oben S. 35, n. 126.

1) 110. Tractatus notabilis de confessione. Anfang: Quoniam fundamentum et janua virtutum —. (Vergl. oben S. 69, n. 44, 3. u. unten n. 54, 16.) 2) 131. Tres puncti cristiane religionis magistri Thome de ybernico. Anfang: Religio munda et immaculata apud deum et patrem hec est visitare pupillos et viduas in tribulacione eorum et immaculatum se custodire in hoc seculo jacobi primo volens aliquam religionem intrare et eam ut oportet tenere et observare tria debet considerare. Primoque et qualis sit religio in se 2do quales difficultates continet et quales operaciones requirit 3tio qui et qualis sit fructus suus finis que inde consequi possunt —. 134 b. Primus punctus religionis est credere articulos fidei —. 138. Secundus punctus nostre Christiane religionis est servare decem precepta et mandata decalogi que ponuntur exodi 20. — 187 b. Tercius punctus nostre religionis christiane est evitare septem peccata mortalia — superbia — invidia hec est prima filia que nascitur ex superbia — ira — accidia sive pigricia ad divinum cultum — avaricia — gula — luxuria —. 147. Expliciunt 3 puncti christiane religionis. Anno domini m^mo CDXLV in die sancti augustini confessoris atque pontificis etc. Anno domini 1455to die quo supra. (Fabricius l. c. T. 6, p. 255, nennt die Puncte nicht unter den Schriften des Thomas Hibernicus, † 1269, aber als ineditum eine Schrift de christiana religione.) 3) 152. Auf dem Vorsetzblatt ist der Titel: Tractatus perutilis circa missarum solennia genannt. Anfang: Circa officium divinum et singulariter missarum sollenia aliqua sunt notanda et querenda. Et queritur primo quando et quo tempore missa dicenda sit —. 152 b. De pollucionibus —. 154. Utrum dici possit missa in mari —. 156. Quid si sacerdos habet cum se plures hostias ut puta duodecim et putat se tantum habere decem an tales consecrare valeat —. 177 b. Anno domini 1468. 4) 178. Auf dem Vorsetzblatt: Doctrina moralis pro celebrantibus et ministrantibus ad missam. Anfang: Nota X sunt circumstancie notabiliter aggravantes peccatum mortale —. Ordo locus sciencia tempus etas condicio numerus mora copia causa —. 5) 182. Ad missas libenter ministra quia in ministerio multiplex fructus est — de confessione crebrius iteranda —. 182 b. De cella in cella libenter esto — de lectione — de predicacione — de disciplina —. 186. De bono exemplo —. 186 b. De libertate — brevis epilogus —. 6) 187. Petis a me frater mi karissime quod nusquam vel nunquam audivi atque aliquem petivisse verum tamen quia instanter id tua poscit devocio — formulam honeste vite breviter sermone depingam —. 7) 188 b. Si quis emendacioris vite desiderio tactus cogitacionum locucionum operumque sollicitus explorator universos excessus suos corrigere nitetur —. 8) 189 b. De X documentis circa religiosum —. 190. Expliciunt ista decem notabilia deo gratias. 9) 190 b. Septies in die laudem dixi tibi domine deus ne perdas me ps. CXIX. (Vergl. S. 70, n. 45, 8.) 10) 195. Nach der Angabe auf dem Vorsetzblatt: Pulcra exempla hinc inde collecta. Anfang: Abstinencia hostes superat nam legitur in historia tripartia quod quidam draco pessimus devorabat homines et jumenta nec per virtutem hominum vel armorum expelli poterat —. Ave maria a dampnacione liberat. In cenobio erat quidam monachus decretarii officio functus hic erat valde lubricus —. 195 b. Ave maria post mortem honorat. Quidam clericus in quadam civitate degebat qui erat levis —. 196. Amicicia falsa in necessitatibus hominem dimittit. Rex quidam habuit quendam famulum —. 198 b. Amicus verus debet probari. Petrus Alphonphii refert duo mercatores erant unus de egypto —. (Vergl. Petri Alfonsi discipl. cler., Berlin 1827, S. 86.) 199. Adultera uxor non est tenenda. Ex gestis Genulfi Genulfus quendam fontem emit in Gallia —. 199 b. Quod in bello deus gloriose juvat sperantes in se anno ab incarnacione domini MCCXIIII Johanne rege Anglie in partibus Andagavie debacchante Otto imperator electus ab ipso Johanne mediante pecunia congregavit exercitum in comitatu Hannonie —. 217 b. Humilitas. Fuit quidam imperator rome nomine Theodoricus ut legitur in admirabilibus romanorum —. 11) 219. Nach dem Vorsetzblatt: Auctoritates Aristotelice

6) 175 b. Auctoritates de libris ethicorum (lib. 1—10) sufficienter dicitur quod secundum materiam subjectam manifestatur —. 2 intellectualis virtus —. Bl. 181. 10 liber decimus de delectacione et felicitate —. 7) 182. Erklärungen von abstrahere — voluntas. 182. abstrahencium non est mendacium 2 phisicor. abstrahere est operacio intellectus agentis 3tio anima — quatuor sunt gradus abstractionis —. 205. Voluntas. 8) 205 b. — 208. Philosophische Bemerkungen. Affectus dicuntur infructuose sepissime (?) libro primo prosa. Audire verba sapienter ibidem. Anime passiones sunt depellende antequam veritas inquiratur metro 7mo lib. 1.

53) Miscellanhandschrift. 33, 23, 38, 46, 31 und 12 Bll. 4. CCLXXXIX.

Auf dem Deckel vorn: Johannes reborch. Passio Arnoldi Lubec. episcopi. Dann auf dem ersten unfoliirten Blatt ein Inhaltsverzeichniss. Die Passio Arnoldi ist nicht mehr in dem Bande, sondern ausgeschnitten. 1) Bl. 1. Liber vite. Liber apertus est qui est liber vite apocal. XX hic liber vite est —. 20 b. Explicit prima pars libri vite —. 25. Explicit 2da pars libri vite —. 27. Explicit liber vite utilis valde. 2) 28. Liber de rebus que corpori et anime in futuro accidunt. Anfang: Queritur inter homines quid sit et quam ob rem sancti dei terrena discipiunt —. 33. Explicit. 3) Planctus devotissimus beatissime marie virginis cum misericordissima et devotissima nota. Auf dem ersten Blatte, wo der Titel angegeben ist, steht dabei: in vulgari. Anfang: Planctum istum facit beata virgo maria cum 4 personis devotis devotissime hora sexta feria ante prandium in ecclesia ante chorum in loco aliqualiter elevato vel extra ecclesiam si bona est aura. Planctus iste non est ludus nec ludibrium sed est planctus et fletus et pia compassio marie virginis gloriose —. Iste planctus fit commlose in duabus horis et media. Et omnia que tunc fiunt ab illis quinque personis non debent fieri cum festinacione nec nimia mora sed medio et bono modo. Ille qui est Jhesus est devotus sacerdos maria juvenis johannes evangelista sacerdos maria magdalena et mater johannis evangeliste juvenes Jhesus debet se preparare cum casula rubea johannes simili modo Jhesus et Johannes debent habere dyademata de papiro dyadema Jhesu habeat rubeam crucem —. (Nach der lateinischen Einleitung, aus der obige Worte genommen sind, folgt Bl. 2 das Spiel in niederdeutscher Sprache, die Anweisungen für die Spielenden in lateinischer Sprache. Die Singstücke sind mit Noten versehen.)

Bl. 2. Johannes evangelista:

Horet gii salighen lude
unde latet juu beduden
wo unse leve here jhesu crist
de eyn schepper hemmels unde eerden ist
huden umme unse wyllen heft geleden de marter grot
darthe ok den bitteren dot
Horet ersten wo unse leve here an der tiit to completen
umme unsen wyllen blodich sweet wolde sweten —.

Bl. 4 b. Johannes — dicit ad omnem populum:

ghat sytten gii leven Kyndere an dessem guden daghe
horet der reynen junckfrowen marien weynent unde klaghe.

Beata virgo maria incipit hic planctum suum dolorissimum devotissime pas.

Anxiatus est in me spiritus meus in me turbatum est cor meum.
Nu bedrovet sik myn geyst an mynem herten sere
nach mer wen gy wyf gewan doch mynes kyndes ere.

Beata maria dicit et vertit se ad populum.

O allerbarmhertigeste god
wo grot ys myne klaghe unde myn not —.

Bl. 9. Mater Johannis dicit:

O wo grote not unde smerte
lyden nu unse bedrovoden herte —.

13. Sancta maria planctum istum cantat hic et elevat brachia et plangit cum manibus et hoc (?) pausat et tacet —. 14 b. Dominus Jhesus dicit hic ad matrem suam.

Vrowes name do na myner lere
weyne und scryge nicht so sere
dyn grote weynent unde scrygent
myne bytter marter vornyget.
Allent dat an my nu wert gewraken
dat hebben de propheten van my gesproken et cantat sic —.

23 b. Der Schlussgesang: Tenebre facte sunt dum crucifixissent Jhesum judei et circa horam nonam exclamavit Jhesus voce magna deus meus deus meus quid me dereliquisti et inclinato capite retradidit spiritum. Et sic est finis hujus hujus planctus. (Aehnliche Marienklagen geben H. Hoffmann in s. Fundgruben Th. 2, S. 259, und Mone Schauspiele des Mittelalters Th. 1, S. 31 u. 198, die Kieler Handschrift enthält jedoch eine vollständigere Klage.)

Mein College *Planck* hat mir folgende Nachricht über die Noten dieses Spiels mitgetheilt: Die Notenschrift ist die im funfzehnten und sechszehnten Jahrhundert übliche und entspricht dem von Forkel in seiner allgemeinen Geschichte der Musik Bd. 2, S. 346, mitgetheilten Beispiel. Der Schreiber benutzt sechs Linien in der Weise, dass er unten zwischen die fünfte und sechste Linie den Text, und in die obern fünf Linien die Noten einträgt. Von diesen fünf Linien bezeichnet er eine mit c, und dem entsprechend die dritte unterhalb mit f d. h. f, mitunter auch die entsprechende dritte Linie oberhalb mit g. Das Bl. 4 b. stehende Lied würde sich, in die heutige Notenschrift übersetzt, etwa so ausnehmen:

4) 1. Tractatulus beati bernardi de planctu beate marie virginis. Anfang: Quis dabit capiti meo aquam et oculis meis ymbrem lacrimarum ut possim deflere per diem et noctem donec servo suo appareat dominus jhesus visu vel sompno consolans animum meum —. 5 b. Explicit tractatus beati bernardi de planctu beate marie virginis. Quis dabit capiti meo —. (Die Kieler Universitätsbibliothek hat einen undatirten Druck dieses Tractats in 4. bei Gerson Conclusiones de div. materiis. Vergl. oben S. 29, 102. 2.) 5) Omelia bernardi (vel victorini) super illud evangelium Johannes stabat juxta crucem. Anfang: Sicut christiane religionis defectus ex ariditate creatur cordis frigidi —. 6) 26 b. Stimulus dilectionis de passione domini beati bernardi vel aliter ut in fine patet. Anfang: Jhesum nazarenum a judeis innocenter condempnatum a gentibus crucifixum christiani divinis oris —. 33. et sic est finis per me Johannem reborch in jasenitze anno etc. 76 in die Ignacii

martiris hora vesperorum in refectorio ibidem. Explicit soliloquium ancelmi vel beati bernardi de vita et passione Jhesu cristi. (Gedruckt in Bernardi opp. T. 2, p. 78, Lugd. 1658.) 7) Bl. 1. Questio de custodio lingue et corde bene ruminanda venerabilis magistri Johannis gerson sacre theologie doctoris preclarissimi et cancellarii parisiensis. Anfang: Queritur an liceat loqui de aliis in eorum absencia —. 8) Bl. 5. Doctrinalis expositio venerabilis magistri Johannis gerson cancellarii parisiensis super septem psalmos penitentiales. Anfang: Vera penitencia velut schala quedam est quo homo peccator —. 22. In hoc finitur doctrinalis expositio magistri Johannis gerson super septem psalmos poenitentiales. (Gedruckt in Gerson opp. P. 3, Fol. C, 1494.) 9) 22 b. Tractatus magistri Johannis Gerson de oratione et valore ejus multum utilis. Anfang: Oportet semper orare et non deficere scripsit Tulius accuratissime commentarium fratri suo de peticione romani consulatus —. (Gedruckt in Gerson opp. 1494, P. 3, Fol. LXXVIICC.) 10) 35. Omelia quaedam beati Augustini de eo quod scriptum est Beatus qui post aurum non abiit —. 11) 37 b. Tractatulus quidam de eo utrum melius sit frequenter accedere ad sacramentum eucaristie vel raro. Anfang: Non in vanum vigilare expedit istis periculosis temporibus de uno quod apud multos frequentatur —.

12) Bl. 1. Composita verborum per modum figure in vulgari:

	am	puto	afsnyden	puto activum snyden
	de		gheven	puto neutrum meynen
	in		lasteren	puta id est (?)
	sub		dreghen	
	con		rekenen	
	re		meynen	
	dis		disputeren	
Bl. 11.	Ad	scando	upstigen	
	de		neiderstigen	
	pre		vor enem anderen stigen	
	re		wedderummestigen	
	con		tosamende stigen	
	sub		understigen	

13) 11 b. Accentus quarundam dictionum in quibus cadit dubium secundum ordinem alphabeti Anastasia — verumptamen. 12. Iste dictiones in quibus cadit dubium possunt sic accentuari salvo tamen judicio melius sentientium, et ponuntur secundum ordinem alphabeti ut citius inveniantur.

13. Dictiones (nomina) secunde, impositionis secundum ordinem alphabeti in vulgari.

Abhominari odisse (?) vel spernere nicht vor gued nemen —
abissus est obscuritas vel profunditas sine base —
Actio de werkende kraft in der materien —
alapa eyn oerslach.

23 b. Postilla eyn dinck van allen Dingen tohope schreven. 25. Ratio superior de overste kraft der zelen. 27. Zefirus westnordwest. 14) 28. Verba deponentiala per modum figure in vulgari vescor potior fruor fungor utor bruken et regunt genitivum accusativum vel ablativum pocius tamen ablativum. 15) Auf dem ersten und Blatt vorn: Tractatus de lucro illicito vel pacto in spiritualibus. Anfang: Spirituale secundum theologos dicitur —. 4. Explicit tractatus de lucro illicito in spiritualibus editus per dominum Johannem de matiskone legum doctorem Aurelianensem eminium. (Fabricius l. c. T. 4, p. 103, nennt den Juristen Johannes de Matiscona, aber nicht diese Schrift.) — 16) 4 b. — 12. De usuris. 17) 12 b. Notizen aus Seneca u. s. w. Homines quietissime viverent si hec verba meum et tuum de medio tollerentur et alibi dicit nostri essemus si nostra non essent —. Darauf folgen mehrere moralische Verse. Aus diesem Miscellanband sind nach der Titelangabe mehrere Tractate ausgeschnitten, einige nicht eingeschrieben: Bulla aurea Caroli 4ti, leges imperiales ejusdem de officiis principum sacri imperii electorum, ordo romanus ad benedicendum et coronandum

imperatorem ac imperatricem, cronica sive tractatus de translacione imperii, collaciones quedam facte coram imperatore ac ceteris, copia quedam monitorii contra tutores heredum cujusdam, questio cujusdam de differencia (?) inter rosam et violam. Pauca quedam de liberalitate, articuli inter alios de libris revelacionum sancte Brigitte.

54) Miscellanhandschrift. 307 Bll. 8.

Auf dem ersten nicht gezählten Blatt: Contenta in hoc libello: —. 1) Bl. 1. Epistola Humberti de tribus substantialibus religionis —. (Vergl. oben S. 57, n. 33. 6.) 30 Notabilia pro temptatis vide infra folio 105. 30. Explicit epistola caritatis cum notabilibus pro temptatis; 104 b. — 106 stehen diese notabilia. Bl. 30 b. — 32 Register. 2) 23 b. Puncta quedam venerabilis Bonaventure, Anfang: Oportet ante omnia te cupientem sentire vestigia salvatoris —. 3) 38 b. Liber profectuum religiosorum Bonaventure. 39. Formula noviciorum. 58 b. Explicit primus tractatus incipit secundus liber qui est de reformacione interioris hominis —. 103. Explicit liber 2dus profectuum religiosorum reverendi doctoris ac cardinalis Bonaventure. Nach einem prologus fängt der Text an: Primo semper debes considerare ad quid veneris et propter quid veneris —. (Die ersten 19 Abschnitte oder Capitel stimmen überein mit dem in Bonaventurae opp. T. 7, Moguntiae 1609, Fol., p. 610, s. t., de institutione novitiorum gedruckten Tractat. Das zweite Buch der Handschrift, Anfang: In priori formula — ist in Bonaventurae opp. T. 7, p. 558 u. flg., in 39 Capiteln oder Abtheilungen gedruckt als liber primus de profectu religiosorum.) 4) 103. De martirio monachorum —. 5) 107. Compendium de vicio proprietatis cavendo. Anfang: In nomine domini amen. Pro salute eorum qui vicia fugere cupiunt cum ad veritatis viam fuerint informati —. 8) 122 b. Questio utrum monachus possit habere peculium —. 9) 128. Epistola Adalberti ranconis ad moniales ordinis sancti benedicti et aliorum ordinum. Anfang: Adalbertus Ranconis de Ericinio scholasticus ecclesie Pragensis in sacra theologia et in liberalibus artibus magister parisiensis indignus devotis virginibus monasterii sancti Georgii pragensis ordinis sancti Benedicti —. 10) 132. Epistola cujusdam magistri egregii parisiensis de vicio propietatis quam scripsit ad quendam canonicum regularem propria deserere et cupientem spernere scripsit enim ei in hec verba Cristum Jhesum eternum dei filium —. 12) 135. Epistola quibusdam fratribus monachis ordinis sancti Augustini venerabilibus et religiosis viris preposito et aliis fratribus domus oczehon —. 13) 14 b. Epistola Augustini heremite ad matrem. Anfang: Quoniam non immemor tue petitionis —. 142. De caritate —. 142 b. De humilitate et obediencia. 143 b. De virtute obediencie. 145. De virtute continentie. 146. De continentia visus. 147. De continentia in locutione. 148 b. De continentia vestium. 149. De castigatione corporis. 150. De conjunctione. 152 b. De penitencia. 153. De modo orandi —. 14) 164. De lectione —. 15) 164 b. Tractatus regularis discipline Bonaventure. Reformamini in novitate sensus vestri ut probetis que sit voluntas dei bona bene placens et perfecta hec dicit apostolus ad Romanos —. 189. Explicit tractatus regularis discipline Bonaventure vel de doctrina noviciorum. (Gedruckt in Bonaventurae opp. T. 7, Mog. 1609, p. 623, anfangend: Renovamini —.) 16) 199. Libellus de puritate consciencie. Anfang: Quoniam fundamentum et janua virtutum omniumque gratiae ac spiritualis consolacionis —. (Gedruckt in Bonaventurae opp. T. 7, p. 646, Mog. 1609, s. t., de modo confitendi et de puritate conscientiae.) 17) 224. Exposicio bona super ego dixi viri — et dolor non dimidiabunt dies suos —. 18) 228 b. Sequuntur alphabetice auctoritates secundum ordinem cellarum domus legis marie prope rostok et collecte (scripte) per dominum Johannem Zeleghen priorem pomeranie. Prologus sequitur (229), venerabili presbitero domino H. decretorum baccalaureo almeque universitatis Rostokcensis dudum rectori egregio frater Johannes ordinis carthusiensis monachorum minimus —. 238. Expliciunt alphabetice auctoritates secundum ordinem cellarum —. Nach dem prologus folgt: Unterredung zwischen einem religiosus magister und discipulus. 19) 238 b. Registrum in opusculum sequens tractans de perfectione beati mathei apostoli et evangeliste ordinisque carthusiensis conversacione cap. 1—12. (Vorn bezeichnet: convivium mathei apostoli et evangeliste ejusdem.) Anfang:

Capitulum primum vidit Jhesus hominem sedentem in teloneo matheum nomine. 298. Explicit tractatus qui dicitur convivium Sancti Mathei quem ed. dominus Johannes Zeleghe prior domus — in pomerania ord. carth. —. 20) 299. Epistola fratris Marquardi prioris domus orti beate marie carthusiensis ordinis prope pragam de destructione domus ejusdem. Venerabili in cristo patri Johanni Hoden priori domus gracie dei prope Stetin ordinis carthusiensis patri suo precipuo sinceréque dilecto salutem et pacem Jesu cristi venerabilis et carissime pater custodiens parvulos —. 304. Explicit —. 21) 305. Tractatus magistri Johannis prioris carthusie Erfordiensis qui et cognomine dicitur Hagben et est de tribus partibus penitencie scilicet contricione confractione et satisfactione —. 307. Secundus articulus est. (Der zweite Artikel fehlt.)

55) Miscellanhandschrift. 338 Bll., von denen 2—12, 42—48, 64—93, 121—132 und 291—306 unbenutzt sind. 8. CCCXI.

Bl. 1. Contenta in hoc libello sunt —. Mehrere der genannten Handschriften sind nur angefangen, so Bl. 42 Richardus de sancto victore de contemplacione. 120. Meditaciones beati Bernardi, es ist nur der Titel angegeben. 1) Bl. 13. Augustinus de consciencia. Domus hec in qua habitamus ex omni parte sui ruinam nobis minatur ideirco quia in brevi casura est. 41 b. Explicit liber de consciencia beati Augustini vel secundum alios beati Bernardi. (Gedruckt in Migne patrologia Vol. 184 oder Bernardi opp. T. 3, p. 507, auch in Hugonis de S. V. opp. T. 2, p. 171, als liber 3 de anima et interiori domo.) 2) 49. Florigerius collectus ex dictis beati Augustini —. Quid est deus. De confessione — de gloria eterna —. 74. Explicit. 3) 75. Tractatus beati gregorii pape de conflictu viciorum et virtutum —. 88. Explicit. 4) 97. Septem rivuli lacrimarum Hugonis. Anfang: Nota quod leticia spiritualis —. 105. Explicit. 5) 105 b. Soliloquium beati Bernardi. Anfang: Cor meum rogo te —. (Gedruckt in Bernardi opp. Paris 1642, T. 5, S. 432, in Migne patrologiae series 2, T. 184, p. 1158.) 6) 116. Parabola sancti Bernardi. Anfang: Rex dives —. (Gedruckt in Migne patrologiae series 2, T. 183, oder Bernardi opp. T. 2, p. 758.) 7) 120. Gaufridus in fine primi libri de vita beati Bernardi de libris ipsius sanctissimi patris ita scribit —. 8) 145. Schola claustralium beati Bernardi abbatis. Anfang: Cum vice (die) quadam corporali manuum labore occupatus spiritualis —. (Gedruckt in Bernardi opp. Tom. 3, oder in Migne patrologiae T. 184, p. 475, Paris 1854. 9) 156. Liber Bernardi de milicia christiana (Cap. 1—XIV.) Cap. 1. epistola beati Bernardi ad hugonem magistrum militum templi . 173. Explicit anno domini 1477. (Gedruckt in Bernardi opp. Paris 1642, T. 3, p. 450.) 10) 174 b. Soliloquium fratris Gerlaci in wyndesem canonici regularis a cordis multiplicitate ad unum summum bonum se cotidie colligentis et primo per oracionem (Cap. 1—39). 210 b. Explicit in jasenitze anno domini 1477 ipso die divisionis apostolorum. 11) 211. Soliloquium anime. Anfang: Consolacionis gracia aliquas sententias devotas in unum concervavi libellum —. 265. Explicit soliloquium anime anno domini etc. 77 appollinaris martiris in domo montis sancte marie prope fluvium jasenitze ordinis canonicorum regularium sancti augustini deo gracias. 12) 267 b. Sermones (1—7) pulchri de septem verbis domini in cruce —. 288 b. Explicit perbrevis meditacio super septem verbis domini in cruce. 13) 284. Oracio Johannis presbiteri de verbis domini in cruce devota —. 289 b. Explicit in jasenitze anno domini 1477 in die sancte Anne matris virginis marie —. 14) 290. Soliloquium sive planctus Anselmi vel Bernardi de passione domini. Enthält nur die ersten Worte des oben S. 79, n. 53. 6 erwähnten stimulus dilectionis: Jhesum Nazarenum a judeis innocenter condempnatum —. (Gedruckt in Bernardi opp. T. 2, Lugd. 1658, p. 78.) 15) 307. Stimulus amoris in dominum Jhesum (P. 1—3). Anfang: Quasi modo geniti infantes lac concupiscite —. 16) 334. Verba beati bernardi valde deplanctoria de passione domini et matris ejus gloriose. Anfang: Dum Christus deus presens clamaret pylato —.

56) Miscellandschrift. 9 u. 287 Bll. in 8.; 273—277 u. 282 fast ganz ausgerissen. CCCXV.

1) Bl. 1. Regula sancti patris nostri Augustini episcopi. Anfang: Ante omnes fratres karissimi diligamus deum et deinde —. 2) 8 b. Miraculum de corde sancti Augustini episcopi et archidoctoris —. 3) 1. Commentum hugonis super regulam beati augustini. Anfang: Hec precepta que subscripta sunt —. (Gedruckt in Hugonis de S. V. opp. T. 2, Rothomagi 1648, p. 5.) 4) 55. Hugo de sancto victore de consciencia quae est domus in qua anima perpetuo est mansura edificanda est sed prius mundanda et quis eam mundabit —. (Auszug aus dem in Bernardi opp. T. 3, oder Migne patrologia series 2. T. 184, p. 509, gedruckten Tract. de interiori domo, dessen prooemium anfängt: Domus haec in qua habitamus. Vergl. S. 82, n. 55, 1.) 5) 60 b. Quidam in hispania ludebat ad taxillos —. 6) 61. Liber magistri hugonis de instructione noviciorum vel disciplina morum. Anfang: Quia fratres largiente domino —. (Gedruckt in Hugonis opp. T. 2, p. 26.) 7) 92 b. Sermo sancti Cesarii ad monachos —. 8) 103 b. Epistola magistri henrici de hassia exhortatoria ad vitam spiritualem. 108. Explicit epistola exhortatoria reverendi magistri Henrici de Hassia ad decanum ecclesie moguntinensis. Anfang: Amicorum preciosissimo virtute et sanctissimo meritis reverendo E. de ypelborn ecclesie maguntinensis decano H. Langenstein dictus de hassia —. 9) 108. Libellus magistri hugonis de claustro materiali. Anfang: Locuturus de hiis karissime que ad edificationem. 109 b. De ordine claustri materialis —. 110. De temperantia —. 112. De cibo sumendo —. 115. De duodecim abusionibus claustri —. 145 b. De irreverentia juxta altare —. (Gedruckt in Hugonis opp. T. 2 als liber secundus de claustro animae p. 60.) 10) 151. Magistri Hugonis libellus claustri anunalis. Anfang: Nosti karissime quod ea que de ordinacione claustri materialis diximus —. 151 b. De claustro anime —. 153. De lateribus claustri —. 168. De dormitorio —. (Gedruckt in Hugonis opp. T. 2. p. 79, als liber tertius de claustro animae.) 11) 174. Soliloquium magistri hugonis. Anfang: Loquar secreto anime mee et amica confabulacionem exigam ab ea quod scire cupio —. 195. Explicit soliloquium sive arra sponse vel anime Hugonis. (Dieser Dialog zwischen der anima und homo ist gedruckt in Hugonis opp. T. 2, p. 223.) 12) 195. Prologus ejusdem in epistolam de caritate ad petrum. Anfang: Servo christi petro Hugo gustare —. 196. Tractatus de caritate. Anfang: Quam multos jam laudatores caritas habuisse —. (Gedruckt in Hugonis opp. T. 2, 233.) 13) 203. Prologus ejusdem in epistolam de virtute orationis. Anfang: Domino et patri H. munusculum hoc —. 203 b. Tractatus de virtute orationis. Anfang: Quo studio et quo affectu a nobis orandus —. (Gedruckt in Hugonis opp. T. 2, p. 238.) 14) 215 b. Questio secundum magistrum henricum de gandavo determinata. Anfang: Ex gracia hominem obligat ad VII horas canonicas —. 15) 217. Prefatio sancti ysidori hispaniensis episcopi in librum qui appellatur synonima venit nuper ad manus meas quedam cedula quam synonymam dicunt. 217. Lib. 1 —. 233 b. Explicit liber primus incipit 2dus. 252 b. Explicit soliloquium ysidori. Der Anfang des lib. 1: Anima mea in angustiis est —. (Gedruckt mit einer andern Einleitung in Isidori opp. Coloniae Agripp. 1617, p. 216.) 16) 253. Hugo de meditacione. Anfang: Meditatio est frequens cogitacio modum et causam —. (Gedruckt in Hugonis opp. T. 2, p. 284. 17) 263 b. Exempla. 1. Exemplum de amicicia pulchrum. Anfang: Legitur de duobus philosophis amicissimis quorum alter incidit indignationem cujusdam tyranni crudelissimi qui eum in carcerem misit volens capite truncare peciit philosophus inducias ut posset disponere domui sue de uxore filiis et ceteris — ecce ego assum non plectatur amicus meus sed ego. Tyrannus hec audiens in se obstupuit — obsecro vos mereor esse 3tius amicus vester — sic conversus tyrannus. (Vergl. Valer. Max. lib. IV, c. 7, ext. 1.) 2. 264. De brutis animalibus scilicet de fidelitate canum ad homines et aliis. Anfang: Cum natura nos doceat quid sit pulchrum quid deceat, nos movent animalia racione aurea quidilam raram referimus quod legendo didicimus ut mortalis infirmitas discat que res sit caritas —. Ecce delphinus aderat puer ad eum properat — quem viventem dilexerat hunc nec sepultum deserit vix —. 18) 265. Tractatus de mensuracione crucis Anselmi. Anfang: Quoniam jubente filio tuo —. 19) 278. Tractatus beati Bernardi abbatis de vite ordine et morum disciplina. Anfang: Hortatur quidem timidam mentis mee impericiam —. (Gedruckt in Migne patrologia series 2, T. 184, oder Bernardi opp. T. 3, p. 559. Die Handschrift ist unvollständig.)

57) Miscellanhandschrift. 256 Bll., 8.; 81—84, 128 und 212 unnutzt, 85—113 fehlen. CCCXVI.

Auf dem Deckel vorn sind die contenta hujus libelli angegeben, das unter 2. genannte manuale beati Augustini fehlt, es sollte Bl. 85 anfangen.

1) Bl. 1. Speculum peccatricis anime magistri alani de rupe. Anfang: Quoniam ut inquit propheta regina nescierunt neque intellexerunt homines —. 2. Orationes ad virginem mariam —. 5. Secunda oratio ad beatissimam mariam —. 7 b. Tertia oratio —. 52. Quinta decima oratio —. 2) 64 b. Sequitur exemplum pulcherrimum de quadam sorore religiosa italica nomine bene seu benedicta de causa summa perfecte penitendi et ad deum iu toto se convertendi. Quedam mulier in civitate florencia tussie nomine benedicta de qua habetur in legenda beati dominici —. (Gedruckt in Alani de dignitate psalterii 1498 impressa in regno Swecie QIIII.) 3) 78 b. — 80. Metra sequentia cadunt in materia precedenti. Anfang: Impugnans verum presumens spemque relinquens. Hinc induratus odiensque fratris amorem —. 4) 117. Mentem pariter etc. Nach der Angabe auf dem Vorsetzblatt: Oratio beati bernardi in vulgari. Anfang: Unse gedhanken unde oghen myt unsen henden heue wy op tho dy o konnynghinne der werld maria unde vor dyner hochgeloveden ere boghe wy unse kne unde neghen unse hovet —. 5) 128. Memoria mortis (de memoria mortis quedam pulchra). Anfang: Memor esto quum mors non tardabit ecclesiast. XIIII Plato summa philosophia est assidua mortis cogitatio —. 135 b. Explicit de memoria mortis. 6) 135 b. Notizen aus verschiedenen Kirchenvätern Hieronymus, Augustin etc. 7) 136. Einige Metra. Anfang:

si tibi pulchra domus si splendida mensa quid inde
si tibi sponsa decens si sit gloriosa quid inde —.

8) 137. Speculum peccatoris. Anfang: O vos omnes qui transitis figuram hanc conspicite —. 9) 138. Vanitatum vanitas omnia sunt vana nihil sub solo stabile in vita humana —. 10) 139. Totus mundus positus est in maligno 1 Joh. 5 quia recessit lex a sacerdotibus justicia a principibus consilium a senioribus fides a populis amor a parentibus caritas a prelatis —. 11) 139 b. Scherzhafte Reime:

Prelaten de God nicht en seen
Papen de ere kerken vleen
Forsten wrevel unde ungnedich —
mych an deme synne dunket myn
dat under dessen XII syn.
zeklen wylk geleghen
de desser stucke welk gleghen.
Ein junk herte ane moet
ein old joede ane gut —
desse seven synd tinglien der nature serd.
140. Gebld ghave unde Ghunst
de breket breve recht unde kunst.

12) 141. Exordium carthusie. Anfang: Anno domini MLXXXII sicut patres nostri narraverunt nobis fuit quidam magnus clericus regens actu — nomine raymundus —. 13) 142 b. Anfang: Erat quedam virgo que toto cordis desiderio affectabat corpus domini nostri Jhesu christi —. 15) 144 b. Liber hugonis de consciencia. Anfang: Domus in qua habitamus ex omni parte ruinam nobis minatur —. (Gedruckt in Migne patrologiae series 2, T. 184, oder Bernardi opp. T. 3, p. 516, auch in den opp. Hugonis de S. V. Die Handschrift giebt nur einen Auszug, vergl. S. 82, n. 55. 1.) 15) 150. Hugo de caritate. Anfang: Caritas est, que servis dei mundi hujus illecebras fugere —. 16) 156. Tractatus beati isidori instauracionem bone vite. Dilecte fili dilige lacrimas noli differre eas —. 17) 165. Metra pulchra de carthusia et cella. Anfang: Utile suggessit sanctum celesteque numen cum te direxit ad cartusiense cacumen —. (Gedruckt in Alani de dignitate et utilitate psalterii 1498, ff III b.) 18) 169. Speculum noviciorum versifice. Anfang:

Conversi noviter speculo speculentur in isto
quid doceant quid non quibus est mens vincere christo
insit eis domini timor omni tempore mentes
nam timor ipse dei cohibet peccare volentes —.

19) 170. Jubileus monachorum.
Anfang: Cum in nocte video in choro conventum:
ad laudandum dominum quemlibet intentum
esse me considero ut ad tornamentum —.

20) 171. Metra de horis canonicis cantandis.
Anfang: Qui vult stare choro qui vult bene psallere christo
quatuor hec servet cantet legat audiat oret —.

21) 172. Pauca de gloria patri — et filio — et spiritu sancto —.

22) 173. Regula aurea Benedicti versifice:
Si quis corde pio cupiat se jungere christo
audiat et faciat quod sub dogmate scribitur isto —.

23) 174. Regula Marie virginis versifice.
Anfang: Maria sibi regulam statuit vivendi
et isto sub ordine deo serviendi .

176 b. Explicit regula marie virginis facta a beato ignacio episcopo et martire. 24) 177. Liber magistri hinrici kalkare ordinis karthusiensis. Anfang: Volens purgari de peccatis. (Fabricius l. c. T. 3, p. 223, nennt Henrici Kalkariensis, † 1408, liber de ortu ac progressu ord. carthus.) 25) 187 b. Ex quo viam dei arripuisti prepara animam tuam —. 26) 192 b. Status et vita cujuslibet religiosi volentis deo placere et virtutibus proficere. Anfang: Primo amplectatur cordis puritatem oculos stabiles et ad terram defixos —. 27) 194. Speculum beati bernardi ad monachos vel pocius compendiosum et sufficiens regimen tocius vite monachalis. Anfang: Si quis emendacioris vite desiderio tactus —. (Gedruckt in Migne patrologia series 2, T. 184, oder Bernardi opp. T. 3, p. 1175, als Arnulfi monachi de Boerila speculum monachorum.) 28) 196 b. Libellus sancti Bernardi de regimine vite. Anfang: Si vis esse perfectus hoc regulariter et firmiter teneas —. 29) 197. Thomas de aquino, Anfang: Quesivisti a me qualiter oporteat te in thesaurum sciencie acquirendo procedere —. 30) 197 b. Pulchra exhortacio Alani De rupe de perfecta regulari observancia. Anfang: Jhesus et maria singulis eorum fidelibus sic religiosam in presenti seculo —. In cujus rei testimonio nomina nostra per presentes manu conscripsimus singuli quique propria sub patre reverendo visitatore priore bene merito monasterii in segeberch ejusdam ordinis anno domini 1474 mensis augusti die. 31) 199 b. Nota descriptionem et misticam significacionem almucii. Anfang: Almucium nigrum est habitus choralis estivalis canonicorum regularium reformatorum formatum de nigris pelliculis a cruribus ovium —. 32) 201 b. Solatium minutorum beati Thome de Aquino. Anfang: Vos qui concupiscitis vestram vitam scire —. 209. Explicit sortilegium theologicum extractum de historiis biblie et factum pro solatio minutorum a sacto thoma de aquino. 33) 209 b. Ex quadam epistola devota ad carthusienses. Ad vos autem spectat o prelati Speculum subditorum esse — ex rancore vel odio non punire —. 34) 213. Collecta quedam hinc inde pro religiosis. Anfang: Johannes abbas montis synai in tractatu de triginta gravibus dicit sic de vero religioso homine in veritate christum Jhesum dominum deum diligens —. 213. Beatus Bernardus —. 214. Hugo de sancto victore —. 215 b. Eusebius —. 217 b. Beatus Augustinus —. 35) 221 b. De quatuor virtutibus cardinalibus ex collacione domini Johannis Caldrinii doctoris utriusque juris. Anfang: Justicia monet ut quod quis sibi ipsi fieri velit aliis similiter faciat —. 223 b. De commendacione pudicicie seu verecundie ait beatus Augustinus sic —.

36) 244. Pax huic domui:

1. Pax ye eyn woerd Dat bringet voerd	Hyr unde doert Nu unde to allen stunden.

2. God heft gewracht
Ok vullenbracht
Myt syner macht
Marie heft he ghevunden.

3. In groter vlyt
Ere herte lyd
Al sunder stryt
Vrede ys dorch se ghegbangen.

4. Vrede venck se
Al sunder we
He sprack ave
Na vrede doet my vorlanghen.

5. Aldus heft god
Den duvel gestot
Al sunder spot
Dorch unvrede ys he gevallen.

6. God sulven screff
Den vredes breff
Den hebbet leff
Unvrede schole gii entfallen.

7. Nu holdet steet
In lyker greed
Al sunder quaet
Up den ende schole gii dencken.

8. Wan gii dus doen
So kryge gii loen
In den hoghen troen
Ok kan juw nemont krenken.

37) 244 b. Sermo über psalm 132. Eccequam bonum et quam jucundum habitare fratres in unum —. 256. Deo laus.

58) Miscellanhandschrift. 189 Bll. 4. CCXCVI.

1) Bl. 1—39. Exposicio venerabilis doctoris Alani de rupe ordinis predicatorum super regulam beatissimi Augustini episcopi (cap. 1—15) anno domini 1482 feria quinta post judica per me fratrem Johannem Nezen de plone professum in Bardesholm et plebanum tunc temporis in Brugghe. Anfang: In psalterio decem chordarum psallite illi — 1 b. Explicit prefacio in psalterium sponsi et sponse 2 Tabula seu divisio hujus tractatus (Uebersicht der 15 Capitel). 2) 39. Speculum peccatricis anime. Anfang: Quoniam ut inquit propheta regius nescierunt neque intellexerunt homines —. Oratio 1—15. (Vergl. S. 84 Handschrift 57 1.). 3) 61 b. Exemplum pulcherrimum de quadam sorore religiosa Italica nomine bene seu benedicta (wie in 57. 3). 4) 67 b. Ave maria gracia plena dominus tecum luce primo scribitu. hoc verbum circa quod sciendum. — 5) Bl. 68. Exempla Historia perpulcra. Anfang: Cum adrianus nobilis valde esset corpore et sciencia ac eloquencia excelsus in archidiaconum Cesaraugustane civitatis in hispania. (Gedruckt in Alanus de Rupe sponsus novellus beat. virg. marie etc. de immensa et ineffabili dignitate et utilitate psalterii — virginis marie 1498 impr. in crist. regno Swecie P. IIII.) — 69 b. Exemplum de quadam benedicta. Anfang: Benedicta tu in mulieribus et benedictus fructus ventris. — 73 b. De quodam gentili converso. Anfang: Erat quidam paganus nomine eleudochus. (Gedruckt in Alanus l. c. CXIII.) — 75. Exemplum aliud de quadam virgine nobili nomine allexandra que predicacionibus sancti dominici. (Gedruckt ebendaselbst Bogen P. VII.) — 75 b. Aliud exemplum. Anfang: Erat quidam dives et nobilis in francia moram trahens qui filium suum ad beate marie. — 6) 76 b. Psalterium marie virginis frequencius a vanitate mundi revocat legimus enim juvenem fuisse qui mortuis parentibus in partibus germanie natus et moratus. — 7) 77. Sermo de sancto bernardo editus a venerabili patre et doctore Alano de rupe ordinis predicatorum fratrum anno domini MLXXIIII. Anfang: Dedit illi cor ad precepta et legem vite et discipline eccles. XLV. Quia hodierna die festivitas discipuli et singularissimi secretarii virginis marie beatissimi scil. bernardi celebratur. — 8) 86. Tractatus Johannis gersonis quem ego inveni in libris suis. Anfang: Partes oracionis quot sunt Octo — nomen — pronomen — verbum — adverbium — participium — conjunctio — preposicio — interjectio. — 9) 91. Psalterium beate marie semper virginis cottidie decantans a carnali concupiscentia retrahit legitur enim de quodam milite devoto qui postea dyabolo instigante. — 10) 101 b. Quam utile sit solum portare psalterium beate virginis id est patriloquium. Anfang:

Fuit aliquando quidam magnus rex qui volens. (Gedruckt in Alani de dignitate et utilitate psalterii R. IIIII.) — 11) 106 b. Epistola fratris Alani de rupe ordinis fratrum predicatorum sacre pagine professoris ad predilectum dominum Jacobum carthusiensis domus legis marie prope Rostok de psalterio virginis marie —. 12) 122 b. Sermo beati confessoris de quindecim viciis. — 13) 143 Sermo in tertium summarum fratis Alani de rupe ordinis fratrum predicatorum provincie Francie natione britannie in promocione sui baccalaureatus alme universitatis Rostocensis 1471 in octava sancti augustini confessoris. Qui sermo ostendit mirabilem salutacionis angelice dignitatem. Qui convertit petram in stagna aquarum. — 163. Explicit altera die Laurentii in die Tiburtii martiris per me fratrem Johannem Nesten de plone anno domini MCCCCXCV. (Gedruckt in Alanus l. c. XIII.) 14) 163 b. Exemplum de quodam Carthusiensi. — 164. Aliud exemplum notabile de alio quodam patre carthus. ordinis. 165. Exemplum Erat quidam religiosus ordinis Carthus. 165 b. de quadam meretrice (gedruckt in Alanus l. c. R. II) 166. de quadam nobili comitissa (gedruckt ibidem R. III). — 15) 167 b. Pulcra visio ostensa magistro Alano sponso marie virginis. Anfang: Erat aliquando quidam devotus beatissime semper virginis. (Gedruckt in Alanus l. c. Z. IIIII.) — 16) 168. Sermo Alani sponsi novelli virginis marie super salutacionem angelicam ad pertimescendum extremum judicium. Promotivum 1—16 ad timendum extremum dei judicium. (Gedruckt ibid. Z. IIII.) — 17) 175 b. Devotus modus meditandi pro forma et modo orandi psalterium glorios. virginis marie qui fuit revelatus beato dominico patri ordinis predicatorum. (Gedruckt ib. aa VII.) 178. Brevissima miracula moderna super oracionem dominicam. (Gedruckt ib. bb IIII.) — 18) 179. Exempla XV brevissima super ave maria. (Gedruckt ibidem bb VI.) — 19) 180. Revelacio pulchra facta magistro Alano sponso novello marie virginis. (Gedruckt ibidem CCVIII.) — 20) 181. Sequuntur articuli. Ave maria gracia plena dominus tecum. Amabilissimus qui ab eterno. (Gedruckt ibidem dd.) — 21) 183 b. secunda qinquagena de christi dolorosa passione — 185 b. tercia quinquagena articulorum de resurrectione ascensione et gloria christi et virginis marie assumptione gloriosa. (Gedruckt ibidem dd III—dd VII.) 22) 187 b. Exempla de quadam sancta muliere — de quodam principe alfoncio nomine — de tribus sororibus. (Gedruckt ibidem dd VIII ee. ee IIII.) Expliciunt adhuc pulcra exempla et dicta magistri Alani de rupe ordinis predicatorum de psalterio gloriose virginis marie, que ego frater Johannes Nesze finivi anno domini 1509 in die decollacionis Johannis baptiste. Orate pro me dominum deum et piam gloriosam matrem unum ave maria.

58 A.) Alanus de Rupe de psalterio beate marie. 158 Bll. 4to. 7—10 unbenutzt. CCLVI.

Auf dem ersten ungezählten Bl. dieser von Johannes eum Naso geschriebenen Handschrift: O amantissima virgo maria pia patrona in Bordesholm ora pro Johanne Nesen presbitero professo natus de plone qui scripsit presentem librum in diversis annis quando potui habere materiam de psalterio beate marie virginis vel de rosario sive eciam pulcra exempla.

Ista continentur in isto libro de psalterio beate marie virginis. (Die Titel sind in der Handschrift selbst etwas genauer angegeben als auf diesem ersten Blatt, sie sind in Folgendem eingeklammert, so wie die Hinweisungen auf den Druck in Alani de dignitate psalterii 1498.)

1) Questiones disputate per magistrum alanum in rostock Bl. 1. (Auf Bl. 1. scala contemplacionis genannt.) 2) Prerogative et excellencie religionis magistri alani Bl. 2 noch: de rupe ordinis predicatorum et sponsi beate marie virginis. (Gedruckt in Alani de dignitate psalterii ee VI b. Anfang: Prima excellencia) 3b. schala (scala) religionis. (Gedruckt ibidem ee V b. Anfang: Karissime frater). 3) Sermo qui incipit fundamentum cum quodam exemplo Bl. 4 b. 4) Tractatus magistri alani ad episcopum tornacensem II (Bl. 11 Apologeticus tractatus responsorius magistri alani de rupe de psalterio virginis marie ad venerabilem dominum dominum Ferricum de Cluniaco episcopum Tornacensem Cap. I—XXIIII. Anfang: Laudate sic dominum thesum — Ge-

druckt in Alani de psalterio R. VI—XIII). 5) Compendium psalterii trinitatis et beate marie virginis (doctoris Rostockcensis Alani de rupe fratris ordinis predicatorum) 50. 6) Sermo alius ejusdem qui incipit Erunt signa in sole et luna 67 (Luc. 21) (sermo in quo veritas per judiciorum dei occultoris in miraculis tam manifestis quam privatis declaratur). 66 b. 7) Sermo notabilis de dignitate sacerdotali (ejusdem venerabilis doctoris alani de rupe et sponsi beate marie virginis 72 b. — (Gedruckt in Alani de dignitate psalterii lib. VI). 8) Sermo alius de psalterio beate marie virginis 82 b. 9) De laudibus salutacionis angelice 97 (per virginem mariam revelatum quantum ad excellencias ejusdem virginis gloriosissime domine nostre capitulum sextum.) 10) Tractatus de quindecim reginis qui incipit divisio 109. 110 b. prima regina et virtus est humilitas teste bernardo. — 11) Alius tractatus cum pulcherrimis exemplis 134 b. 12) Tractatus ejusdem de psalterio beate marie cum quibusdam capitulis biblie. 145 Tractatum non potui habere usque ad finem de quo cordialiter doleo Ovidius Naso Johannes cum naso nasonem petito.

58 B.) Alanus de rupe psalterium trinitatis. 227 Bll. 4to. CCXCIV.

Auf dem ersten ungezählten Blatt: Liber sancte marie virginis in Bardesholm — quem ego Johannes Neze scripsi quando fui plebanus in brughe et eciam in novomonasterio oretis —. Das Manuscript hat zum Theil von Feuchtigkeit gelitten.

1) Bl. 1. *Prologus* devoti doctoris Alani de rupe in magnum psalterium trinitatis beatissime. Incipit devotissimum psalterium gloriosissime trinitatis —. 11 b. Explicit psalterium beate marie virginis ab alano magistraliter contextum. 2) 12. Supplicacio ad sanctam trinitatem. Anfang: Suscipe divinissimum psalterium sancta trinitas —. 3) 21—30. Centum et quinquaginta articuli psalterii domini nostri Jhesu christi devotissimi a domina nostra virgine maria revelati temporibus modernis. Anfang: Amantissime Jhesu —. 4) 31. Modus contemplandi in psalterio beatissime marie virginis Ave maria amabilissima aula deitatis — 35. de ista materia non potui plus habere de quo doleo. 13) 36—41. Metra

ympnum laudis o maria preparavit tibi pia
ab eterno hic in via trinitatis monarchia jhesus vera sophia —
Adam primus nos dampnavit paradiso nos privavit —

41 b. Amen 1501. 14) 42—80. Prologus in denarium 1—12. Anfang: Altissima trinitas misericordissima —. 15) 81. Prologus magistri Alani de rupe ordinis predicatorum in psalterium beati dominici confessoris. Anfang: Vos parate ad centum et quinquaginta laudes beatissime virginis —. 16) 82 b. Prologus in psalterium beati dominici ordinis predicatorum institutoris mirifici. Anfang: Pater noster ave maria. Ad regales vocatus nupcias. 17) 88 b. Materia abbreviata de veritate fraternitatis rosarie sive psalterii generose domine gloriosequc virginis marie. 18) 93. Tractatus intitulatus dyalogus sponsi et sponse. Anfang: Jhesus Maria sint nobis omnia salus via veritas et vita —. 19) 134. De hiis que contigerunt per beatissimum dominicum in via exitus de domo sancti Nicolai fratrum predicatorum ad capellam virginis marie —. 20) 141. De hiis que contigerunt beatissimo dominico bononie in capella beatissime virginis marie —. 21) 146 b. Secundum psalterium in quo dicebat sicut in primo —. 22) 184. Sermo fratris Alani de rupe doctoris sacre theologie ordinis predicatorum quem fecit in capitulo generali ordinis ejusdem coram multis doctoribus et magistris Deus virtutum convertere respice de celo et vide et visita vineam istam ps. LXXIX (v. 8). — 23) 196. Tractatulus Alani de rupis ordinis predicatorum brevis et utilis de simonia. Anfang: Utinam legeres pro salute cum in tota christianitate mirabilia invenires. Symonia diffinitive secundum doctores —.

58 C.) De rosario. 168 Bll. 4to. CCC.

sponsi et sponse Jhesu christi et virginis marie) Adriani de mera ordinis predicatorum et in wismaria prior. Anfang: Qui hoc mare magnum et spaciosum in quo sunt reptilia —. 2) 12—25. Determinacio quodlibetalis cum diversis proposicionibus de rosario beate virginis fratris michaelis in conventu coloniensi prior. Auf Bl. 12 bezeichnet: Determinacio quodlibetalis facta colonie in scholis arcium anno domini MCCCCLXXV XX die decembris per fratrem michaelem francisci conventus insulensis ordinis predicatorum sacre theologie professorem tunc temporis in conventu coloniensi prefati ordinis regentem. Anfang: Primum quodlibetum cum David dicat particeps ego sum omnium timencium te quid necesse fuit de beate virginis rosario fraternitatem instituere. Responsurus ad hoc quodlibetum ordinavi duos discursus silogisticos proposicionum quorum primus est de fraternitatibus in generali secundus vero de fraternitate beate virginis in speciali. Prima proposicio primi discursus —. 3) 26, 27. Copia approbacionis et confirmacionis atque concessarum indulgenciarum pro fraternitate beate marie virginis de rosario per reverendissimum in Christo patrem et dominum Alexandrum episcopum forliviensem sancte sedis apostolice per germaniam legatum. (Die literae des Bischofs Alexander, Colonie 1476, gedruckt in Alani de rupe de dignitate et utilitate psalterii impr. in regno Swecie zu Anfang, fehlen in der Handschrift, welche die in demselben Drucke enthaltene bulla Sixti quarti Rome 1479 octavo ydus maji Bl. 26, 27 hat.) 4) Bl. 27. Incipit Rosarius b. virg. m. collectus per fratrem Clementem universis et singulis cristi cultoribus et virginis gloriose laudatoribus honoremque sanctorum sicientibus frater Clemens losow ord. predicat. sacre theologie humilis professor hereticeque pravitatis inquisitor brandenborgensis S. P. D. (Auf dem ersten Blatt, welches die Titel kurz giebt, steht septem sermones de rosario b. virg. marie fratris Clementis ord. predicatorum in hamborch. Die sieben sermones endigen Bl. 44 b.) 5) Bl. 44 b. Speculum rosariorum Jhesu et marie in quo plura salutaria continentur. Tabula materiarum in opusculo contentarum. Der Anfang beginnt Bl. 49 nach der tabula: Dum occasione salutiferi mellifluique psalterii ac rosarii deifere et gloriosissime virginis marie regine celorum advocate peccatorum et spei solius post deum — capit. I—XIII capit XIIII Bl. 94 de multiplici exercicio super marie rosario et eciam super integro ejusdem psalterio —. Bl. 95. Quinquagena psalterii marie virginis 1. 2. 3. cap. XV Bl. 128. — Bl. 130: Explicit speculum rosariorum Jhesu et marie. 6) Bl. 130 b. Legenda seu vita beatissime anne matris gloriosissime dei genitricis semperque virginis marie ex diversis in unum collecta. Anfang: Quoniam deiferam et gloriosissimam —. 7) 148. Psalterium beate marie compilatum per bonaventuram. 8) 160—168. Exemplum insigne de beatissimo virginis marie rosario. Anfang: In ytalia quodam tempore beato dominico predicante fuit in ejus predicacione quidam potens miles —. Auf dem ersten unpaginirten Blatt steht: O amorissima virgo maria pia patrona in bordesholm ora pro fratre Johanne Nesen presbitero professo nato de plone et quondam plebanus in brogghe in nigemonstere in Kyl. Oretis — Johannes cum naso. Bl. 40 b. findet sich die Jahrzahl 1496 als die Zeit der Abschrift von Johannes Nesen.

58 D.) Miscellanhandschrift. 290, Bll. 8. Bl. 45—48, 119, 120 unbenutzt. CCCX.

1) Prologus in epistolam ad dominum Tuonem archiepiscopum Lundensem de eo quod fructuosum sit reformare. Anfang: Quum nuper in h. terminum anno videlicet a nativitate domini nostri Jhesu christi MCCCCLVIII fuissem missus de monasterio Cismariensi Lubic. dioeces. ad regnum Dacie pro reformatione monasterii Schowkloster roskildensis dioec. et —. Die ep. c. 1—25 beginnt Bl. 2. (Nach Jac. Neumann historia primatus Lundensis Hafniae 1798 p. 22 war Tuvo 1443—1472 Primas von Lund. Vergl. auch über Skovkloster oder, wie es seit 1560 heisst, Herlufsholm Huitfeld geistlige Histori, Kiöbh. 1604. 4. y 11 u. Daugaard om de danske Klostre, Kiöbh. 1830 S. 261. Ueber das Cismarer Kloster vergl. Kuss in Falck's Magazin Bd. IX. S. 33 u. 665.) 2) 49. Epistola ad reverendum in christo patrem ac dominum dominum Kanutum vibergensem episcopum utriusque juris alme universitatis Erfordensis professorem egregium de eo quid sit reformari vel reformare (cap. 1—9). Prim. capit. est benevole captacionis. Reverendo in christo patri

ac domino domino Kanuto episcopo vibergensi utriusque juris —. (Vergl. Huitfeld l. c. dd 11, der Kanuts Thätigkeit zur Erklärung des jütschen Lows erwähnt, seine expositiones sind Hafnie 1506 gedruckt.) 3) 61. De XV argumentis deformatorum religiosorum quibus se tuentur ne reformentur ad dominum Thuonem archiepiscopum Lundensem que distingui potest per capitula XXII ut sequitur. Primum capitulum tangit quod sit periculosum esse in statu episcopali et laboriosum et quod teneatur deo graciarum actiones referre cui pepercit ab onere prelature. Reverendissimo in christo patri ac domino domino Thuoni Lundensi archipresuli sacrosancte romane ecclesie legato et regnii Suecie primati theologice facultatis professori eximio sibi in ejusdem dilectione presincero frater Johannes ordinis sancti benedicti utcunque monachus —. 4) 113—118. Registrum alphabeticum hujus libri —. 5) 121. Epistola ad dominum Johannem Arusiensem antistitem de eo quam reformare religionem lapsam sit difficile (cap. 1—19) cap. 1: post superscriptionem et subscriptionem et salutationem ponit motum scriptoris. Anfang: Multorum preconiorum titulis insignito spectabili viro domino Johanni ecclesie Arusiensis reverendo antistiti artium liberalium magistro facundissimo nec non juris canonici licentiato eximio sibi patri in christo dilectione precipue venerando frater Johannes ordinis sancti benedicti. — 6) 145. Epistola ad dominos magistrum Conradum domini regis Camerarium et Danielem ejusdem cancellarium de preparatoriis reformacionis intitulata (cap. 1—19). Primum cap. adhortatur personas recipientes quatenus negocium reformationis apud regem promoveant. (Die epistola ist nach dem Eingang von demselben Johannes, der die beiden vorhergehenden Briefe geschrieben hat.) 167 b. u. 168. Explicit epistola de preparatoriis reformacionis ad dominum et magistrum Conradum ecclesie Slesvicensis archidyaconum juris canonici licenciatum domini nostri regis christianissimi Christierni Camerarium et ad dom. Danielem Decanum Hamburgensem ac ejusdem reverenter nominati principis cancellarium summum et bene dignum Anno domini MCCCCLXV. 7) 169. Liber sancti Effrem dyaconi de judicio dei et resurrectione sive regno celorum vel mundicia anime (collacio 1—6). Anfang: Gloria omnipotenti deo qui os nostrum superno nutu aperuit ad enarrandum de illis terribilibus miraculis de quibus omnes sancti a seculo cecinerunt que ignorare vel oblivioni tradere —. 223 b. Explicit liber sancti Effrem diaconi Anno domini MCCCCLXXVIII feria 2da post dominicam palmarum In Jazenitze —. 8) 224. Omelie sive sermones (XVI) ad religiosos Cesarii episcopi arelatensis. Incipit omelia prima cum quanta aviditate verbum dei sit requirendum et qua diligencia predicandum. Inter reliquas beatitudines —. 268. Expliciunt omelie Cesarii arelatensis episcopi anno domini MCCCCLXXVIII In vigilia pasche In Jazenitze. 9) 269. Sermo beati Augustini de persecutione christiana —. 10) 271. Sermo beati Augustini de bono discipline —. 11) 275. Augustinus de eo quod scriptum est Bonitatem et disciplinam et scientiam —. 12) 277. Augustinus ad letum diaconem —. 13) 285. Sententia paulini ad monachos de penitentia —. 14) 282. Sermo sancti macharii ad monachos —. 15) 287 b. Sentencia novati catholici de humilitate et de obediencia et de calcanda superbia —.

58 E.) Miscellanband. Bl. 1—84, 1—156, 1—12. Fol. CLXXIV.

1) Bl. 1—84, 1—108. Magistri Jacobi de voragine sermones de tempore per totum annum. Anfang: Humane vite labilis decursus salubri audicione nos ammonet rebus non incumbere perituris —. 106. Expliciunt sermones magistri Jacobi de voragine de tempore per totum annum. Das Register beginnt 106, geht bis 108 und ist fortgesetzt 152—156. 2) 108—151. Abschnitte der Vulgata mit Erklärungen. Anfang: Maria Magdalena et Maria Jacobi et Salome emerunt aromata (Marcus XVI) —. 3) Bl. 1—12. De sacerdotibus. Metra mit Glossen. Anfang: Quasi stella matutina in medio peccatorum Proprietates hujus stelle possunt referri ad quemlibet fidei doctorem id est ad sacerdotem et continentur in hiis metris:

lucis splendorem fert secum fert quoque rorem
ingens dat letum vigilans docens parit ipsum

solem defectum lumen comitans hiemisque
tempore lucessit cedens estate quiescit.

Bl. 1. Primo dicendum est unde episcopi et sacerdotes sumpserunt exordium — Inicium sacerdocii et pontificatus aaron fuit —. 4 b. De elemos. — II notabilia —.

58 F.) Miscellanhandschrift. 341 Bll. 4to.

Die Handschrift ist durch Feuchtigkeit sehr verletzt und ein grosser Theil unleserlich.

1) Bl. 1—76. Sermones. 2) 77—233. Sermones. 233. Explicit pars hyemalis et quadragesimale per totum liber postillarum. 3) 235—246. De missa et eucharistia. 4) 247—271. Prudentii dittochaeon oder diptychon oder tetrasticha in utrumque testamentum mit Glosse. Der Text beginnt wie der Druck in Prudentii carmina der ed. princ. v. 1492 und ed. A. Dressel Lips. 1860 p. 470: Eva columba fuit tunc candida nigra deinde —. Schluss 271 b.: Et septem potuit signacula pondere solus. Die Glosse: Item textus sententialis est Eva existens columba simplex sine communi felle —. 271 b. Finit feliciter metrum historicum aurelii prudencii in quo descripserat insignia loca veteris et novi testamenti scilicet genesis exodi numeri levitici deuteron. — Actuumque apostolorum de quo sine (fine) laudabili sit dominus eternaliter benedictus per infinita secula seculorum amen in Soltwedel in novo oppido per me henricum bolten. 5) 272. De confessione. Anfang: Quoniam omni confitenti necessarium est hanc generalem dicere confessionem cujus tanta est virtus secundum magistrum sentenciarum —. 281. Et sic est finis in soltwedel in nova civitate per me Henricum bolten 1498. 6) 281 b.—282. Forma confessionis brevis que monastico more sic est servanda —. 7) 284. Erklärungen einzelner Wörter der latein. Bibelübersetzung nach der Ordnung der einzelnen Bücher. — 8) 317. Rara vocabula in historiis. Anfang: Abissus aqua profunda —. 9) 320. Anmerkungen über den Einfluss des Mondes, anfangend: Luna in ariete signo orientali calido a sicco igneo et colerico —. 10) 323. Exempla. Anfang: Igitur in omni statu necessarium est homini cognoscere et recognoscere quenam sint humane vite pericula ne neglecta pericula — Legimus de sancto bernardo —. 323 b. Fuit prelatus qui ad tempus constitutus. 325. de religioso — de rege sapiente legimus de quodam rege sapienti que — 332 b. de quodam simplici. Anfang: Quidam ex simplicitate nimia nolebat ab indignis sacerdotibus sacramenta recipere 837. de quodam senatore. Audivi quod quidam senator a quo monachi magnam summam pecunie acceperant —.

58 G.) Bartholomeus de s. concordia summa Pisani de casibus conscientie. Novellae. Decretales Gregorii IX. Cod. lib. VI. 3 Bll. Register. 245 und 78 Bll. Fol. LXXXV.

1) Bl. 1—241. Bartholomeus de s. concordia summa Pisani de casibus conscientie. Anfang: Quoniam ut ait Gregorius super ezechielem nullum omnipotenti deo tale sacrificium est quale zelus animarum ideo a pluribus nostri predicatorum ordinis fratribus hujusmodi sacrificium offerre deo cupientibus — assiduis sum precibus requisitus ut opus conderem in quo de casibus et consiliis ad animam seu conscientiam pertinentibus studiose tractarem. Quibus cum objicerem opera que jam dudum per alios circa materiam istam condita fuerant precipue summam que dicitur confessorum — abbas — zelus. 244. Explicit summa Pysani de casibus conscientie anno domini MCCCCXLII —. Consumatum fuit hoc opus in civitate Pysana per fratrem Bartholomeum de sancto concordio ord. fratrum predicatorum doctorem doctorum anno domini MCCCXXXVIII die VII mensis decembris tempore sanctissimi in christo patris ac domini domini benedicti XIIImi (duodecimi) predictus autem frater Bartholomeus compositor hujus libri obiit anno domini MCCCXLVII. — (Ueber Bartholomäi de s. Con. aus Pisa summa vergl. Stäudlin Geschichte der christlichen Moral, Gött. 1808, S. 84. Die Kieler Bibliothek hat einen Druck dieser summa s. l. et a., Fol., M. 19.) 2) Bl. 244 u. 245 enthalten Notizen. 244 b. Infra scripti prohibentur accedere ad sacramentum corporis christi —. 3)

Bl. 1. Tituli librorum decretalium —. 4) 2—17. Casus summarii c. autent. De heredibus et falcidia tit. 1 — occupatis —. 14 b. Coll. IX, tit. VIII. De restitut. fideicommissi (Nov. 159). 15. De collatoribus tit. penult. 17. Sic est finis collacionis nonae. Sequitur decima que est de feudis de his qui feudum dare possunt. (Coll. X. steht Bl. 41—50.) 5) 19—40. In tit. de restitutione spoliatorum (X. II, 13), de dolo et contumacia (II, 14) — de testibus cogendis (X. II, 21). 6) 51—62. Summa tertii libri decretalium 1) de vita et honestate clericor. —. 63—73. Casus summarii libri VIti codicis de servis fugitivis tit. 1 —.

58 II.) Miscellanband. 77 und 93 Bll. Fol. CLXII.

1) Bl. 1—77. Sermones. Nach dem Bordesholmer Catalog: de festis principalibus Bl. 1b. In die pasche —. 75. In annunciacione marie —. 2) 1—70. Gesta Romanorum. Nach dem Schluss einer Erzählung, deren Anfang fehlt, folgt eine Erzählung, die in dem Druck von 1489, Fol., p. XIII als Cap. 19 steht: Legitur quod erat quidam valde senex princeps romanorum nomine pompejus hic duxit cujusdam filiam nobilis qui cesar vocabatur hii duo inter se convenerunt ut totum mundum sub imperio subjugarent accidit ut pompejus —. Bl. 67. Quidam imperator erat, qui in quodam mortali bello expositus fuit vi morti quam non potuit evadere —. 3) 68—70. Fabule Esopi selecte. Anfang: Grecia disciplinarum mater et arcium inter ceteros quos mundi tulit sapientes virum edidit memoria dignum esopum nomine. Erat enim ingenio clarus studio sedulus et placidus facundia — gallina stulti qui non curant sapientem, gallus dum escas suas quereret invenit margaritam. (Es sind zwölf Fabeln erzählt.) 4) 72—73. Gaudium est angelis dei super uno peccatore penitenciam agente Luc. XV —. 5) 74—84. De passione domini. Anfang: Circa passionem sic se habet processus rei et veritas hystorie —. 6) 86—91. Quatuor sunt minima terre et ipsa sunt sapiencium sapientibus formice populus infimus qui preparant in messe sibi cibum lepusculus plebs invalida qui in petra cubile collocat suum regem locusta non (habet) et egreditur — Proverb. XXX, 24 — 1 Cor. IV, 9. Puto quod deus —. 7) 92 u. 93. Sermo de ascensione domini.

Zur Bibelerklärung.

No. 59—64.

59) Origines Omiliae. 339 Bll. Fol. CXVII.

1) Bl. 1—66. Omiliae 1—18 super genesin. 2) 66—111 omiliae 1—13 super exodum, 3) 111—184. 1—16 super Leviticum, 4) 185—278. 1—28 super librum numerorum, 5) 279—324. 1—26 super Josue, 6) 324 b. — 339. 1—8 super judicum.

60) Excerpta moralium beati Gregorii pape super Job lib. 1—35 cum registro. 347 Blätter. Fol.

61) Super evangelistas. 170 Bll. Fol. CXIX.

Anfang: Circa initium lecture super quatuor evangelistas thema Quatuor facies uni Ezech primo —. (Auf dem Deckel des Bandes befindet sich ein Bild des Gekreuzigten.)

62) Sermones evangelici Teutsch.

So ist die Bezeichnung in dem Bordesholmer Catalog n. CLXX; Bl. 1b. unten steht: Itar dit Bock der ewengelyen unde sermonen hort der junckvrowen marien unde dem broederen in ghemeine tom bardsholm. CXLIIII Bll. Fol. u. Bl. 1—25 Registrum omnium allegatorum exemplorum et miraculorum hujus tocius primo Johannes allegata —. 19. Aristoteles — Origenes — Theophilus

21. Exempla —. 21 b. u. 22. Miracula —. 23. Registrum horum sermonum vel evangeliorum. Dominica prima in adventu cum appropinquassent —. 28. Dominica XXV —. 28 et sic est finis hujus registri. Anfang: Bl. 1. In illo tempore cum sublevasset oculos Jhesus appropinquassent iherosolymis et venissent bethphage ad montem oliveti tunc ihesus misit duos — dicentes osiana filio David benedictus qui venit in nomine domini. math. XXI. Sunte mathous bescrift dit hilge evangelium dat sik hoten horet unde beduden sik aldus in deme scriftigen synne do ihesus unse her nahede der stat to iherusalem unde quam to bethphage to deme olygeberghe. Bethphage was eyn kleyne dorp dat lag in deme trede des berges olyveti tegen iherusalem. Do sende he II jungheren dat was petrus unde philippus alse etlike lerer seggen unde sede en gaet in dat castel dat ys in de stat dat tegen juw is unde to hant vynde gii ene ezelynnen gebunden unde myt er eren jungben. Desse ezellynne was meyne we erer behovede de vorlede see unde brachte ser wedder na dem werke. De here sede loset see unde bringet se my —. Bl. CXXX: dar van scrift mathous V luceat lux vestra juwe light schal schynen vor den luden —. CXXX b: so holt dat myddel in allen dinghen wente alle doghet steyt in dem middel Eth. II. omnis virtus. wont alto heet unde alto kolt dat deyt beyde we men wol to mate deyt sachte also ok yn den dogheden eyn bylde to nemende — (In dem Register steht unter Aristoteles eth. II omnis virtus medio consistit.) Bl. CXXXVI b, Johannis XVI. Dit evangelium scrift Johannes unde ludet aldus unse here de sprak to synen jungheren unde dat was in den lesten avent spyse alse he —. CXXXVII. Mulier cum parit tristiciam habet —. CXXXVII b. Alle Creature dat is alle mynschen suchtet unde lyd pyne bete noch men etlike vrowen synt de de nicht entfangen willen unde nicht telen wente se willen de pyne der bord nicht lyden also synt ok vele de nene werke der rechticheit unde barmherticheit don willen wente se vruchten wedderstod edder armod lyden men me list van der lylyen dat er sap helpe der vrowen to erberende ok de hunde etet eyn krud det dragant het dat helpet er dat se irberet ok secht Plynius dat de aerne lecht in syn nest eynen duren steen de em helpt sine vrucht vorbringen. Desse Lylie is Christus de dar secht in den boke der lewe Cant. II ego flos campi —. CLXX b. Darvan secht Aristotiles in dem boke der deerte wan de arne heft III jungen — werp he ene ute dem neste —. (An mehreren Stellen sind miracula eingeschaltet, so Bl. CLIX b. dat bekande wol eyn erlick ridder in frankriken —. CC b. Eyn prester horde bicht den luden to ener tyd do quam de hoesgest unde stund vor de kerken unde sach we dar bichtede de wart reyne unde suverliik was he vore wol eyslik Do he sik sulven besach wo spittelsch unde wo eyslick he was do gingh he ok unde beghunde to bichtende unde wolde ok reyne unde suverliik —.) Auf Bl. 28 u. 29 nach dem Register stehen Gebete und Bemerkungen für die Haltung des Gottesdienstes. Anfang: In principo sermonis post thema unse salichmaker christus Jhesus marien eynboren sone vorlene uns yammerliken sundigen mynschen an dessen yammerdale —. Unten auf Bl. 23—29 steht auch ein alphabetisches Register, benannt: Registrum utilius super tota materia hujus tocius, und am Schluss 29 b: In caustum bonum faciens recipe gallen III loet et pulverisa minute et cribra cribro et infunde desuper quasi quartam aque pluvialis frigide et fac simul illud stare ad unam horam —.

63) Postilla Bonaventure super evangelium Johannis Cap. 1—21. 178 Bll. 4to. CCLXIX.

Anfang: Ecce intelliget servus meus elevabitur et exaltabitur et sublimis erit valde. Quia commendacio auctoris redivit in opus et commendacio operis in autorem ideo verbum propositum quod scribitur ysa. 52. assumptum est in quo beatus Johannes commendatur a tribus sc. a sanctitate vite cum dicitur ecclesie servus —. 5 b. In principio erat verbum capitulum primum iste liber qui est de verbo incarnato —. Bl. 175 b. Et sic est finis hujus postille super Joh. Explicit postilla super evangelium Johannis. Registrum. Quando et quo tempore evangelia sint legenda per annum invenies in isto registro —. 2) 177 b. u. 178. Juristische Bemerkungen. Anfang: Utilitas juris est juste vivere alterum non ledere suum unicuique retribuere ut institutum est secundum quinque diffinitiones decretalium. In primo agitur de constitucionibus ecclesiasticis et de ordinacionibus clericorum et eorum officiis in 2do de judiciis —. Ad agnicionem autem librorum legis et canonis sciendum quod libri legales continent instituta codices digestum vetus et novum et autentica Instituta habent IIII libros et quilibet istorum dividitur in 3 particulas et tituli per leges et leges per paragraphos — libri vero juris canonici continent decretum — Bl. 178 b. hat einige Notizen für Geistliche. Anfang: Diaconus volens legere evangelium primo salutat populum dominus vobiscum —.

64) Hugo super apocalypsin anno MCCCCLVII. 333 Bll. Fol. CXXV.

Anfang: Vidit Jacob scalam in sompnis stantem super terram et cacumen ejus tangens coelum et angelos dei ascendentes et descendentes per eam et dominum innixum scale Gen. XXVIII. Quatuor sunt cause hujus operis scil. efficiens materialis formalis finalis et iste quatuor cause tanguntur in predicta autoritate satis manifeste causa efficiens est autor s. Johannes qui significatur per Jacob — Bl. 3. Apocalypsis Jhesu christi. Liber iste principaliter dividitur in duas partes prima continet primum — et subdividitur in tres partes prior prohemium in quo commendatur. — Bl. 11 b. Capit. primum. Apocalipsis interpretatur revelacio. Revelacionum duo sunt genera nam una est carnalis revelacio altera spiritualis — Bl. 268 b. Expliciunt dicta Hugonis super Apocalipsin anno domini MCCCCLVII feria secunda rogacionum hora quasi tercia. Sequitur registrum Bl. 267—272 accidia — christus. Bl. 272 b. Explicit registrum postillarum super apocalypsin beatissimi Johannis apostoli et evangeliste quas fecit frater Hugo de ordine beati augustini anno 1457. Bl. 273. Exposicio super apocalypsin. Anfang: Oportet te iterum prophetare populis et gentibus Apoc. IX sicut dixi in principio genesis vetus ac novum testamentum ad invicem correspondent — 274 Apocalypsis Jhesu christi iste liber in duas partes dividitur scil. in prohemium et in tractatum qui incipit cap. 2do — 277 capitulum 2dum — 326 b. capitulum XXI — 333 b. Explicit exposicio super Apocalypsin anno domini 1457 ipso die veneris post festum sancti viti martyris prandio peracto hora quasi 2da.

Predigten und verwandte Schriften.

No. 65—95.

65) Collecta super evangelia dominicalia per annum ex dictis Jacobi voraginis Johannis de villa abbatis, Gwidonis, Mellissi, Conradi Mauricii doctorum et Johannis Dubbergoz. Zwei ungezählte Blätter enthaltend das Register und 394 bezeichnete Bll. Fol. CLXXV.

Der Titel steht aussen auf dem Bande. Anfang: Hec dies quam fecit dominus exultemus et letemur in ea David —.

66) Postilla hyemalis fratris Jordani. 558 Bll. Fol. CLXXXI.

Auf Bl. 1 oben: Auctor iste natus de quedelynborgh fuit ordinis heremitarum et lector conventus in magdeburgh. Anfang: Jordanis ripas alvei sui tempore messis impleverat Josue 3cio sicut dicit beatus Augustinus — Bl. 2 ut autem sequentias evangeliorum dominicalium prout legitur per circulum anni ad aliquem ordinem connectamus dividenda sunt ipsa evangelia secundum distinccionem temporum anni annus autem prima facie dividitur in quatuor partes secundum quatuor que de Christo in evangelio principaliter traduntur —. Bl. 8. Et hec est summa prime partis in generali Erunt signa in sole et luna et in stellis — Bl. 11. sermo primus Erunt signa in sole et luna Luc. 21 —. Bl. 554 b. De ortu et obitu prophetarum et apostolorum. ysayas in iherusalem —

67) Jordanus Quedlinb. Postilla partis secundae tertia. 214 Bll. Fol. CLXXXII.

Postilla evangeliorum dominicalium cum suis sermonibus compilata per venerabilem magistrum Jordanum de Quedelinborgh sub anno domini millesimo trecentesimo sexagesimo quinto. Scripta et finita per me Tydericum Brunsten morantem in Godebusch anno domini millesimo quadringentesimo tricesimo tercio ipso die sancti Ambrosii per cujus complecionem laudatur dominus noster Jhesus christus una cum gloriosa virgine. Anfang: Postquam largiente domino in priori volumine complevi duas partes operis principales quarum prima tractabat de tempore adventus — Restat ergo nunc accedere ad secundam tertie in qua agitur de domini resurrectione et hoc dividitur in tres partes —. (Die Homilien sind mit fortlaufenden Nummern von 255—400 versehen; das sich Bl. 209 anschliessende alphabetische Register bezieht sich nur auf diesen Band. Am Schlusse des Registers Bl. 214: Et sic est finis a. 1433 F. 2, dann folgt noch ein Citat aus Gregorii Moralia XI. c. 11 von derselben Hand, wie die ganze Handschrift geschrieben. Ueber Jordanus de Quedlinborg vergl. Fabricius l. c. T. IV p. 176, Fabr. nennt einen Druck der postilla Argentorati 1483.)

68) Sermones. 272 Bll. 4to. CXCI.

1) De sancto Johanne evangelista magistri Jordani ordinis heremitarum, ex discipulo, ex dormi secure, Leonardi de utino ordinis predicatorum et doctoris excellentissimi, Nicolai blonii de blony decretorum doctoris et capellani episcopi bosnoniensis, ex legenda aurea sive lombardica, Francisci de maronis ordinis minorum, ex biga salutis. 2) De sancto Marco evangelista: Jordani, ex discipulo, dormi secure, magistri Nicolai blonii, Leonardi de Utino, ex legenda aurea ex biga virtutis salutis, ex pomerio, alius sermo. 3) De sancto Luca: Jordani, ex dormi secure, Leonardi de utino, legenda aurea, Francisci de maronis, ex thesauro novo, ex biga salutis. 4) De sancto Matheo: Jordani, Nicolai blonii, Leonardi de utino, ex legenda aurea, ex discipulo, ex biga salutis. 5) De sancto mauricio: Jordani, ex legenda aurea. (Die Sammlung ist auf dem ersten Blatt bezeichnet: liber sancte marie virginis in bardesholm bremensis diocese. ord. canonicorum regularium sancti Augustini quem ego frater Johannes Nesze scripsi in diversis annis, quum fui plebanus hinc inde etc. oretis. Sermones de quatuor evangelistis. Ovidius Naso, Johannes cum Naso. Auf Blatt 72 b.: Explicit sermo in die dionisii martiris per me fratrem Johannem cum naso de plone anno 15011. Bl. 247. Explicit per fratrem Johannem cum Naso in die Willebrordi episcopi anno 15011. Die Sammlung der Predigten, betitelt: dormi secure, ist oben S. 28. discipulus von Joh. Herolt S. 25, Pelbart pomerium S. 26 erwähnt worden.)

69) Sermones. 192 Bll. 4. CXCIII.

1) De circumcisione domini: ex pantheologia, Leonardi de utino, Nicolai de Bloni, Francisci Maronis, Jordani, ex legenda aurea, sermones alii, ex biga salutis. 2) De epyphania domini nostri Jhesu christi: Leonardi de utino, Nicolai de bloni, ex legenda aurea, historia trium regum, Jordani, Francisci maronis, ex biga salutis. 3) In octava epyphanie: Jordani, Fr. Maronis, tractatus Fr. Maronis de baptismo. (Die Sammlung ist vorn bezeichnet: liber sancte marie virginis in Bardesholm — quem ego Johannes Nesze scripsi in multis annis cum multis aliis libris. Oretis dominum deum pro me unum ave maria.)

70) Sermones. 231 Bll. 4to. CXCV.

1) De sancto philippo et Jacobo: Jordani, ex parato, sermones alii, ex discipulo, Leonardi de utino, Nicolai de bloni, ex legenda aurea, francisci de maronis, ex biga salutis. 2) De sancto

Jacobo majore: Jordani, Leonardi de utino, Nicolai de bloni, ex legenda aurea, discipulo, ex thesauro novo, ex biga salutis. 3) De sancto Bartholomeo: Jordani, ex parato, sermo alius, Leonardi de ut., ex legenda aurea, Nicolai de bl., ex discipulo, ex thesauro novo, ex biga salutis. 4) De sancto Simone et Juda: Jordani, Nicolai de bl., sermo alius, Leonardi de ut., ex leg. aurea, ex discipulo, ex biga salutis. 5) De sancto barnaba: Jordani, Leonardi de ut., ex leg. aurea. 6) Ex divisione apostolorum Nicolai de bl. 7) Sermones in communi de apostolis. (Vorn ist die Sammlung bezeichnet: Liber s. marie virg. in Bardesholm — quem ego frater Johannes Nesze scripsi in diversis annis quum fui plebanus in Brugge in Novomonasterio etc. in Kyl oretis — Johannes cum naso Bl. 231 b. Johannes Nesze — 1508.)

71) Sermones. 331 Bll. 4to. CXCVII.

1) De confessoribus de sancto Augustino: Jordani — Bl. 54 sermo de sancto Augustino factus in avione a magistro frinando de hispania persona seculari et episcopo presentibus omnibus cardinalibus anno domini MCCCLV. — 2) De sancto Gregorio: Jordani etc. 3) De sancto Ambrosio: Jordani etc. 4) de sancto Jeronimo: Jordani etc. 5) de sancto bernardo abbate: Jordani 6) de sancto paulo primo heremita: Jordani — 7) de sancto benedicto abbate: Jordani —. 8) De sancto Anthonio abbate: Leonardi de ut. —. 9) De sancto Nicolao episcopo: Jordani —. 10) De sancto Martino episcopo: Jordani —. (Vorn: Liber s. marie virg. in bordesholm — quem ego frater Johannes Nesze partim conscripsi quum fui frater in monasterio predicto partim quum fui plebanus in brugghe et partim quum fui plebanus in novomonasterio. oretis —. Bl. 331 b. Expliciunt aliqui sermones de sanctis confessoribus anno domini 1512 per me fratrem Johannem cum naso presbiterum professum in Bordesholm, quos ego incepi 1470 et illos conscripsi in diversis annis et temporibus oretis —.)

72) Sermones de apostolis. 172 Bll. 4. CXCVI.

1) De sancto andrea sermones duo: ascendam in palmam (cantic. VII), Nicolai de Bl. — Jordani —. 2) De sancto Thoma apostolo: Leonardi de ut. — Jordani —. 3) De sancto Mathia apostolo: Jordani —. Vorn bezeichnet: Liber s. marie virginis in Bardesholm — quem ego frater Johannes nesze scripsi partim quum fui plebanus in brugge et partim in monasterio predicto. oretis —. Bl. 172 b. Expliciunt sermones de tribus apostolis quos ego frater Johannes cum naso collegi ex diversis libris ab anno domini 1470 usque ad annum 15011 —.

73) Sermones. 180 Bll. 4. CXCIX.

De annunciacione dominica beate virginis: Jordani, magistri hinrici timmermans baccalaureus theologie formatus, Leonardi de ut. — Vorn bezeichnet: Liber s. marie — quem ego frater Joh. Nesze partim scripsi quum fui in monasterio predicto partim quum fui plebanus in brugghe et plebanus in novomonasterio. Nach Bl. 180 sind mehrere Blätter ausgerissen. Bl. 136 fängt an Tractatus francisci de maronis de ordine minorum viri illuminatissimi et sacre theologie professoris super evangelio missus est angelus gabriel —.

74) Sermones. 233 Bl. 4. CCIV.

1) De sancto petro et paulo: Jordani —. 2) De sancto petro ad vincula: Jordani —. 3) De cathedra sancti petri: Jordani —. 4) De conversione sancti pauli: Jordani —. Vorn: Liber s. m. virg. in Bardesholm — quem ego frater Johannes Nesze scripsi per multos annos. oretis —.

75) Sermones. 146 Bll. 4. CCV.

1) De nativitate beati Johannis baptiste: Jordani, magistri hinrici timmermans baccalaurei theologiae formatus rostocensis —. 2) De decollacione sancti Johannis baptiste: Jordani, ex parato,

ex dormi secure, ex legenda aurea. Bl. 105. Magistri conradi holtnicker — vincencii ordinis predicatorum, ex meffreth. Vorn: Liber s. marie virginis in Bardesholm — quem ego frater Johannes nese plebanus in Kyl scripsi in diversis annis. oretis —. Bl. 148 b. Expliciunt diversi sermones — quos ego Johannes cum naso incepi anno domini 1472 et continuavi usque ad annum domini 1512 oretis —.

76) Sermones de martiribus. 228 Bll. 4. CCVI.

1) De sancto Stephano: Jordani. ex antiqua legenda —. 2) De Innocentibus: Jordani, ex discipulo —. 3) De sancto Clemente: Jordani, ex legenda aurea —. 4) De sancto blasio: ex lombardica et longa legenda —. 5) De sancto georgio: Jordani, ex discipulo —. 5) De sancto Johanne et paulo: Jordani, ex pane pauperum —. 6) De sancto laurencio: Jordani, magistri Hinrici Timmermans nacione lubicensis —. 7) Ex pantheologia. Vorn: Liber s. marie virg. — quem ego frater Johannes nesze plebanus in brugghe scripsi in diversis annis —.

77) Sermones de virginibus. 353 Bll. 4. (113—120 sind ausgeschnitten.) CXCIV.

1) De sancta barbara: Jordani — 2) de s. Lucia: Jordani — 3) de s. agnete: Jordani — 4) de agatha: Jordani — 5) de s. dorothea et de s. gertrude: Hinrici Timmermans baccalaureus theologie formatus — 6) de s. Walburga, de s. Apollonia, s. margaretha: Jordani — 7) de s. maria magdalena: Jordani — ex quadragesimali fratris Roberti — 8) de s. Elisabeth: Jordani — 9) de s. Cecilia: Jordani — 10) de s. katherina: Jordani — 11) de decem millibus virginum: Jordani — 12) de s. kunera virgine et martire que fuit una de undecim millibus virginum — 13) De una virgine. Vorn bezeichnet: Liber s. marie virg. in Bardesholm quem ego frater Johannes nesze per multos annos conscripsi in monasterio pred. — in brugge — in novomonasterio — in Kil. Auch Bl. 327 steht Joh. Nese Name als Schreiber.

78) Sermones diversi tam de dedicacione quam de novo sacerdote et eciam dignitate sacerdotali per quindecim excellencias quem ego frater Johannes cum naso presbiter professus in bardesholm conscripsi ab anno 1472 quum primo incepi predicare ad populum usque ad annum christi 1512. oretis —. 168 Bll. 4. CXCVIII.

Der Titel ist am Schluss angegeben, vorn bezeichnet, wie die vorhergehenden Predigtsammlungen des Johannes cum naso, so wie die Verfasser der abgeschriebenen Reden: sermones de dedicacione duodecim magistri Jordani — sermo magistri Hinrici Timmermans baccalaureus theologie formatus rostoccensis, conradi holtenicker — petri manducatoris, ex ortulo regine meffreth, ex pelberti pomerio, magistri alani de rupis. Auf dem ersten unfoliirten Bl. 1 b: Indulgencie concesse a duobus archiepiscopis bremensibus scil. Johanne et nicolao a quolibet XL dies indulgenciarum ecclesiis nostris.

Quocies quis sine peccato mortali coram sacramento geniculat et oracionem dominicam dixerit XL dies indulgenciarum.

Item coram imagine sancte crucis.

Coram imagine salvatoris vel crucifixi —.

Bl. 2. Indulgencie monasterii Bardesholm et ecclesiarum nostrarum scil. nigemonster brugghe vlintbeke kyl nigenbroke bredenberghe byshorst. Anno domini 1332 a XX episcopis in avione existentibus a quolibet episcopo XLta dies indulgenciarum et sunt 800 dies indulgenciarum. Has promerentur contriti et confessi in his festis sequentibus scilicet natalis domini circumcisionis —. Item promerentur promissas indulgencias. Qui sequentes (sequuntur) corpus dominicum ad infirmos dicentes ter angelicam salutacionem. Legantes in testamentis ecclesiis nostris aliquid. Porrigentes manus adjutrices ad fabricam vel alia necessaria in ecclesiis nostris. Qui in ecclesiis nostris audiunt missas vel verbum dei.

79) Sermones. 204 Bll. 4. CCII.

1) De angelis: Jordani, magistri hinrici timmermann —. 2) De omnibus sanctis: Jordani —. Vorn bezeichnet wie die andern von Johannes cum naso geschriebenen Predigten liber s. m. virg. —. Am Schluss: Expliciunt sermones hinc inde collecti in diversis annis per me fratrem Johannem cum naso anno domini 1470 incepi et continuavi usque 1501 annum in die katherine virginis et martiris.

80) Sermones. 273 Bll. 4. CCIII.

1) De concepcione beate marie virginis: de institucione hujus festi nota tria exempla, serm Henrici de Gheysmaria qui fuit in hamborch, magistri Jordani — Hinrici Timmermans, Johannis gerson in consilio basiliensi habita de presenti festivitate (Bl. 44 antequam de concepcione marie determinaretur in consilio basiliensi 1440) —. 2) De nativitate beate marie virginis: Jordani, Hinrici Timmermans —. 3) De presentacione beate marie virginis —. Vorn bezeichnet wie die andern von Johannes cum naso gesammelten Predigten: liber s. marie — quem ego frater Johannes —. Bl. 227 hat Johannes cum naso 1512 —, Bl. 240 1508 geschrieben.

81) Sermones. 220 Bll. 4. CCIV.

1) De spiritu sancto: ex pantheologia, magistri Jordani —. 2) De sancta trinitate: ex dormi secure —. Vorn bezeichnet: liber s. marie virg. — quem ego frater Johannes nese partim scripsi quum fui —. Am Schluss Bl. 220 ist 1504 als das Jahr angegeben, in welchem Johannes cum naso als plebanus in kyl die letzte Predigt abgeschrieben. Auf dem ersten unfoliirten Blatt, welches die Titel enthält, stehen Notizen über die Excommunication: sequentes sunt excommunicandi in quatuor temporibus anni ex potestate pape:

Alle apenbare wokener unde wokenerschen
Alle tovener unde tovenerschen
Alle ebrekers unde ebrekerschen
Alle untruwe denst eres heren unde vrowen et eciam de tradicione.
Qui non dant oblaciones quatuor temporibus anni.

Contra ecclesiam agentes qui privant spiritualia bona que data sunt ad ecclesiam in silvis pratis agris pascuis aquis in fugibus crescentibus. Heretici pagani judei excommunicati intrantes ecclesiam —.

82) Sermones. 290 Bll. 4to. CCVII.

1) De purificacione beate marie virginis: Jordani, Hinrici Timmermans — 2) de assumpcione beate marie virginis: Jordani — 3) de visitacione beate marie: Hinrici Timmermans, Jordani. (Vorn bezeichnet: Liber s. marie virginis — quem ego frater Johannes Nesze —. Auch stehen vorn dieselben Bemerkungen über die excommunicandi, die bei No. 81 genannt sind.)

83) Sermones und Verwandtes. 381 Bll. 4to. CCXXXVIII.

1) Bl. 1 und 2. Passio christi in figura. (Tabellarische Uebersicht der Passionsfeier.) 2) Bl. 2—4. Passio domini ritmatice posita. Anfang:

Ad honorem nominis tui Jhesu chris }
passionis ordinem sermo tradit is } te
sicut rei seriem dant evangelis }

3) Bl. 5. Passio christi Arnold. Westfael episcopi Lubecensis. Et cum dixisset Jhesus e ympno

dicto egressus ibat —. 58 b. Explicit per me fratrem Johannem — 1508 —. 4) 59. Passio extensa salvatoris nostri domini Jhesu cristi quam fecit dominus Hinricus Rubenow proconsul grippeswaldensis. Anfang: Inspice et fac secundum exemplar — Bl. 213. declaracio Anno domini MCCCCLII Ego Hinricus rubenow minimus inter legum professores ac proconsules Gripeswaldenses decretorumque baccalaureus collegi istam —. Bl. 214—233. Registrum primum hora matutina 20 articulos. (Dieselbe Passio ist in der Handschrift No. 28 enthalten und oben S. 55 beschrieben worden. Dass Hinrich Rubenow hier und sonst sich minimus inter p r o f e s s o r e s nennt, erklärt Kosegarten in seiner Geschichte der Universität Greifswald Th. 1. S. 48, unter Berufung auf Savigny's Geschichte des Römischen Rechts im Mittelalter Bd. 3. S. 245, wohl mit Recht für doctor. Da die Universität Greifswald erst 1456 gegründet wurde, konnte Rubenow daselbst nicht 1452 P r o f e s s o r sein.) 5) Bl. 235. Evangelicum Nichodemi hebreorum doctor et in lege peritus. Anfang: Factum est autem in anno nono decimo tyberii — imperatoris romanorum regni vero herodis filii herodis octavus —. 6) 244. De ortu pilati judicis christi. 7) 246 b. Sermo de passione —. 253. Explicit sermo per me fratrem Johannem cum naso — 1512. 8) 253. Ex pantheologia passio christi —. 9) 285. Ex socco sermo 1—4 —. 381. Explicit per me Johannem cum naso 1512.

84) Sermones de sacramento eucharistie. Bl. 68—192. 4. CCXL.

Jordani — ex moralitatibus biblie matthei — diversi de venerabili sacramento. (Die ersten 67 Blätter sind ausgeschnitten, vorn steht: liber s. marie virginis in bardesholm — quem ego frater Johannes Nesze pletanus in brugghe — conscripsi.

85) Sermones de nativitate domini Jhesu cristi diversi Jordani, Jacobi de voragine, Hinrici Timmermans, Leonardi de utino, Nicolai de Blony, ex legenda aurea, Francisci de maronis. 253 Bll. 4to. CXCII.

Vorn bezeichnet wie die andern Sammlungen des Johannes cum naso: liber s. m. virginis —. Dann folgen Bemerkungen über die Excommunicandi wie in No. 81 u. 82. Bl. 212. Am Schluss des sermo ex leg. aurea heisst es: Explicit per me fratrem Johannem Nesen de plone presbiterum professum in Bardesholm et tunc temporis plebanum in brugghe scil. anno 1500 quando in anno jubilico holtzati et multi alii nobiles fuerunt interfecti et aliqui trufatores dicti de grote garde in dithmercia scil. XIII kalendas februarii id est altera die Juliane virginis. Bl. 253. Expliciunt diversi sermones hinc inde collecti per me fratrem Johannem Nesen — 1504.

86) Sermones. 263 Bll. 4to. 103—108, 138—144, 162—168 sind unbenutzt, 181 bis 192 fehlen. CCLXXIII.

1) De resurrectione domini: ex pantheologia, ex pharetra bonaventure — Jordani —. 2) Feria secunda tertia quarta pasce: Roberti ord. minorum — thome de aquino —. 3) In die ascensionis domini Jhesu christi: ex pantheologia, dormi secure — Jordani. (Diese Sammlung von Johannes cum naso ist auf dem ersten Blatt, wie seine andern, bezeichnet: Liber s. marie virg. — quem ego frater Johannes Nesze —. Dann sind auf demselben Blatt dieselben Notizen über die excommunicandi, die bei No. 81 u. 82. Bl. 263: Expliciunt diversi sermones de festo pasce et de ascensione domini in diversis annis ex diversis libris collecti per XXX annos incepi finivi ego Johannes Nese plebanus in brugghe presbiter professus in bordesholm anno domini 1503. Eodem anno fui per consulatum kilonensem electus plebanus in Kil ubi fui per quatuor annos plebanus etc. sed ego nolui edificare dotem et scholam propterea elegerunt alium dominum theodorum lesteman et de illo fui optime contentus.

87) Propheta dominicalis explicationes evangeliorum per totum annum item de passione et de festis praecipuis. Bl. 1—10, 1—269, 274—319. CCXIII.

Die Predigtsammlung beginnt dominica prim. adventus: Hic est vere propheta qui venturus est in mundum sic scribitur Johannis VI. Hec enim verba hujus evangelii bis leguntur in anno—. Bl. 274. Sermones de passione de resurrectione, de ascensione domini, de assumpcione beate virginis, de s. Bartholomeo, de angelis, de animabus, de s. Thoma apostolo, de purificacione, visitacione, de annunciacione virginis. Bl. 315. Recordacio passionis christi —. 317. De eo quid misse significent. — Vor der Predigtsammlung stehen zwei lateinische Gedichte, das erste auf Bl. 1—5. Sompniarius in divisione corporis et anime. 352 Verse. Anfang:

Noctis sub silencio tempore brumali
sompno parum deditus mente spiritali
corpus carens video spiritu vitali
de quo michi visio fit sub forma tali
dum dormirem paululum vigilando fessus
ecce quidam spiritus noviter egressus
de predicto corpore viciis suppressus
corporis cum gemitu plangebat egressus
juxta corpus spiritus stetit et plorat —.

Zu den ersten vier Versen ist am Rande bemerkt: Hic pingitur in lecto sompniarius. Bl. 5. Explicit sompniarius in divisione corporis et anime. Seneca nusquam est qui ubique est —. Bl. 5 b. Autoritatis diversorum —. eccles. V. melius est non vovere quam post votum promissa non reddere — Pitagoras — Plato —. Bl. 6 u. 7. Planctus mundi 235 Verse. (Ein Gedicht mit demselben Anfang, tabula doli mali bezeichnet, steht in Msc. 22 Bl. 23 b. Siehe oben S. 50.) Anfang:

Viri fratres servi dei
non vos turbent vana mei
sed audite propter deum
flebilem sermonem meum
mundum dolens circuivi
fidem undique quesivi
ubicunque fidem quero
vel in plebe vel in clero
vel in claustro vel in foro
ubi fides sit ignoro
fides nullibi apparet
totus mundus fide caret
filius non servat patri
fidem neque fratris (frater) fratri —.

(Der Dichter critisirt die einzelnen Stände de statu clericorum, prelatorum, de curatis et aliis sacerdotibus.)

v. 66. curati sunt sacerdotes
possidentes amplas dotes
de salute animarum
subditorum curant parum
de canonicis de regularibus.
v. 93. Item qui in claustris degunt
juxta normam se non regunt —
de fratribus mendicantibus de regibus et dominis terre.

v. 141. Cesar reges marchiones
duces comites barones
omnes principes terrarum
possident de fide parum
inter omnes vix est unus —
de militibus - civibus - nautis - mercatoribus - mensura - usurariis —.

Bl. 7 b.—10. Autoritates quedam pulchre quorundam doctorum iheronimus Bl. 81. gregorius: ne est dignus dandis qui non agit gracias de datis. — Augustinus Ambrosius bernardus crisostimus —.

88) Sermones dominicales. 254 Bll. Fol. CLXXVIII.

Anfang: Dominica in adventu domini. Cum appropinquassent Iherosolimis math. 21 de allegoria vide in meo XL Balienus (Galenus) in antidotario suo cum sanguis humanus favo mellis ac veneno tyri admixtus fuerit tunc in medicamentum precipuum quod tyriaca dicitur transmutatur sic sanguinis passionis XI virtutibus anime permixtus in medicinam nobis vertitur —.

89) Sermones de tempore. 229 Bll. u. 8 Bll. Register. Fol. CLXXXVII.

Sermo 1. Anfangend: Humane labilis vite decursus salubri erudicione nos amonet rebus non incumbere perituris —. Vorn bezeichnet: Liber sancte marie virginis in novomonasterio quem comparavit frater g . . . . Vergl. S. 90, No. 58 E., wo eine Rede desselben Anfangs von Jacob de Voragine erwähnt ist.

90) Sermones. 140 Bll. Fol. Im Bordesholmer Catalog CCXVI bezeichnet: Sermones super epistolas de tempore.

Anfang: In vigilia nativitatis christi. Cras erit vobis salus ps. X karissimi fratres ad oculum videmus —.

91) Sermones und Verwandtes. 261 Bll. Fol.

1) Bl. 1–96. Sermones. Anfang: De sancto Johanne baptista. Surrexit helias quasi ignis et verbum ipsius quasi facula ardebat eccles 48 verbum accipi potest de sancto Johanne baptista —. 2) 97—151. Isidorus de summo bono cap. 1—137. Vor der Schrift de summo bono steht Bl. 97 eine epistola ad episcopum massenum. Anfang: Domino sancto meritisque beato fratri masseno episcopo ysidorus episcopus. Veniens ad nos famulus —. (In Isidori Hispal. opp. Col. Agr. 1617. Fol. p. 245 gedruckt als ep. ad massanum de lapsu sacerdotis et reparatione.) Von der Schrift de summo bono hat die Kieler Universitätsbibliothek einen Druck in 12. Paris 1515. Anfangend wie nach der Capitelangabe die Handschrift Bl. 99: Summum bonum est deus —. 3) Bl. 151—204. Sermones de sancto Andrea —. 4) 205–214. Passio domini glosata. Anfang: Egressus est Jhesus cum discipulis suis trans torrentem cedron ubi erat ortus —. 5) 214—255. Sermones. 256—261. Register.

92) Sermones. 196 Bll. 4. CCLXXII.

De sanctis: de s. georgio —. 196. De sancto cristofero —.

93) Sermones. 179 Bll. 4.

Anfang: Prima dominica post pascha. Quorum remiseritis peccata remittuntur eis et quorum retinueritis retenta sunt Joh. XX. — Bl. 12. Dominica quinta post pascha —. 87. Dominica XXII. — 152 b. Notabile de confessione —.

94) Sermones. De electione prelatorum et alia varia mss. 266 Bll.

Der Titel dieser Sammlung, die durch Feuchtigkeit gelitten, ist so im Bordesholmer Catalog CCXCV angegeben. Bl. 10 b. In sinodis sermo primus: Sol et luna obtenebrati sunt et stelle — Joel II. In exordio dominus solem et lunam posuit —. 33. In celebracionibus ordinum sermo primus —. 68 b. Ad monachos nigros —. 97. Ad judices —. 115. Ad pauperes et afflictos —. 141. Sermo primus ad potentes et milites. Accipe gladium sanctum munus a deo in quo dejicies adversarios populi mei israel II macchab. XV. — 160 b. Ad mercatores sermo primus Luc. XIX. — 170. Ad agricolas sermo primus —. 173 b. Sermo secundus. Labores manuum tuarum quia manducabis ps. 127. VI. homo ad laborem natus est —. 206 b. Ad scolasticos sermo primus. Sine fictione dedici et sine invidia communico et honestatem illius non abscondo cap. VII (v. 13) —. 249 b. De gaudiis Jherusalem celestis et ecclesie triumphantis Laetare Jherusalem et conventum facite —. 255—264. Inhaltsangabe. 264 b. — 266. Theologische Bemerkungen.

95) Sermones. 187 Bll. 4.

Die Handschrift hat von Feuchtigkeit sehr gelitten.

Juristische Schriften.

No. 96 — 108.

96) Institutiones et alia. 311 Bll. Fol. LXXVI.

Auf dem Deckel des Bandes: Liber sancte marie virginis in novo monasterio alias Bardeholm quem scripsit frater noster Nicolaus thome presbiter professus et baccalaureus in jure canonico qui obiit anno domini MCCCCLXXIIII in die gregorii martiris. 1) Bll. 1—5. Tituli librorum codicis autenticorum collac. I—IX, coll. X de feudis, institutionum. 2) 6—161. Summaria librorum codicis. 3) 162—164. Tractatus de insigniis et armis. 4) 165—278. Institutiones Justiniani cum annotationibus. 5) 279—290. Notitieis actionum et interdictorum. Anfang: Quia que brevi compendio enarrantur fastidium non — sed facilius memorie commendantur — de vita actionum —. 6) 290 b. De inventoribus legum. moises — solon — ligurgus —. 7) 291. De arbore consanguinitatis et affinitatis. Anfang: Circa lecturam arboris diversis olim diversis modis tractantibus Johannes de deo hispanus post illos lecture arboris novum modum assumens per suas metricas regulas — 292 a. schliesst der arbor consang., es folgt der affinitatis. — 293 b. Explicit lectura Jo. an. egregii juris canonici pro viris in ebdomada. (Die Handschrift stimmt überein mit Joh. Andreae tract. super arboribus. Nurembergae 1477. 10 Bll. Fol.) 8) 294—295. De successionibus ab intestato — Henricus Oldendorp —. 296—297. Abbildung des Verwandtschaftsbaums und Commentar. Anfang: Nupcie facte sunt in cana galilee Jo. II et quia —. 302 b. Explicit anno domini MCCCCXXXII. 9) 303—308. Tractatus de dignitatibus editus per dom. bartolum de saxo ferrato quem composuit sup. l. 1. C. de dignitatibus lib. XII sicut proponitis. (Gedruckt in Bartoli comment. in cod. Basil. 1562. Fol. p. 99.) 10) 308 b. — 311. De successione . 11) 312 322. Ad tit. Cod. de judiciis — de sportulis — de pedaneis jud. — qui pro sua jurisdicione — — ubi in rem actio (III. 19). 12) 323. Johannes dei et apostolice sedis gratia episcopus lubecensis — notificamus quod pridie magnifici principes domini adolphus et gherardus duces sleswicenses et holczacie et in schowenborch comites —. Datum Lubic anno domini MCCCCXXXI. ind. IX.

97) Loppo reportata super 4 ll. institutionum. 422 Bll. Fol. LXXIX.

1) Reportata sive recollecta super quattuor libris institutionum magistri Lopponis artium atque utriusque juris doctoris coloniensis. Bl. 176 b. am Schluss des lib. 3: finit. anno 1478 in 8va stephani protomart. et incept. in ebdomada sancti mich. in Colon. univers. 395. Finit institutionum liber 4tus in preclara universitate studii rostockiensis anno 1478 — in profesto conceptionis virginis — 396. Tabula super 4 ll. institutionum —.

98) Römisches und canonisches Recht. 203 Bll. Fol. LXXV.

Auf dem ersten Blatt, welches auch eine Inhaltsangabe hat: De universitatis rostockiensis inchoacione et dote ejusdem universitas rostock. fuit erecta anno domini 1419 et fuit dos ejusdem 800 ren. — duo doctores in theologia quibus 80 Fl. unus alter 60 — duo legiste unus 100 alius 70 Fl. — Hoc ego frater Johannes major collegi in universitate rostockiensi ex libro universit. cum frater meus magister liborius Meyer utriusque juris doctor erat rector universitatis anno domini 1478. (Nach einer Urkunde in Westphalen monumenta T. 2, p. 488, vom J. 1495 vermachte Liborius Meyer dem Bordesholmer Stift mehrere gedruckte und handschriftliche Werke. Vergl. oben S. 8.) 1) Bl. 1 b.—11. Tituli decretalium, institutionum, digesti veteris, infortiati, novi, codicis, autenticorum, libri feudorum. 11 b. Col. 1. Anno domini 1475 in gripeswald. 2) 11 b. — 12. Nomina doctorum utriusque juris Antonius de butrio — Azo —. 3) 13 — 25. Summaria institutionum. 25. Finiunt casus summarii institutionum de michael de marostita (auf dem ersten Blatt morustica) anno 1476 in profesto sancti silvestri in univ. gripeswaldensi. 4) 26 b. — 77. Concordancie byblye et canonum juris canonici. (Nach einer Notiz auf Bl. 26 b. u. Bl. 75: per egregium dominum Johannem decretalium doctorem nivicellensem abbatem. Vergl. Fabricius bibliotheca latina med. aet. et mansi T. 4, p. 46.) Anfang: In principio creavit deus celum et terram —. 75. Finit. anno 1477 in studio gripeswald., dann folgen Nachweisungen über die biblischen Texte. 76 b. Fin. a. 1479 in rostock. 5) 77 b. — 82. Lectura de arbore consanguinitatis et affinitatis —. Anfang: Circa lecturam arboris consang. et affinitatis diversis olim diversis modis — Joh. de deo hyspanus — ego Job. — Bl. 82 anno 1476 Gripeswald. (Vergl. oben S. 102, Handschrift 96, n. 7.) 6) 82 b. u. 83. Abbildung des Baums. 7) 84 u. 85. De arbore cognacionis spiritualis. 8) 86—99. Lectura arboris consanguinitatis. Anfang: In nomine sancte et individue trinitatis — patres domini magistri baccalaurei et ceteri scolares — ad instanciam quorundam dominorum et scolarium nostre facultatis — arboris consang. et affinitatis per me fieri debere declaracionem —. 9) 100 b. Has explanaciones titulorum collegit in studio rostockiensi festive Johannes. Institutionum bis 112, Col. 113—174, Dig. 174 b. — 188, autent. 188 — 198 b., feudor. 198 b. 200. 10) 201. Metra continentia capitulorum cujuslibet libri decretalium —. 201. Metra ista edidit quidam in universitate Gripeswald. constudens gentillus andree nomine diocc. aboensis anno domini 1475.

99) Johann Meyer's, Canonikus in Bordesholm, Collegienhefte. 445 Bl. LXXX

1) Bl. 1—93. Nach Bl. 93 Recollecta ista ab egregio viro d. et magistro Johanne de cervo sac. colon. utriusque juris doctore reportavi in alma et preclara universitate studii Colon. anno domini 1477. (Zu Anfang fehlt etwas, die Handschrift beginnt: Sequitur titulus de feudis —. 2. de pignoribus —. Bl. 5 ist eine Lücke: Defectus — non segnitiei attribuendus est —. 6. De usufructu —. 2) 93 b. 94. Tabellarische Uebersicht. 3) 95. Repertorium super decreto Guidonis archidiaconi bononiensis —. 157 b. Finit. repertorium — Guidonis de baysio archidiaconi bononiensis editum a fratre Johanne Meyer de Lubec. ord. canon. regular. in monasterio bardesholm professo anno domini 1485 in die sancti viti. (Die Kieler Universitätsbibliothek hat von Guido de Baysio, dem Lehrer des Johanes Andreä, eine Ausgabe super decreto Salgenstat 1481, und eine Lugd. 1558.) 4) 157 b. — 159. Registrum sermonum — anthonini — accidia —. Es wird Bl. 157 b. auf ein späteres Register von Johann Meyer verwiesen, welches Bl. 186 — 324 steht. Finit tabula sive repertorium super summam celeberrimi doctoris anthonini ordinis predicat. arch. presulis florentini editum atque elaboratum per fratrem Johannem Meyer ord. canon. regular. sancti augustini in bardesholm professum anno dom. incarnacionis 1484. (Das Register geht von Aaron — Zoroaster.) 5) 160. Ad librum sextum decretalium. 183 b. Finit anno 1478 in Colonia. 6) 184—185. Oratio — cum rostock. pro gradu baccalaureatus particip. tituli de penis et remissionibus anno 1478. 7) 325—410 oder 1 — 86. In universitate rostock. a doctore cruse. Vorlesungen über den Prozess, in 13 Titeln. Anfang: In nomine domini. Quoniam parum est —. 330 b. De forma citationis ordinarii — judicis delegati —. 341 b. De formula exceptionis. 358 b. De libelli oblacione. 408 b. De formula transsumpti facti vigore literarum compulsorialium. Alphabetisches Register Bl. 411 — 414. 8) 415—420. De omnibus paleis decreti ex prologo Lepponis doctoris utriusque juris super quatuor libros institutionum cap. 4to. Anfang: Si vis scire an liber decretorum habeat suas paleas et sit perfectus —. 9) 420 b. Repeticio c. 1 de celebratione missarum — Rostock 1478 per venerabilem ac egregium virum dominum meum presidentem dominum nicolaum kruse decretorum doctorem juridice facultatis decanum ac preceptorem meum. 10) 423. De ludo scakorum — versus de ludo scakorum: ludum scacorum quisquis vis scire decorum hoc carmen discas si recte ludum — tabula quadrata — Alia metra de eodem. Qui cupit egregium scacorum noscere ludum —. 424. Alia metra de eodem

vide de princ. libr. ovidii de vetula. 11) 115—125. Ad titulum de prebendis et dignitatibus (III, 5). Erklärung der einzelnen Capitel der Decretalen Gregorii IX. lib. III, tit. 5.

100) Johannis Meyer tabula seu repertorium super opera Panormitani abbatis siculi Abbas — Zelus. 301 Bll. LXXI.

Bl. 35 b. Finit tabula seu repertorium super Panormitan. in libros decretalium famosissimi utriusque juris doctoris opera atque compendio fratris Johannis Meyger (Meyer) ord. canonicorum regularium sancti augustini professi in monasterio domus sancte marie in bardesholm bremensis dyocesis. — sub anno domini MCCCCLXXXII die veneris XXII mensis Januarii in domo d. in novo monasterio. (Nach Westphalen monumenta T. 2, p. 188, war magister Johannes Meyer, decretorum baccalaureus, Bruder des Magister und Doctor Liborius Meyer, welcher 1495 dem Bordesholmer Stift eine Schenkung von Büchern und Schriften machte, damit für ihn, seine Eltern und und Geschwister Seelmessen gehalten würden.)

101) Lectura super quintum libr. decretalium. 333 Bll. Fol. LXXXVII.

1) Bl. 1—33. Tituli digesti novi, codicis, institutionum, inforciati, veteris. 2) 34—322. Commentar zu lib. V. decretalium Gregorii IX. Anfang: Incipit quintus liber decretalium. De rubrica. Duobus modis continuatur primo ad precedencia secundo ad sequencia. 3) 323—325. Oratio pro gradu baccalaureatus —. Anfang: Ego sum Jhesus nazarenus act. XXII quem vos quaeritis. Ita dicit nobis salvator act. XXII de hoc nomine scriptum in can. in nomine domini XXIII et in c. 2 de testibus et in l. 2 C. de officio praefecti praetorio. 4) 325 b. — 327. Bl. 327: Hanc collacionem Nicolaus voppe collegi quum erphordie pro gradu baccalaureatus juris canonici — ad tit. de sorte anno domini MCCCC42. Anfang: Veritatis nomine qui est cristus invocato de —. Ego sum Jhesus nazarenus act. XXII —. 5) 328. Eine oratio mit demselben Anfang: Veritatis nomine —. 6) 333 b. Notizen über das Baccalaureat: pro gradu baccalaureatus singuli computatorum —.

102) Barthomeus Brixensis causae decreti. 251 Bll. Fol. LXXXIII.

Auf Bl. 1: Anno domini MCCCCVIII post festum pasche Marquardus Brand venit in nobile studium et nobilissimam civitatem pragensem ubi hos casus in terminis Barth. Brix. emit et sequenti anno incepit heresis hussitarum ab heresiarcha wikleff anglico exorta et propter heresin ego M. mutavi locum et transtuli me in Erfordiam. Bl. 251. Am Schluss: Expliciunt cause decreti finite anno domini MCCCLXXXIX die XX mensis marcii. (Marquard Brand war nach Westphalen monumenta II 388 a. 1425 licentiatus in jure canonico, rector divinorum in Kil canonicus regularis novimonasterii alias Bardesholm, er kommt auch in andern Urkunden des bei Westphalen T. 2 gedruckten diplomat. neomonast. et Bordesholm. vor, so CCCXXII CCCXXIII.) Der Anfang der causae: Quoniam suffragantibus antiquorum laboribus juniores possunt interdum perspicacius intueri et quia per continuum exercicium sciencia incipit — et saepe in melius efflorescit idcirco ego bartholomeus brixiensis inter studentes bononie minimus — duxi in melius reformandos nam ubi corrupti fuerunt. — Der Text nach der Einleitung beginnt bei can. 1 dist. 1: Humanum genus —. Bl. 192 b. beginnt die dritte quaestio der causa 33 de poenitentia: his breviter —. Bl. 208 beginnt der dritte Theil des Decrets de consecracione. Bl. 239—251. Uebersicht des Decrets. Anfang: In prima parte agitur de justitia naturali et positiva tum constituta —. 239 b. In secunda parte que prima causa est agitur de simoniathis —. Bl. 251. In XXXV ca. de incertuosis agitur —. (Die Universitätsbibl. in Kiel hat einen Druck von Bartholomaei Brix. opus super decreto Venet. 1496. Fol. Dieser gedruckte Apparat weicht ab von dem Heft, welches Marq. Brand in Prag kaufte.)

103) Decretum. Repeticiones. Decisiones rotae. Regulae cancellariae. 64 Bll., 132 Bll. und 201 SS. Fol. LXXXII.

Auf dem ersten ungezählten Blatt: Liber s. marie virg. in Bardesholm seu novomonasterio quem scripsit et scribi fecit frater noster Nicolaus Thome baccalaureus decretorum qui obiit anno domini MCCCCLXXIIII in die Gorgonii. (Gregorii vgl. S. 68 No. 43.) Registrum hujus libri quaere. 125. 1) Bl. 1—64. Summarium decreti secundum suas distinctiones et causas. Anfang: Humanum genus regitur naturali jure et moribus —. Die secunda pars decreti beginnt Bl. 9, der tractatus de poenitencia Bl. 49; der dritte Theil beginnt Bl. 57 b. und schliesst Bl. 64 b.: Explicit decretum. 2) Bl. 1—123. Repeticiones quedam. Die erste über: omnis utriusque sexus fidelis (c. 12 X v. 38 de poenitentiis). Anfang: Patres et domini mei venerabiles ut dicit —. Die letzte repetitio beginnt Bl. 120: de statu monachorum et canon. regularium Hinrici de Hassia. Anfang: Monachi qui peculium habuerunt nisi eis — ab abbate permissum a communione removentur. —. 3) Bl. 131 u. 132. De praedestinatione divina et praescientia dei circa bonos et malos —. 4) Pag. 1—160. Dissensionum excerpta dominorum de rota (Bl. 130 b.). Anfang: In nomine domini anno nativitatis ejusdem millesimo CCCLXXVIto die mercurii XXV mensis Januarii pontificis domini Gregorii XI anno VI de majestate voluntate et unanimi consensu omnium dominorum meorum coauditorum sacri palatii apostolici tunc in rota — ego wilhelmus horborch decretorum doctor — circa conlusiones quorundam dubiorum — in quibus finaliter et concorditer omnes remanserunt ac voluerunt de cetero pro tempore eorum secundum eas procedi et judicari ad perpetuam rei memoriam incepi colligere et conscripsi sub correctione tamen et emendatione omnium dominorum meorum predictorum et praeterea supereminencium melius scientium. De attemptatis —. Pag. 161—178 Register. 5) Pag. 178—198. Regule cancellarie nove Bonifacii ep. IX pontificatus sui anni VIII. Anfang: Primo ordinavit dominus — pag. 180 Regule date — per dominum Johannem XXII. Anfang: Infrascripte regule — pag. 184 per dominum Benedictum XII servande in cancellaria — 185 Dominus Clemens VI ordinavit — 186 Innocentius — urbanus — 189 Gregorius papa undecimus —. 6) Pag. 199—201 Tractatus secundum statum romane curie compositus. Anfang: Reverendo in christo patri domino J. dei gracia archiepiscopo tocius Anglie primati Jo bononiensis notarius (?) famulatorum suorum humillimus cum omni devocione.

104) Johannes Andreae, Baldus, Petrus de Anchorano, Antonius de Butrio, G. Durantis. 376 Bll. Fol. LIX.

1) Bl. 1—197. Johannis Andreae addiciones ad Gwilhelmi Durantis speculum. Anfang: Reverendo in cristo patri suo domino ottobono — ego Johannes andree hujus speculi speculacionem assumens illum speculor qui est speculum sine macula —. Bl. 197.b. Expliciunt Gwilhelmi durantis speculi addiciones per eximium Johannem Andree doctorem Bonon. subtilissimum edite scripte et finite sub annis incarnacionis domini millesimo quadragesimo tredecimo dominica qua cantatur circumdederunt de quo gloriosus deus sit benedictus per infinita seculorum secula amen. Jacobus Smyd. fuit hic. (Ueber Johannes Andreae und seine mehrmal gedruckten additt. vergl. oben S. 12 No. 26 und Savigny Gesch. des R. R. 2. A. B. 6. S. 120. Die Kieler Universitätsbibl. hat einen oben S. 12 erwähnten undatirten Druck der additt.) 2) Bl. 198. Repertorium domini Baldi de parusio super apparatu Innocentii. Anfang: Abbas potest suos monachos — 248b. uxor —. Explicit repertorium domini Baldi de parusio super apparatu Innocencii deo gratias amen. (Ueber Baldus vergl. Savigny Gesch. des R. R. 2. A. B. 6. S. 212. Prof. Merkel hat nach S. 243 Savigny eine Mittheilung über ein Exemplar des hier erwähnten repertorii gemacht.) 3) Bl. 249—284. Disputatio Petri de anchorano doctoris utriusque juris scripta per marquardam brand Bononie tempore vacationis studii anno domini 1412 mensis Oct. 12 die. Anfang: Laycus quidam propter homicidium quod commisit per judicem captus —. (Ueber Petrus de Anch., Schüler des Baldus, vergl. Savigny Gesch. des R. R.

2. A. B. 6. S. 229.) 4) Bl. 255. Sancti spiritus assit nobis gracia. Tabula super cap. canonum (c. 1 X. de constitutionibus I 2). Anfang: Premisso itaque fundamento solido propter quod fundamentum aliud nemo ponere potest. Antiquem descendam —. 5) Bl. 259 b.—300. Incipit repeticio Petri de anchorano. Repetiturus cap. canonum et statuta, quod est primum sub titulo de constitutionibus retinebo ordinem alias consuetum et primo continuo —. Bl. 300. Explicit repetitio domini Petri de ancorano super cap. canonum de constitutionibus per manus Jac. Smyt scripta sub domino Mar. Brand Bononie etc. 6) Bl. 300 b. Cessionis tractatus per Ja. de Arc. (Nur eine Seite und eine Reihe.) 7) Bl. 302—329. De regulis juris dom. petri de anchorana. Anfang: Solent jurisconsulti cum materia utilis —. 328. Explicit repeticio dom. petri de anchorano per marq. brand Bonon. (Die repetitio geht aber noch fort Bl. 329.) 8) 330—338. Reportorium dom. antonii de butrio de dispensacione. Anfang: Ab episcopo dispensatur — 331. de collegio et universitate — 334 b. de possessione et ejus effectu — 338. de protestatione — de bello —. 338 b. Explicit per M. Brand reportorium titul. aliq. extraord. de report. excellentiss. juris utriusque doctoris domini Anthon. de butrio. (Vergl. Savigny Gesch. des R. R. 2. A. B. 6. S. 483.) 9) 339 u. 340. Opus consiliorum congregatorum per doct. subtilissimum dom. dominicum factum ad instr. cardinalium scriptum per M. Brand bononie quo circa tempus tribulacio et angustia ex parte dom. nobilium de malatest ex una parte et ex alia parte de marchione fourevicen. (forliv.) undique vigebat et tandem — qui apparebant inimici Johannis pape XXIII et civitatis Bonon. se invicem decipientes recesserunt ab obsidione civitatis — sepe deum rogavi ut me a partibus ytalie reduceret — scripta anno domini MCCCC XIII die mensis septembris. (Vergleiche Muratori annali a. 1412 und Leo Geschichte von Italien. 4. 564.) 10) 340 b. Tractatus de probacione. Anfang: Dubia probacio non relevat probantem Et sunt due partes In prima processus narracio —. 347. Anno domini millesimo quadringentesimo quarto decimo indict. septima die vero quarta mensis Aprilis dominus Marquardus Brand rigorosum Bonon. intravit examen et ita se habuit in eodem quod licencibat nullo discrep. 11) 348—371. Commentarius in libros feudorum. Anfang: Intellectum tibi dabo et instruam te in via hac qua gradieris etc. c. ait dominus omnipotens per os prophet. in libro psalmorum —. Nach der Einleitung beginnt Bl. 350 der Commentar: Titulus iste dividitur in tres partes primo de personis qui feudum dare possunt, secundo de feudi acquisitione et retentione —. 371 b. Der Anfang des Commentars zu II 10 Qui a principe —. 12) 372—375. Repertorium Gwilhelmi durantis utriusque juris doctoris. Anfang: Reverendo in cristo patri ac domino matheo dei gracia sancte marie in porticu dyac. cardinali Gwilhelmus duranti dom. pape subdiaconus et capellanus utriusque domus sospitatem Protoplasti rubigine humana contaminata condicio sic cellule — 372. de summa trinitate et fide katholica — de constitucionibus — 372 b. de rescriptis — 374. de postulacione. (Von dem Commentar zu den Decretalen Gregor's IX ist nur der Anfang in der Handschrift. (Vergl. Savigny Gesch. des R. R. 2. A. B. 5. S. 592—96.)

105) Johannis Calandri Repertorium juris. 329 Bll. Fol.

Aussen auf dem Rücken ist der obige Titel angegeben. Das Repertorium geht nach einer Bemerkung über a von Aaron — Zelus. Ueber Johannes Calderinus, wenn er derselbe ist mit Calandrinus vergl. oben S. 52. (Vergl. Fabricius bibl. lat. med. et inf. aet. ed. Mansi T. 1. p. 321 und Savigny Gesch. des R. R. 2. A. B. 6. S. 109, 110, 144.) Anfang: Hec dictio a interdum includit ut Cod. de nupt. (5. 4) l. acaligato (l. 21) et de advocatis div. jud. l. post duos (l. 15 cod. II 7) ff. de senator (l. 9) l. fin. — ponitur exclusive — Interdum ponitur pro per — Interdum ponitur causative — Interdum est preposito — est interjectio — Item quando dict. a sequitur d. incipiens a vocali assumit sibi b. ut ab excommunicato — Item a in omnibus linguis prima est XXXV dist. ab exordio (Can. 2 ab exordio Dist. 35) Aaron est prelatus —.

106) Hermannus de Scildam ordinis heremitarum sancti Augustini Introductorium pro studio sacrorum canonum et imper. legum. 45 Bll. Fol. LXXXVI des neuern

Bordesholmer Catalogs, wo der Verfasser Hermannus de Stildani genannt wird. In dem alten Catalog heisst er Hermannus und sein Werk verbarius juris.

(Die Handschrift war früher angebunden an Lambertus Swarten vocabularius.) Anfang: Nobili viro domino Eberhardo preposito ecclesie Haynensi nec non coloniensis et Leodensis ecclesiarum canonico ex preclara prosapia nobilium comitum de marca de‖patre enghelberto viro preclariss. ibidem quundam comite nato et exorto frater Hermannus de Scildam ord. Heremitarum s. Augustini plantari edificari roborari et conservari cupiens scienciam sacror. canonum in ejus mente ut XXXIIII (XXIV) q. 1 (cap. XXIII) advocavit in 6. sa. erudiri animam introducique justiciam ac inseri beatitudinem ut de penit. dist. II illa anima (c. 35) presens opusculum colligere duxi ordum per propriam industriam sed et — colligendo flores ex libris sacrorum canonum et legum nec non ex libris reverendorum doctorum ysidori Azonis Host. Speculatore et ex glosis Gof. Archid. Jo. an. accur. et quorundam aliorum doctorum juris et legis ordinavi secundum ordinem alphabeti. Quod et si nulli alii —. Quod opusculum seu introductorium quod a me Huwicione*) inexperto vobis communicari et mitti vestra generositas requisivit — Bl. 1 b. abavus — 42. ypotheca — Et sic est finis. (Nach Fabricius l. c. T. 3. p. 240 starb der Westphale Hermann de Schildis 1357. Grässe Literärgesch. des Mittelalters II, 1 S. 370, 423 nennt Herm. de Schildis aber nicht das obige Werk.) Bl. 42 b.—45. Commentar zu cap. fraternitatis tuae (17) X de testibus II 20

Zur Sprachkenntniss.

No. 107—112.

107) Hugwicii vocabulorum peregrinorum explicatio sive liber derivationum. 294 Bll. Fol.

Der neuere Bordesholmer Catalog giebt No. CLXVII obigen Titel, in dem älteren Catalog: Huwicio und Hugwicio cum registro. Auf der ersten, sonst leeren Seite von Bl. 1 der Handschrift stehen von neuerer Hand die aus der Einleitung genommenen Worte: Auctor hujus libri Huwicio Pisanus patria quasi Eugecio i. e. bona terra vel Hugwicio quasi vigetio i. e. vigens vel virens terras. Der Anfang der Handschrift: Cum nostri prothoplasti suggestiva pertinacia commune humanum genus a sue culmine dignitatis quam longe discesserit ac triplicis incommodi indigencie vicii et ignorancie non modicum cohortationis superfuit — Opus cum s. divina gracia componere statuimus in quo prae aliis vel praeter alios vocabulorum distinctiones significationum linguarumque origines ethimologiarum assignationes interpretacionumque reperientur expositiones quorum ignorancia — hoc parvulus suavius laetabitur hoc adultus uberius cibabitur hic perfectus affluentius delectabitur hoc gignosophiste triviales hoc didaschalici quadriviales hoc legum professores hoc theologie perscrutatores hoc ecclesiarum proficiunt gubernatores quo supplere — si quis quaerat hujus operis quis fuerit auctor dicendum est quod deus, si quis quaerat hujus operis quis fuerit instrumentum respondendum est quod patria pisanus nomine Huwicio est Eugecio i. e. bona terra non tantum praesentibus sed et futuris vel Hugwicio quasi vigecio id est vigens vel virens terras non solum sibi sed et aliis — sancti spiritus assistente gracia ut qui bonorum omnium est distributor — augeo es ere

*) Wie der Verfasser sich Huwicio nennen kann, ist mir nicht ganz deutlich. Der Canonist Hugaccio aus Pisa, der das Decretum Gratiani commentirte, ist wohl einer der älteren mittelalterlichen Lexicographen. Vergl. Savigny Gesch. des R. R. B. 3. 379 u. 4. 155 u. 455 und Grässe Literärgesch. III, 2 Schluss des Mittelalters S. 832 u. 685. Hermann de Schildis könnte sich etwa als einen unerfahrenen Lexicographen darstellen wollen und so einen unerfahrenen Huwicio nennen. Auch andere Lexicographen, wie Johannes de Janua und Gerh. von Schueren beziehen sich auf Ugaccio oder Hugwicio, vergl. oben S. 20.

xi etum id est amplificare vel augmentum dare — Zoroaster. Bl. 281—288. ein kurzes alphabetisches Register des nicht ganz strengen alphabetischen Wörterbuchs. Auf augeo folgt auris — aula — audeo —. Bl. 284—294. Verweisungen auf die Artikel, in denen einzelne Wörter gegen die alphabetische Ordnung erörtert sind, adulterium in aula. — (Dieses Wörterbuch des Huguccio aus Pisa, der auch einen Commentar zu Gratian's Decret schrieb, erwähnt genau Sarti de gymnasii Bonon. professoribus I 1. p. 301, durch seine wörtlichen Anführungen aus Huguccio's Wöterbuch sieht man deutlich, dass dieses Bordesholmer Manuscript das dictionarium des Huguccio ist. Vergl. auch Savigny Gesch. des R. R. 2. A. B. 3. 579 a. und Grässe Literärgesch. III 2. 665. Sarti sagt wohl mit Recht, das Werk des Hug. ist ungedruckt geblieben, weil Joh. de Janua und ander an seine Stelle traten, die den ältern Hug. benutzt hatten. Vergl. oben S. 20. Aus der Einleitung von Gerhard's de Schueren, des Clevischen Canzlers, teuthonista oder Duytschlender Colonie 1477, lernt man einige Lexicographen: Huwicio, Brito etc. kennen, er sagt: Hii igitur (die grammatice positive id est terminorum significancie praecipue rarorum et inusitatorum aliquatenus imperiti) si quid de latinicis ignoraverint terminis ad huguecionem ad papiam ad britonem ad braxilogum ac demum ad mare magnum videlicet catholicon (nach der Einleitung zum zweiten Abschnitt ist Johannes Januensis catholicon gemeint) remittuntur informandi. — Huguicionem vetustissimum et aptissimum terministam huic operi pene totum interserui alioque mihi notos immiscui Ego — sub celtici ducatus clivensis colonien. dioec. emisperio orbicularis lucis sumpsi exordia —. In Kohl's gesammeltem Briefwechsel auf 1750 Hamb. 1750 S. 345 giebt J. P. Finke Auskunft über den Teuthonista und über den vocabularius breviloquus, der 1478 Fol. und 1495 4. erschien.)

108) Vocabularius Lamberti Swarten manu exaratus. Liber sancte marie in novo monasterio alias Bardesholm pro Marquardo Brand (?) sacerdote ibidem. 236 Bll. Fol. LXXXVI.

Bl. 236 am Schluss: Et sic est finis deo laus in secula seculorum anno domini millesimo quadringentesimo decimo nono indictione XII prima die mensis maji hora IX vel quasi praesens liber est completus in schola opidi ydzehoe*) per lambertum zwarten clericum Ratzeburgensis dioec. quem Marquardus Brand professus monasterii in Bardesholm scribi fecit. Orate deum ut sit eis (?) propitius. (In einem 1740 in 8. gedruckten, der Bibliothekarechnung angelegten Catalog, nach welchem am 18. Januar 1740 einige Doubletten der Kieler Universitätsbibliothek verkauft werden sollten, ist p. 10 No. 356 auch dieses Manuscript aufgeführt und vocabularius s. catholicon germ. et brevilogus pro pauperibus scholaribus latino-germ. autore Lamberto Zwarten clerico Raceburg. in schola Itzehoe completus a. 1419 msc. Codex rarissimus quo Leibnitius in collectaneis etymolog. parandis usus est maximique eum fecit, ipse ab initio quaedam inscripsit. Das Werk wird aber nicht verkauft sein, auch ist in dem Auctions-Cataloge bei dieser Handschrift nicht, wie bei andern Werken, der Preis bemerkt. Man kann sich nur wundern, dass der L. Swarten zum Verkauf ausgeboten wurde. Der Bibliothekar Wilh. Ernst Christiani sagt in seiner am 29. Januar 1785 in dem Kirchensaale des Schlosses zu Kiel bei der Einweihung der neu vermehrten Universitätsbibliothek gehaltenen Rede, Kiel u. Dessau 1785. 8. S. 12: Unter den Handschriften der Bordesholmer Bibliothek war unter andern ein Glossarium, das Leibnitz von unserer Bibliothek zum Gebrauch gehabt und als ein etymologisches Hülfsmittel hochgeschätzt und durch einen eingelegten Zettel von seiner Hand merkwürdiger gemacht hat. Auf dem ersten Blatte stehen die angegebenen Worte: Vocabularius Lamberti Swarten manu exaratus 1419 vidi exitum libri. Auf einem an dem Deckel befestigten Blättchen stehen die Anfangsworte des Manuscripts, zum Theil wohl unrichtig gelesen: Ex quo vocabularius sive (von späterer Hand corrigirt scilicet) catholicon publico (corrigirt Hu-

*) Die Itzehoer Schule ist auch oben S. 60 erwähnt No. 22, 1 bei der visio Philiberti, die 1434 in Itzehoe abgeschrieben wurde.

wicio) et brevilogus (corrig. breviloquus) in magnis voluminibus sub longo stilo sunt collata (corrig. collecti) quem (corrig. quod) doctores (corrig. dictiones) postulant et requirunt.)

Anfang: Ex quo vocabularii s. catholicon Huwicio et breviloquus in magnis voluminibus sub longo stilo sunt collecti sic pauperes scholares eos habere non possunt ergo omnia ista que in illis libris sunt sub longo stilo scripta hic sub et compendioso secundum ordinem alphabeti cum declinacione et genere et conjugacione tam partes declinabiles quam indeclinabiles sunt composite pro quo est notandum quod hic sunt due linee in una discernitur genus in altera vero declinacio vel conjungacio secundum quod dictiones postulant et requirunt.

A id est eine } ppo.
Ab van }
Abadera ey sten f. p.
Abalienare ghud van henden brynghen a. p.

Der letzte Artikel Bl. 230: f. p. zotica est virtus (?) vitalis. (Doctor A. Lübben in Oldenburg, der dieses und das folgende lateinisch-niederdeutsche Glossar benutzt hat, bemerkt, was ich hier dankbarst wiederhole, dies lateinisch-niederdeutsche Vokabularium ist aus der Reihe derjenigen, die man nach dem überall gleichen Anfang der Einleitungsworte mit dem Namen der vocabularii ex quo bezeichnet hat. Das Werk ist nach der Einleitung Auszug aus einem oder mehrern grössern Werken, nur an einer Stelle (Bl. 230) wird Brito genannt: s. v. vindicta wrekinghe vel est virga que dabatur antiquitus servis in signum libertatis dicit tamen brito quod sit gladius quo tanguntur quum accipiunt dignitatem militarem quod ita debent vindicare inimicos. Brito wird, sagt Dr. Lübben weiter, auch in einem vocabul. ex quo v. J. 1429, das sich auf der Bibliothek zu Wolfenbüttel befindet, genannt. Vielleicht haben dem Lambertus Swarten die in der Einleitung genannten Werke vorgelegen, im Vokabular selbst werden sie mit keiner Silbe weiter erwähnt. So weit Dr. Lübben.

Grässe nennt l. c. S. 666 Guil. Brito aus Wales den Minoriten, † 1356, unter den mittelalterlichen Lexikographen. Vergl. oben No. 107 S. 107. Ausführliche Nachricht über die Vocabularien giebt L. Diefenbach in der Vorrede zu seinem glossar lat.-german. Francof. 1857.

109) Vocabular., Sermones, Statuta praepositurae Hamburgensis. 256 Bll. Fol. CXXXIII.

1) Bl. 1—154. Dasselbe latein-niederdeutsche Vocabular wie No. 108 mit geringen Abweichungen ohne Namen des Lambertus Swarten. Anfang: fast wörtlich derselbe wie in No. 108: Ex quo vocabularius s. catholicon Huwicio et brevilogus in magnis voluminibus sub magno stilo sunt collecti sic pauperes scholares eos habere non possunt ergo omnia ista que in illis libris sunt sub longo stilo scripta hic sub compendioso secundum ordinem alphabeti cum declinacione genere et conjugacione tam partes declinabiles quam indeclinabiles sunt composite pro quo est notandum quod hic sunt due linee in una distinctio generis in alia vero declinacio vel conjugacio secundum quod dictiones postulant et requirunt. (Die Abhängigkeit der einen Handschrift von der andern (No. 108 u. 109), schreibt Dr. Lübben, ist ganz deutlich, vielleicht sind beide Copien eines noch unbekannten Originals.) 2) Bl. 155—255. Sermones 1) in die sancto resurrectiones domini nostri Jhesu christi — 247. de concepcione beate virginis marie — 254. de sancta cruce. 3) Bl. 255 b.—256. Statuta prepositure Hamburgensis Johannes de Gatzcow dei gracia prepositi Hamburgensis. Anfang: Quoniam ad officium pertinet presidentis nunc antiquorum reservatione nunc vero novorum editione jurium seu statutorum —. (Eine sorgfältige Abschrift hat der Grossherzoglich Oldenburgische Geh. Archivrath Dr. Leverkus genommen, sie ist der No. 109 angelegt.)

110) Ex quo vocabularius. Speculum peccatorum. Evangelia dominicalia cum glosa Nicolai de lyra. 240 Bll. 4to. CCCV.

1) Bl. 1—196. Vocabularius. Anfang: Ex quo autentici vocabularii et varii sunt videlicet

ysidorus catholicon Huwicio et Brito allique codices sunt in operatione preciosi preciosi in collecione ac prolixi intellectu vero obscuri et in — multi ita quod pauperes scholares eosdem de facili et pro precio competenti racione eorum paupertatum habere ac sibi comparare non valebunt ut tamen eo facilius sacram scripturam literaliter intelligere poterinit — est praesens vocabularius secundum ordinem alphabeti conscriptus — Bl. 1 abalienare gud van handen brynghen — abbreviare vorkorten — Bl. 3 f. p. accidia tracheit — 196 zotica —. 196. Et sic est finis hujus vocabularii finitus in crastina epiphanie anno MCCCC 29. (Nur Bl. 2b.—8 sind, wie in No. 108 u. 109, die genera und Arten der Wörter angegeben.) 3) Bl. 197—205. Speculem peccatorum conscriptus anno domini 1431. Das erste Blatt fehlt. 4) Bl. 207—240. Evangelia dominicalia cum glosa Nicolai de lyra. Anfang: Presens scriptum evangelia dominicalia uti per anni currunt circulum cum glosa magistri Nicolai de lyra continet et quedam de dictis aliorum doctorum inseruntur vel subjungatur propter eos bibliothece carent ut habeant materiam praedicandi ad populum copiosam.

111) Lexikographische Auszüge. 249 Bll. 4to CCLV.

1) Bl. 1, 2. Collectio ex Laurentii vallae aliisque —. 2) Bl. 3. Tabula. Nachweisungen verschiedener Wörter. 3) Bl. 4—16. Liber divnarum Ciceronis abundat unda superfluit velut amnis humor abrogat quis aliena aufert velut qui legem tollit arrogat qui sibi aliquid plus justo assumit — 4) Bl. 17 u. 18. Ex bibliocento —. 5) Bl. 18—40. Ex libro Gherardi de schueren cancellarii ducis Clivensis. A — W. Abel subtil idem pulcer — Achten wordeynen estimare appreciari licet licitor wedderachten — vorachten —. 6) 41—228. Anno domini 1473 finitum in raceburg. Hic liber extractus a catholicon aliisque in raceburg scriptus calamo ducente Jho. —. 7) 228b.—230. Sprachliche Bemerkungen. 8) 231. Speculum beanorum. 9) 232—247. Notabilia. 10) 248. Ex Laurentii Vallae elegantiis. 11) 249. Abbreviationes Romanorum more A Aulus C. Caesar —.

112) Liber grammaticalis explicans originem quorundam vocabulorum cum indice. 324 Bll. 4. Der Titel ist in dem Bordesholmer Catalog CCXLVII so angegeben.

Die Handschrift hat durch Feuchtigkeit gelitten und ist dadurch zum Theil unleserlich. 1) Bl. 1—65. Nach einer prosaischen Einleitung Metra, eine lateinische Grammatik enthaltend, mit prosaischer Glosse zur Seite. Bl. 1 b:

A nomen signat trahitur profitetur utrumque
colligit autorat —.

Der Schluss Bl. 64 b: Zelus capit nimium et invidet ac ymitatur —. Die Glosse beginnt 1 b: iste liber —. 2) 65 b. De quatuor temporibus. Anfang: Summa quatuor temporum a Calixto papa instituta sunt fiunt autem jejuna quater in anno —. 3) 60 b. Ars bona et valde utilis de podagra sume 1 quentin citrolosen (?) wortelen 1 quentin linsensaet 1 quentin turbit eyn quentin seni. Species has require in abboteca. Dat schal men to emende stoten to pulver. Item nym ok dat vordere beyn van enem doden mynschen —. 4) Eine grammatische Schrift mit prosaischer Einleitung, anfangend: Ego — egregiam tuam intuens sollicitudinem —. Der Anfang der Metra ist wie Bl. 1: nomen signat trahitur profitetur utrumque colligit autorat —. 5) 124 a. Sermo. Anfang: Si quis diligit me lectionem meam servabit —. 6) 125. Eine versificirte grammatische Schrift, anfangend: Divo presidio paro compilare libellum — quo vocum regimen — mit Glosse, die anfängt: Iste libellus qui intitulari protest rosola grammatice dividitur in tres tractatus quorum primus est de regimine parcium oracionis, 2dus de absolucione casuum, 3tius de constructione —. 135 b. Rothomacha venit wozu die Glosse bemerkt: de civitate de marchia berlin. Dann beginnt auf derselben Seite der dritte Theil: de constructione grammaticali —. 7) 139 b. Liber sinonimorum, versificirter Text mit prosaischer Einleitung und Glosse. Die Metra beginnen: Ad mare ne videar — animus — aula —. 189 b ventus — 190. vinum — 190 b. venter —. 8) 191 b. Grammatische Bemerkungen: Amo amas amat — de imperativo modo — de conjunctione — de verbo impersonali —. 9) 195—196. Aequivoca. Registrum: Ala alter — zelotes. 10) 197—200. Register der Synonima: Anima — aula atria castra pallacia regia — venter. Am Schluss eine Bemerkung über die animalia vivencia ex quatuor elementis allec ex aqua, gamaleon ex aëre talpa ex terra salamandra ex igne. Dieselbe Bemerkung ist in dem letzten metrum der synonyma Bl. 191 enthalten: Quatuor ex puris vitam ducunt elementis allec unda —. 11) 201. De litera et ejus accentibus. Anfang: Aristoteles dicit in quatuor metaphys. 201 b. De metrorum diversitate — 202 b. modi metrandi in versibus — 204 b. vicia in metris vitanda —. 12) 205. De sermone rithmico exempla de ritmi varietate —. 205 b. Exempla sermonis ritmici simplicis —. 206. Exempla ritmorum compositorum crucis triumphale lignum a cunctis fidelibus predicatur laude dignum —. 13) 208 b. De quantitatibus sillabarum —. 215. Generalia que circa quantitates observanda et in metris respicienda —. 14) 220. De partibus dictaminum —. 223. Modi incipiendi materiam —. 223 b. Modi prolongandi s. dilatandi materiam —. 232 b. Anno domini 1461 mensis maji 25. 233. Modi prolongandi sermonem. Anfang: Octo sunt modi dilatandi sermonem primus modus est poncndo —. 15) 236. De arte memorandi —. 16) 238. Verba de possessialia — auctionor —. 251. amplector umevanghen — largior —. 252. Verbarius sive vocabularium de verbis —. 313. Vocabular. de adverbiis.

Varia, Reden, Astronomisches, Aristoteles etc.

No. 113—121.

113) Nachweisung von Exemplis. 68 Bll. 4. CCXV.

Das Manuscript war früher gebunden an Francisci Maronis sermones Basilee 1498. 4. Vergl. oben S. 35, n. 124. 1) Bl. 1—2. Exempla notabiliora ex gestis romanorum. Anfang: Pompejus exemplum pulcherrimum de dilectione primum capitulum. De juvene qui fuit captus a piratis quem pater noluit redimere satis pulcherrimum capitulum quintum —. Bl. 2 b. Finiunt feliciter optiora exempla ex gestis romanorum. (In dem Druck der Gesta romanorum von 1489 ist dieselbe Capitelordnung. Die Handschrift enthält nur die Ueberschriften der ausgewählten Capitel.) 2) 2 b. u. 3. Incipiunt quadraginta exempla pulcherrima que inveniuntur in libraria (?) l. XLVI. Confessio liberat hominem a pena temporali. 3) 3 u. 4. Exempla. Verweisungen auf verschiedene Sammlungen dormi secure, paratum, thesaurum novum. (Diese Sammlungen sind oben S. 23 u. 28 genannt worden.) 4) 5—68. Alphabetische Nachweisung von exempla, abstinere — votum religionis.

114) Reden und astronomische Tabellen. 110 Bll. 4. CCCIII.

Das Manuscript war früher mit der 1480 gedruckten Grammatica Sulpicii verulani zusammen gebunden. Vergl. oben S. 36, n. 128. 1) Bl. 2—10. Reden in Rostock gehalten. Pro commemoracione animarum anno domini 1471 in ecclesia sancti nicolai rostockcensis. Anfang: Princeps inclite viri optimi —. 7. Oratio — quam pridie qua exular. dixit. 2) 11. Rede anno 77 in Gripeswalde. 3) 14—40. Proverbia seriosa in theutonico prima deinde in latino sibi invicem consonantia. Anfang:

Achter ruyghe leerd me best kennen.
Adest absente me, quod non me residente —.

Alze de drank kumpt so es de rede uth.
Cum venit potus cessat sermo quasi totus.

18 b. Blod krupt dar eth nicht ghan kan
Ire bonus sanguis quo nescit repit ut anguis.

40 b. De synd nicht alle hyllych de de gherne to der kerken ghan.
Non omnis sancti qui calcant limina templi.

So hogher grad so swarer val.
Si quidam est altus nocet ergo magis sibi saltus. 1486.

4) 40. In raceburg collatio per me facta de creatione domini anno 67. Exemplum dedi vobis —. 5) 43—47. Sermo latinus in sinodo in castro Schouenborch anno domini 1478 per me pronunciatus. Anfang: Qui se humiliat exaltabitur —. 6) 48—64. Sermones. 49. Sermo 71 in synodo in castro schovenberch pronunc. — 56. Homo quidam descendebat a Jerusalem in Jericho et incidit in latrones Luc. 10 —. 7) 65 b. — 71. Conjunctiones et oppositiones ad meridianum Nurebergensem Jan. — Decbr. 1475. 1494. 1513. Nach der freundlichen Angabe meines Collegen Prof. *Weyer* giebt die Handschrift die Zeiten der Neumonde (conjunctiones) und Vollmonde (oppositiones) für drei neunzehnjährige Perioden an mit dem Terminus 1475, 1494, 1513, z. B. 1. Januar des achten Jahr der ersten Periode 12 Uhr 13 Minuten Neumond —. 8) 71 b. — 72. Tabula regionum. Hybernia — Scotia —. Diese Tabelle giebt die Zeitunterschiede oder Mittagsunterschiede von 64 verschiedenen Ländern und Oertern an und unterscheidet die westlich von Nürnberg liegenden von den östlichen, die altitudo poli ist jedesmal in vollen Graden, der Mittagsunterschied in Stunden und Minuten angegeben. 9) 72 b. Tabula de ascendente mit Angabe der Zeichen des Thierkreises. 74. Tabula circuli solaris 1—4. 1459—1600. 76. Tabula circuli lunaris secundum aureum numerum 1—4. 1459—1600. 78. Tabula indictionis 1—4. 1459—1600. 80—87. Astronomische Tabellen. 88—91. Mathematische Anweisung, prologus und canon 1—12 et recapitulacio anno 1477 in studio coloniensi autor goswynus kemphphyn. 92—100. 100 b. — 110. Astronomische Anweisungen.

115) Johannes de Janduno über Aristoteles, und Register zu Ebrardi latein. Grammatik. 235, 48 u. 12 Bll. Fol. CLXV.

1) Bl. 1—157. Sicut vita sine tristicia eligibilis ita racio sensata amabilis. Istam proposicionem scribit aristoteles in quadam epistola ad alexandrum que sic incipit: Aristoteles Alexandro bene agere Et in illa proposicione tria tanguntur quantum spectat ad proposicionem primum. 2) 158—234. Johannes de Janduno quaestiones de anima —. 234. Haec itaque sufficiant in presenti de his quae super istum librum magister Johannes de Janduno potuit congregare in quibus ea que fides catholica refutat fabulam esse non dubitat reliqua vero et vera esse ac probabilia dicere non diffidit. 3) 1—. Quaeritur circa inicium librorum de coelo et mundo aristotelis. Ptholomeus scribit —. 30 b. Quaeritur circum secundum librum de coelo —. 48. Expliciunt questiones super libros de celo et mundo aristotelis disputate parisiis a magistro Johannes de Janduno. (Ueber Johannes de Gandavo oder de Janduno, der 1338 lebte, Ludwig den Baier vertheidigte etc. Vergl. Fabricius ed. Mansi T. IV, p. 77, und Grässe Mittelalter II, 1, S. 301; II, 2, S. 655.) 4) 1 —. Aspice greciste tabulam numero foliorum. Nomina dictionis graece in ista tabula non continentur. Anfang: A folio 167. Abies 68 —. 13. Zelus 89 —. (Ueber Ebrardus grecista, vergl. oben S. 22, n. 71.)

116) Textus de anima. Aussen auf dem Deckel des Buchs und im Bordesholmer Catalog ebenso, doch mit dem Zusatz: Joh. Frank c. notis mss. Rostock 1446. Richtiger Aristoteles de anima lib. 1—3 lateinisch übersetzt mit Marginalnoten. 132 Bll. 4. CCLXV.

Anfang: Bonorum honorabilium noticiam opinantes magis autem alteram altera aut secundum certitudinem aut ex eo quod meliorum ex certo aut mirabiliorum est propter hec utraque anime historiam inprimis rationabiliter ponemus. 132. Et sic finis textus de anima aristotelis collectus in alma universitate a venerabili viro magistro Joh. Franck anno domini MCCCCXLIIIIII secunda die sancti francisci per fridericum saxen.

117) Aristoteles, arbor virtutum et vitiorum. Bl. 1—157. 1—129. 4. CCLXXXII.

Eine Angabe des Inhalts steht Bl. 149 b. 1) Bl. 1—39. Excerptum ex Aristotelis ethicis libri 1—10. Anfang: Omnis ars et disciplina —. 38. 39. Capitula libri primi — decimi. 2) 39—41. Incipit liber dicitur yconomica aristotelis. Anfang: Oeconomica docet regimen familie sive domus sicut politica docet regimen civitatis —. 3) 41 b. Politicorum lib. 1—8. Anfang: Quoniam omnis civitas hominum adornatur ad bonum hominum principale civitas autem est communitas hominum —. 59 b. Capitula libri 1—8. 4) 61 b. Magna moralia —. 72. Explicit liber Aristotelis qui magna moralis est vocatus non quia in ipso sit prolixitas verborum sed quia virtutibus decoratus magnum format hominem et ingentem. 5) 73. Arbor virtutum —. Anfang: Cum de morali materia tam theologicos quam philosophicos libros studendo percurrere placuit — Cap. 1—11. 6) 88—93. De arbore viciorum. Anfang: Tractatus de arbore viciorum habet 10 capitula. 7) 93 b.—100. Theologische Notizen sive theses. 8) 101. Utrum omnes libri nostre biblie et precipue canonicales quoad omnes asserciones in spiritu literali sint divi seu diva revelacione conscripti —. 9) 120. Ars sermonum sive de arte predicandi, sive doctrina docens modum componendi collaciones et sermones. 8) 126. Tractatus de confessione sive interrogaciones de scripturis sacris et canonibus sacris in foro poenitentie ad utilitatem confitencium — ad episcopos et prelatos —. 127 b. ad canonicos et beneficiatos — 128 b. ad sacerdotes parochiales — 132 b. ad claustrales — 138 b. ad conjugatos — 139 b. ad mercatores — 140. ad rusticos et villanos interrogacio. 9) 150. De confessione. Anfang: Quoniam confitenti necessarium est generalem confessionem dicere, cujus tanta est virtus secundum magistrum summarum lib. IIII, dist. XXI, cap. 5 — et ideo ad utilitatem confitencium. Ego magister Johannes andreas hispanus cur. romane minor primarius civitatensis vocatus pauper Ep. ordinis sancti benedicti requisitus per confitentes hanc brevem confessionem ex multis sanctorum patrum dictis collegi —. 155 b. Finis. 10) 156. Interrogaciones septem criminalium secundum Robertum episcopum lincolniensem de superbia —. De invidia — ira — accidia — cupiditate — gula — luxuria —. Remedia contra septem vicia. 11) 1—33. Theologische Bemerkungen. Anfang: Thema in pestilencia —. (Bl. 34 u. 35 sind nicht beschrieben.) 12) 36—41. Tabula humane salvacionis. Ad phil. 4 gaudete in domino — concepcio — nativitas — epiphania —. Der Titel ist auf dem ersten Blatt angegeben: metra de gestis christi cum figura veteris testamenti. 13) 42. Sermones cum registro 1) in dedicacione ecclesie. Anfang: Hodie salus huic domui —. 14) 120—129. Fabule Aesopi stultus. Quidam gallus quaerens escam invenit jaspidem et lapidem — calumpniator. Lupus et agnus —.

118) Joh. Meyer (Meyger) Quaestiones metaphysicae physicae naturales et logicae Rostochii in colle artistarum. 1462. 244 Bll. Fol. CLV.

Den obigen Titel giebt der Bordesholmer Catalog. Bl. 1. Incipiunt questiones metaphysice physice naturales et logyce. 243. Anno domini MCCCCLVII die 6ta mensis Julii in rostok in collegio artistarum per me Johannem Meyger. 244 b. In hoc volumine continentur 1) libri metaph. 2) 8 libri phys. 3) quatuor de celo et mundo, 4) duo de generacione et corrupcione, 5) quatuor libri metheor. 6) lib. de anima, 7) lib. de sensu et sensato —. 22) Octo libri topicorum, 23) duo libri elenorum.

119) De virtutibus liber quadripartitus. Esopi et Aviani fabulae. Tractatus de enigmatibus imprimis arithmeticis. Biblia metrica. De decretalibus et libris legum. 160 Bll. 4to.

Dieser Titel ist angegeben im Bordesholmer Catalog CCLXVII. Auf Bl. 1 der Handschrift sind die Titel mehrerer Tractate angegeben.

1) Bl. 2—41. Liber quadripartitus moralis —. 2 b.—3. Rubricae primi, secundi, tertii et quarti libri quadripartiti. 4—13. Liber primus rubr. 1 semper disce et in extremis horis sapientiae

magis stude. Vulpes decrepita ardens cupidine plus sciendi —. rubr. 2 Nihil sibi homo est sine sapiencia —. Bl. 40 IV. 11 contra eos qui coitu ad solam delectacionem utuntur. Libidinosum passerem immoderatissimo coitu se fundere turtur mox ad eum venit et dixit —. Bl. 41. Explicit quartus et ultimus liber quadripartiti moralis finitus anno domini 463. 2) 42—68. Esopi fabularum lib. 1 (126 fabulae). Bl. 42. Registrum. Bl. 43. Prologus. Grecia disciplinarum mater — Incipit liber fabularum quas Esopus grecus homo ingeniosus studiose collegit — 1) de gallo qui margaritam invenit — 2) de lupo et agno. Bl. 68. Hic finiunt fabule quas Esopus grecus conscripsit que vero sequuntur rex Affrus addi precepit — — Bl. 70. Aviani Fabulae. 73. Finis Esopi liber et Aviani per manus Johannes reborch sub anno domini 1463. 3) 73 b.—78. Enigmata addicionis subtractionis multiplic. divisionis. 4) 78. Notiza. Duodecim sunt abusiones claustri quibus tota summa religionis corripitur id est Prelatus negligens discipulus inobediens — duodecim abusiva sunt seculi sapiens sine operibus senex sine religione adolescens sine obediencia dives sine elemosyna —. 5) 78 b.—89. Biblia metrica cum gloss. Genesis: Sex prohibet peccat abel enoch —. 89. Apocalypsis septem bis bine —. 6) 89. De libris veteris et novi testamenti. 7) 90—99. Registrum evangel. et epistolarum per circulum anni. Dominica adventus. 8) 99—101. Evangeliorum argumenta. 9) Juristische Bemerkungen: Ut legentibus ac. Juris constare possit de hiis que breviata sunt in concordanciis librorum juris canonici et librorum legalium notari primo potest quot librorum juris canon., quantum ad textum sunt duo videlicet decretum et decretales. Decretum habet tres partes — 103. de libris legum — 104. de divisione jurium — 105. nomina doctorum seu magistrorum sunt: Ac. 1. Accursius doctor Al. i albericus doctor Arch. ard. id est archidyaconus. 106 b. Tituli decretalium libri 1—5. 10) Tituli libri 1—4 sententiarum. 11) 110. Ordo omeliarum evangeliorum Gregorii prima Erunt signa in sole —. 12) 111—116. Tabula humane salvationis, conceptio — nativitas —. 13) 117—119. De confessione. Quomodo confessor debet docere confitentem — 119 casus papales — episcopales —. 14) 120—123. Beichtformulare und Reden in niederdeutscher Sprache. In den namen des vaders unde sones unde des hilgen gheestes. Ick arme sundige mynsche —. 122 b. De confessione in latein. Sprache: vera sit et integra s. confessio munda — 123 b. de missa —. 15) 124—126. De luxuria. Luxuria est delectatio momentanea —. 16) 126 b.—127. Septem laquei diaboli quibus rapit homines —. 17) 128. Lateinische Wörter mit deutscher Uebersetzung — Epyaltes eyn mare — poplex eyn kneschine — Tralale eyn runghe — plorare wenen — Trulla eyn murkelle. 18) 129—132. Speculum peccatorum. Quoniam — in via hujus fugientis vite sumus —. 19) 132b.—1?. Quedam methaphora: Audite omnes et timete deum et narrabo quantas virtutes in presenti et quantas delicias in futuro — Erat quedam regina valde nobilis que habebat castrum item Jherusalem et babilonem —. 20) 138. Forma qua recipiendus est penitens. 21) 139—160. Explicit liber synodalis compositus a domino episcopo nevinensi (?) anno domini MCCCCIIII et tract. de utilissimis regulis juris. cap. 1—14. Anfang: Quoniam in sacramentorum collacionibus et animarum regiminibus cautela multiplex et diligencia debet — De baptismo — de poenitentia — cap. 14 de judeis.

120) Briefe. 44 Bll. 4to.

Die Handschrift war früher an Stephani flisci sententiarum variationibus. Zwollis 14?. Vergl. oben S. 30.

1) Bl. 1—8. Anweisung zum Briefschreiben. Bl. 1: Secundum magistrum — et laudophum in sua summa de arte dictandi — illi tamen conveniunt in re —. Dictamen uniuscujusque materie competens —. 2) 9—12. Exordia pro omni materia communiter deserviencia. 3) 13—3? Sammlung von Briefabschriften. 4) 34—43. Eine andere Sammlung von 14 Briefabschriften. Bl. 34 venerabilis domine de vindicta quam in profesto beate marie magdalene plebs christiana ad Turcos novissimos inimicos crucis cristi benedicte fecit —. 34 b. Ex wienn. feria tercia in die stephani invencionis (30. Maj. u. 3. Aug.) anno domini LVI per v. d. Jo. golden —. Magnifico domino ac-

theo glick domino novi castri. Der zweite Brief anfangend Bl. 34 b.: Magnifice ac nobilis domine multa ex finitimis regionibus ad nos afferuntur quotidie nova de incredibili apparatu et validissimi Turci exercitu deque firmis magnifici Johannis de hunniad contra inimicos christi fortunatissimi — 35b. Ex Vienn. feria 6ta ante vincla petri anno domino LVI p. v. m. Johannem goldon decan. —. Magnifico domino Matheo Glick domino novi castri. 36. Der dritte Brief, anfangend: Magnifice domine referebam me ad hanns franck cui hanc literam meam commendavi v. m. per —, 37 b. Der vierte Brief datirt: Ex Hamborgh sexta feria post nativitatem marie — fuit nona dies mensis Septembris Johannes podendorp honorabili viro domino — opidi buxtehude. Der Brief betrift das castrum lingua Hongarica Anderonlvn. et nostro vulgari wisenborgh dictum. 38. Der fünfte Brief: Serenissimo principi ac domino latislao dei gracia hungarie bohemie dalmacie croacie etc. regi ac austrie et stirie duci marchioni moravie domino nostro gracioso. 38 b. Datum in Anderonlva. sabbato proxime ante festum Jacobi apostoli anno domini MCCCCL sexto. Johans de huniad comes bistriciensis. 39. Der sechste Brief: Calistus episcopus servus servorum dei —. 40 b. Anno incarnacionis dominice millesimo quadringentesimo quinquagesimo septimo pontificatus nostri anno tercio Not. ad hanc copiam q. concordat de verbo ad verbum cum originali suo Johannes podendorp. 41. Der siebente Brief: Decanus ecclesie sancti Anscharii bremensis — Anno domini MCCCCLIII feria quinta post pasche —. Bl. 41. Der achte Brief: Johannes dei et apostolice sedis gracia Episcopus verdensis — in Buxtehude — Datum Rodenborgh anno a nativitate domini millesimo quadringentesimo quinquagesimo tertio die —. Ad mandatum domini episcopi verdensis Johannes Nigenborgh notarius. Exec. — per me marquardum w. vice pretorem in Buxtehude dominica jubilate —.

121) Reden. 42 Bll. Fol.

Die Handschrift war früher an Alexandri grammatica, Lubeme 1480, angebunden. Vergl. oben S. 20 u. 21, n. 62. Im Bordesholmer Catalog CLVI. 1) Bl. 1—3. Hanc oraciunculam ego georgius walter decretorum doctor de partibus prusie de oppido salvelt ordinarius famosissimi studii Gripsvoldensis composui in honorem et laudem sanctissimi confessoris sancti Ivonis advocati pauperum —. Nach dem Schluss der Rede ward Ivo, dessen Leichnam in ecclesia Trecoriensi beigesetzt wurde, vom Pabst Clemens VI. 1347 am 19. Mai canonisirt und dem catalogo sanctorum hinzugefügt. (Nach Kosegarten Geschichte der Universität Greifswald, Bd. 1, Greifswald 1857, S. 93, 109 u. 123, war der Jurist Georg Walter aus Preussen 1458, 1466 und 1475 Rector der Universität Greifswald.) 2) 4 u. 5. Sermo pro licentia danda. Anfang: Optimi patres arbitror antiquum et vulgatum verbum apud vos non latere quod est — justa petentibus non denegandus assensus, peciit enim exhortando commendabilis ac maxime religiositatis vir dominus et magister Theodoricus Steffani artium facultatis decanus — ac dictorum — licentiandorum recommendator et promotor dari licentiam dictis licentiandis in dicta facultate ad recip. insignia magistralia —. Cumque itaque — se subjecerunt rigoroso et tremendo in facultate artium pro gradu magisterii — temptamini et examini —. Optenta igitur licentia a reverendo in christo patre et domino domino Henningo dei et apostolice sedis — cancellario bene merito — do vobis — licentiam — vos licentiatos in dicta facultate creo constituo et pronuncio ad laudem omnipotentis dei et gloriosissime virginis marie amen. 3) Gratiarum actio pro data licentia. (Nach Kosegarten I, 72 war der Caminsche Bischof Henning Canzler der Universität Greifswald, Theodoricus Stephani, der Artist war nach Kosegarten I, 122, 1465/66, Rector, und 1473 Vicecanzler.) 4) 5 b.—7 b. Oratio commendatoria et exhortatoria in universitate Gripeswaldensi per doctorem Georgium habita de rectoratu. 5) 8 u. 9. Oratio pro licentia danda. 6) 10—15. Oratio de gradu doctorali. 7) 16—18. Sermo Georgii Walteri decretorum doctoris in universitate Gripeswaldensi habitus a. MCCCCLXV in exequiis doctoris Mathie Wodel archidiaconi stolpensis ecclesiarum Caminensis Stetinensis Gripeswaldensis canonici —. (Der Titel der Rede steht Bl. 7 b. u. 18 b. der Handschrift.) 8) 19—21. Oratio Georgii Walteri decretorum doctoris de prusie in universitate Gripeswaldensi ordinarii anno domini MCCCCLXVI habita in assumptione tercii rectoratus. (Vergl. Kosegarten I, 93.) 9) 21 b. u. 22. Oratio de rectoratu. 10) 22 b. — 25. Oratio Georgii Walteri ordinarii studii gripeswaldensis in honorem sancti Ivonis a. d. MCCCCLXXII habita. 11) 26 b. u. 27. Oratio Georgii Walteri in susceptione recturatus. 12) 28—37. Juristische Ausführungen über die Kraft der consuetudo, der Statute und Rescripte. 38—43. Hieronimus dei et appostolice sedis gracia archiepiscopus Cretensis — domini nostri Pii — pape secund. vicecancellarius in regno polonie ceterisque slesie et prutzie cum potestate legati de latere macht die literas apostolicas contra perfidissimos et humanissimos Thurcus christi nominis inimicos —. Dat. Rome apud sanctum petrum anno incarnacionis dominice millesimo quadringentesimo sexagesimo tercio undecimo Novembris pontificatus nostri anno sexto bekannt: Wratislavie in domo hospitis nostri anno a nativitate Jhesu Christi millesimo quadringentesimo sexagesimo quarto indictione duodecima die vero sexto decimo mensis Januarii — mit Beglaubigung des Notarii Johannes Noel clerici Coloniensis diocesis.

De inclito Adolpho comite holzacie ordinis minorum in Kyl. Herausg. v. D. Leverkus in den Jahrbüchern für Landeskunde B. 4. S. 374. Kiel 1861. 8.

Die von Bordesholm nach Kiel gekommenen Druck- und Handschriften zeigen, dass die Mönche oder Mitglieder des Bordesholmer Augustinerstiftes in ihrer Bibliothek, so wie sie noch in letzter Zeit in Bordesholm war, Gelegenheit fanden, sich mit der Theologie, besonders der praktischen — dem Predigen, dem Beichtstuhl —, mit der Jurisprudenz, besonders dem canonischen Recht — der Excommunication, den Indulgenzen, der Verwandschaftslehre, — mit der lateinischen Grammatik, mit der Briefschreibekunst zu beschäftigen. Aus der Medicin finde ich nur S. 65 ein Mittel des Pabstes gegen die Pest und S. 110 ein Recept gegen Podagra. Unter den theologischen Schriften treten besonders Augustinus, Anselm, Bernhard von Clairveaux, Hugo v. S. V., Bonaventura und Gerson hervor. Wir sehen auch in den Handschriften, die Bordesholmer Mönche abgeschrieben haben, dass sie mit Schriften dieser erstgenannten Arten sich beschäftigten. Dass sie einige Kenntniss von Seneca, Ovid, Plinius, Aristoteles und andern alten Schriftstellern hatten, ergiebt sich aus den Handschriften, doch beschränkte sich dies wohl meistens nur auf eine vermittelte Tradition. Die vier Ursachen, die causa efficiens u. s. w., werden einige mal S. 77 unten und 94 erwähnt, aber daraus folgt keine nähere Kenntniss des Aristoteles, wenn sie auch Uebersetzungen einiger Werke von Arist. hatten. Eine lateinische Uebersetzung von Aesop's Fabeln, Seneca's Briefen und die angebliche Schrift Seneca's über die vier Tugenden werden die Bordesholmer Mönche näher gekannt und gebraucht haben, nicht minder Boethius. Mehrere der Bordesholmer Mönche hatten in Bologna, Prag und Erfurt studirt.

Für die Bordesholmer Bibliothek hat unter allen Mönchen dieses Klosters Johann Nese oder Nasus wohl am eifrigsten gesorgt, theils durch Ankaufen, grössern Theils durch sehr fleissiges Abschreiben. Der ernste Mann scheint Witz darin gefunden zu haben, neben seinem Namen Ovidius cum naso nasonem petito zu schreiben und zwei Dudelsäcke zu zeichnen. Die meisten aufgeführten Predigtsammlungen sind von diesem aus Plön stammenden fleissigen abschreibenden Mönch geschrieben, theils während er in Bordesholm, theils während er in Brügge als Prediger lebte. Auch als er (S. 43) 1477 in Jasenitze zur Reform des dortigen Pommerschen Klosters war, benutzte er seine Zeit zum Copiren.

Nach der Handschrift No. 86 S. 99 unten, ward er 1503 vom Magistrat in Kiel zum Prediger gewählt, ging aber nach einem vierjährigen Aufenthalt wieder fort, man wählte dann in Kiel Theodor Lesteman. Aus den Handschriften, die Johannes Nese geschrieben, sieht man, dass ihn das rein Praktische des Predigeramts interessirte, er copirte aus ältern Sammlungen, wie aus dormi secure, Schlafsicher, u. a., er notirte sich dabei (S. 97) die dem Kloster Bordesholm und dessen Kirchen zu Brügge, Flintbeck, Kiel, Nouenbrok, Breitenberg und Bishorst bewilligten Indulgenzen. Als er 1500 in Brügge (S. 99) eine Abschrift endigte, berührte ihn jedoch die Niederlage der Holsaten und der grossen Garde in Dithmarschen so sehr, dass er sie bemerkte. Diedr. Lesteman war

1488 auf der Universität Greifswald, 1490 in Hamburg. Auch von diesem Kieler Prediger, der auf Joh. Nasus folgte, hatte die Bordesholmer Bibliothek Bücher, mehrere jedoch von Johannes und Libor. Meyer, der erste studirte 1478 in Cöln, beide waren 1479 in Prag, der erste war Baccalaureus, der zweite Doctor des Kirchenrechts; einige Bücher erhielt die Bordesholmer Sammlung von Marq. Brand, er war in Prag, als die Hussische Ketzerei, wie er sagt, anfing, sie bewog ihn nach Erfurt zu gehen. Die S. 60 erwähnte Bulle des Pabstes beruhigte das Streben der Prager nicht. Brand war (S. 105 u. 106) 1412 und 1413 in Bologna, die Unruhen gegen Johann XXIII. verleideten ihm den Aufenthalt. Einige Abschriften sind von dem Baccalaureus Nicol. Thome, der 1474 starb, andere von Joh. Reborch, eine von Thomas Kopke, der, seinen Namen deutend, einen Becher neben demselben zeichnete, eine ward 1454 in Itzehoe geschrieben, als der Schreiber Lehrer der dortigen Nicolaischule, eine andere 1444 in Segeberg von dem dortigen Lehrer, eine, die Tafel der bösen List oder der verderbte Zustand der Welt, im Jahr 1459 in Heiligenstedten, einige Handschriften stammen aus Greifswald, Rostock und Jasenitz. Mit dem Kloster des letztern Orts, wie mit der Windesheimer Congregation, war das Bordesholmer Stift in naher Verbindung.

Unter den verschiedenen Handschriften dürfte vielleicht die niederdeutsche Marienklage (S. 78, 79) am ersten Beachtung finden, Professor Müllenhoff und Rochus von Liliencron beabsichtigten die Herausgabe. Der Beginn der Arbeit ward jedoch unterbrochen, ich glaube zur Probe so viel mitgetheilt zu haben, dass sich das Spiel beurtheilen lässt. Die sprachlichen Ergebnisse welche No. 108 – 112 gewähren, sind wohl schon erschöpfend aus andern Handschriften gewonnen worden. Die Art, wie im funfzehnten und sechszehnten Jahrhundert gepredigt wurde, zeigt sich in dem zwei und sechszigsten Manuscripte und in andern Handschriften. Es ward unnöthige Gelehrsamkeit angebracht, Beispiele wurden aus dem Mährchenbuch der gesta Romanorum und andern genommen, wohl auch S. 83 das Freundschaftsbeispiel der Schiller'schen Bürgschaft; die Thiere, die Bienen namentlich, stellte man als Muster hin. Ich habe in dem am Schlusse folgenden Register die von einiger Erheblichkeit scheinenden Namen und Gegenstände erwähnt.

Die zweite Sammlung, welche der Universität bei der Stiftung überlassen wurde, war die der Kieler Nikolaikirche; sie bestand nach einem erhaltenen Verzeichniss ungefähr aus 200 Bänden, unter denen namentlich Luther's Werke waren.

Eine dritte Sammlung war die Eutinische Bibliothek, welche Bischof Hans oder Johann, Bischof von Lübeck, der in Eutin residirte und 1655 gestorben war, gesammelt hatte; er war der jüngere Sohn des Gottorpischen Herzogs Johann Adolph und Bruder des Herzogs Friedrichs III. Der Stifter der Universität, Herzog Christian Albrecht, war Vormund des Sohnes des Bischofs, Johann August, und bewirkte, dass die Bibliothek des Bischofs an die Kieler Universität kam. Die Sammlung enthielt nach dem erhaltenen Verzeichniss theologische, juristische, historische und mathematische Schriften, ungefähr 1000 Bände.

Die neue Universität Kiel ward 1668 von Deputirten des Herzogs, dem Präsidenten Johann Adolph Kielmann von Kielmannsegk und zwei Herzogl. Räthen Friedrich Christian Kielmann von Kielmannsegk und Andreas Cramer zum ersten mal *) visitirt. In der „ausführlichen Hochfürstlichen Resolution über die von der bey vorgewesener Visitation der Kielischen Universität befundener Beschaffenheit eingebrachte der Herrn Commissarien Relation. Gottorf 22. Mai 1668" heisst es gegen den Schluss: Damit auch zum funfzehenden die angelegte bibliotheca academica gleichfalls von Zeiten zu Zeiten ihren Wachsthumb erlangen möge, so wollen Ihro Hochfürstl. Durchl. diejenigen Bücher, welche in allhiesiger Fürstl. Bibliothek sich geduppelt befinden, für ehest dorthin zu verschaffen auch sonsten zu fernerer Aufnahme nach und nach gehörige Anstalt machen lassen.

*) Die Namen der Commissarien oder Deputirten dieser ersten Visitation sind in der Universitätschronik 1856 S. 21 nicht richtig angegeben, sowie auch als das Datum der fürstl. Resolution über diese Visitation irrig der 22. Mai 1669 statt 1668 genannt ist. Die Resolution findet sich in der Handschrift J. H. 175 A. S. 57 - 65, u. Vol. Staats I, 68.

Die Universität erhielt durch dieses Geschenk unter Anderen die Taurellische Ausgabe der Pandekten und Bartolus opera, sowie mehrere Bände der Pariser Sammlung der Byzantiner. Nach einer gedruckten Angabe in diesen Bänden waren sie von den Nordstrandiae participantes dem Herzoge geschenkt worden. Die aus der Gottorper Bibliothek erhaltenen Doubletten betrugen ungefähr 450 Bände.

Der Geh. Kammerrath Andreas Cramer, Erbherr zu Hoyersworth, hatte eine juristische Bibliothek gesammelt, welche sein Sohn Fr. Andr. Cramer der Universitätsbibliothek schenkte, sie soll bei der Erbtheilung zu 1000 Rth. angeschlagen sein, eine Gedenktafel in der Universitätsbibliothek erinnert noch jetzt an dieses Geschenk des Jahres 1674. Wenn das erhaltene Verzeichniss der geschenkten Bücher vollständig ist — es befasst 280 Bände — so ist der angenommene Geldwerth zu hoch berechnet. Die Sammlung enthielt besonders mehrere juristische Consilien. Der Arzt Matthias Clausen, ein geborner Kieler (er starb 1675) schenkte 1674 der Kieler Universitätsbibliothek eine Sammlung von 148 Bänden medicinischer Werke, unter denen ich Hippokrates, Galen und Vesalius hervorhebe. Eine Gedenk- oder Danktafel für dieses Geschenk lautete: libros medicos CXLIIX sub hac tabella positos benevolentiae erga academiam testandae gratia bibliothecae donavit dominus Matthias Clausen, med. Dr. et seren. Slesv. et Holsat. ducis archiater. Der Sohn von Matthias Clausen, Johann Clausen, war von 1676 — 1699 Professor der Logik und Metaphysik in Kiel, ward dann als von Clausenheim geadelt und fürstlicher Geh. Rath und Landrentmeister. In der freilich sehr partheiischen Geschichte des Schl.-Holst.-Gottorfischen Hofes, Frankfurt und Leipzig 1774, wird ihm Seite 1 *) Manches zur Last gelegt, er scheint allerdings an der Pachtung der fürstlichen Lande, die vorgenommen wurde, als Herzog Friedrich IV. mit seinem Schwager Karl XII. in den Krieg ging, Theil genommen zu haben. Er schenkte 1709 der Universitätsbibliothek eine Sammlung von 1800 Bänden, die von Sebastian Kortholt in seinem Programm über die Universitätsbibliothek von 1709 sehr gerühmt wird.

Die siebente Bibliothek enthielt die Bücher, welche Doctor Joh. Cruse gesammelt hatte. Die zuletzt erwähnten beiden Schenkungen waren durch die Bemühungen des Bibliothekars Sebast. Kortholt veranlasst; wenigstens bittet er 1725, als der Herzog vorschrieb, ein Buch in Folio anzuschaffen und darin der künftigen freiwilligen Gaben an die Bibliothek zu gedenken, dass ihm erlaubt werde, in diesem Buche zu bemerken, dass während seines Bibliothekariats die Bibliothek fast um die Hälfte vermehrt sei, und dass der selige Herr v. Clausenheim auf sein öfter wiederholtes Anhalten seinen vortrefflichen Vorrath geschenkt, und dass durch langwierigen Schriftwechsel der Dr. Hanelow dahin disponirt sei, des Dr. Crusii Bibliothek der Akademie zu übergeben.

Die Verwaltung einer Bibliothek, welche in so viele selbstständige Sammlungen getheilt ist, hat gewiss manche Schwierigkeiten, namentlich lässt sich ein Buchtitel in sieben Separatkatalogen und in sieben gesonderten Repositorien nur langsam suchen. Dennoch bestand diese Sonderung lange, und wenigstens 1725 hatte man noch kein genügendes alphabetisches Generalverzeichniss, aus dem man gleich hätte sehen können, ob ein bestimmtes Buch in einer der sieben Sammlungen sei. Prof. Kortholt sagt in einem Berichte dieses Jahres: „ob zwar ein richtiger alphabetischer Katalog aller und jeder voluminum, welche sich auf der Bibliothek befinden, so sind doch keine indices der in solchen Voll. enthaltenen auctorum, welche je zuweilen in ziemlicher Anzahl in einem volumine zusammen gebunden sein, vorhanden.“ Die zur Revision der Universität verordnete Commission drang in ihrer Resolution vom 26. März 1725 auf Beibehaltung der getrennten Bibliotheken, und wenigstens bestand 1739 noch diese Sonderung, da der Bibliothekar Hennings damals in seinem Bericht dieses Jahres wegen einiger schon 1735 an den Curator Westphalen und den Hofjunker Stryk verliehenen und nicht zurückgelieferten Bücher die besondern Sammlungen anführt, in denen die Bücher fehlten. Der Vereinigung der einzelnen Büchersammlungen scheint keine Disposition der

*) Irriger Weise wird Joh. Clausen in dieser Geschichte, S. 1, und in P. Kobbe Schleswig-Holsteinische Geschichte, S. 16, Professor der Mathematik genannt.

Schenker im Wege gewesen zu sein, sondern vielmehr das Dankbarkeitsgefühl, welches wünschte, wie Kortholt sich in dem erst erwähnten Berichte aussprach: „dass die Freigebigkeit allen und jeden hospitibus bestens in den Augen leuchte." Einige Arbeit hätte freilich die Umstellung auch erfordert, welche aber dem Eifer Kortholts für die Bibliothek gewiss nicht zu gross geworden wäre.

Ausser diesen Sammlungen, die man als eigene Bibliotheken bestehen liess, erhielt die Universität manche andere Geschenke. Der Herzog Aug. Friderich, Bischof zu Lübeck, gab 1666 zur Anschaffung von Büchern eine Summe Geldes her. Die drei holsteinischen Prinzen, Peter Friedr. Wilhelm, Wilhelm August und Peter Friedrich Ludwig, pronepotes von Christian Albrecht, schenkten 1765 bei ihrer Inscription an die Bibliothek die damals erschienenen Theile der encyclopédie ou dictionnaire rais. des arts et des métiers p. une société de gens de lettres mis en ordre p. M. Diderot et d'Alembert, Paris 1751. In diesen noch jetzt auf der Bibliothek befindlichen Exemplare haben die Prinzen ihren Namen geschrieben. Eben so machten andere zum Theil Ungenannte der Bibliothek Geschenke. Durch diese Beiträge kamen manche Bücher mehrfach zur Bibliothek, und man dachte schon 1725 daran, die Doubletten zu verkaufen. Wenn auch 1725, 26. März, bestimmt wurde: „die in den donatae bibliothecae vorhandenen Doublettes nicht zum Verkauf heraus zu nehmen, sondern allein aus dem alten corpore," so fehlte es doch an verkäuflichen Doubletten nicht. Erst 1740 aber konnte durch die Thätigkeit des Bibliothekars Hennings eine Auction der Doubletten gehalten werden, welche der Bibliothek 400 Mk. 8 Schill. brutto, und nach Abzug aller Kosten, sowohl des Drucks des Katalogs als d. übrigen, 361 Mk. 1 Schill. Reinertrag brachte. Einige Bücher, welche in mehreren Exemplaren auf der Bibliothek waren, verkaufte Hennings schon vor der Auction unter der Hand, was auch nachher mit den in der Auction nicht verkauften zur Ersparung der Kosten geschah. Aus dem Nachlass des Predigers Joh. Bernh. Franck, eines Sohnes des Prof. Wolfg. Christoph Franck, welcher 1716 starb, erhielt die Universitätsbibliothek um 1765 eine Sammlung englischer theologischer Werke*), die theils der Exegese, theils der homiletischen Literatur angehören. Prof. W. Chr. Franck, Sohn des 1704 gestorbenen Prof. Christoph Franck, hatte diese Bücher während seines Aufenthalts in England gesammelt.

Neben den bisher erwähnten ausserordentlichen Vermehrungen der Bibliothek fehlte es ihr nicht an regelmässigen wiederkehrenden, wenn auch in mancher Beziehung unbestimmten Einkünften, welche theils schon auf älteren Verfügungen beruhten, aber in dem Reglement vom 9. Januar 1725**) genauer bestimmt wurden. Der Herzog Carl Friedrich sagt in der oben genannten Verordnung: „zur Unterhaltung der Bibliothek sind zu widmen alle Neglectengelder der Professoren", worunter doch wohl nur die wegen versäumter Lehrstunden den Professoren von ihrem Gehalt abzuziehenden Summen verstanden werden können. Nach der Verordnung vom 2ten April 1666***) soll wegen jeder versäumten Stunde ein gewisses Geld vom salario abgezogen werden. Am 22sten Mai 1668 ward bestimmt, dass wegen jeder versäumten Lection ½ Rthlr. vom salario genommen werden solle, und den 10. August 1671****), dass dies so gewonnene Geld zur Hälfte allen Professoren, zur andern Hälfte der Facultät zufalle, zu welcher der Säumige gehöre. Nach dem Reglement vom 9. Januar 1725 sollte $^1/_{240}$ vom salario für jede versäumte Lection abgezogen werden, und wenn ich den Ausdruck Neglectengeld recht gedeutet habe, kam dieser Verlust der Säumigen der Bibliothek vom 1725 an zu Gute.

Der Prorector konnte nach Christian Albrechts Verfügung vom 2ten April 1666 die Hälfte der Inskriptionsgelder für sich behalten, sollte aber die andere Hälfte dem Fiscus academ. zuwenden; von einem studiosus mittelmässiger condition dürfe er nur ½ Rthlr., von reichen 1 Rthlr., von

*) Hess, die Glückseligkeit der cimbr. Musen, S. 96. und Thiess Nachrichten von allen Lehrern der Theologie. Thl. I, S. 78 und 260.

**) In der Handschrift S. H. 175 A, S. 573 und Vol. Stat. I. 483. Dieses Reglement beruhte auf einer herzogl. nach geschehener Visitation erlassenen Verfügung vom 8/19. Septbr. 1724.

***) In Vol. statut. I, S. 54.

****) Diese Bestimmungen von 1668 u. 1671 stehen in Vol. statut. I, S. 64 und 195.

Edelleuten nach Gelegenheit 2 Rthlr. nehmen, auffordert aber dabei der Bibliothek Interessen wohl bedenken. Durch dasselbe Statut nämlich forderte der Herzog die studiosi auf, „wenn sie eingeschrieben würden, nach ihrem Belieben etwas zur Bibliothek zu verehren." Wann und wie aus dieser erwarteten Verehrung später eine Schuldigkeit geworden, kann ich nicht angeben, in dem Reglement von 1725 heisst es nur: was bei den Inscriptionen gebräuchlich sei, solle die Bibliothek auch in Zukunft haben. In den Jahren 1726—46 erhielt die Bibliothek von den Inscriptionsgeldern aus jedem damals halbjährigen Prorectorat zwischen 6 und 12 Mark. — Die Hälfte der akademischen Strafgelder soll nach dem erwähnten Reglement der Bibliothek zufallen. In dem Statut vom 2ten April 1666 heisst es freilich, die Hälfte von den mulctis behalte der Prorector, die andere Hälfte solle er dem Fisco academ. zuwenden; indess wird doch durch dasselbe Statut bestimmt, dass von den 30 Rthlrn., welche der Prorector, der ungeachtet der Erinnerungen der Decane nicht resignire, pro quovis octiduo detracto zahlen müsse, die Hälfte der Bibliothek zukomme. Nach dem Reglement vom 9. Jan. 1725 muss man der Bibliothek von allen mulctis und Strafgeldern, die beim akademischen Gericht vorkommen, die Hälfte zuerkennen, und die wegen versäumter Consistorialsitzung zu zahlenden 5 Rthlr. ganz.

Jeder ankommende Professor soll nach der Bestimmung vom 9. Jan. 1725 12 Rthlr. Accessionsgeld zur Bibliothek geben. Ueber die gehörige Abtragung dieser Gelder haben die Bibliothekare, welche lange Zeit zugleich Rechnungsführer und Cassirer der Bibliothek waren, viele Klagen und Beschwerden geführt; man wird in den Jahren 1726—46, deren Rechnungen ich durchsehen konnte, wenige Professoren finden, die unaufgefordert und zeitig dieses Geld bezahlten. Professor Hartmann lieferte 1728 statt der 12 Rthlr. ein Manuscript zur Bibliothek, welches er zurücknehmen und das Geld baar zahlen musste, wie schon vor ihm Struve, Luther, Hane und Francke sich durch Bücherlieferung vergeblich von der Geldzahlung frei zu machen gesucht hatten. Der Bibliothekar Käuffelin führte sich selbst neben seinen Kollegen Hosmann, Oporinus, Struve und Kannegiesser als Restanten in der dem Consistorium einzugebenden Rechnung des Jahres 1737 auf; der Bibliothekar Hennings erklärte dem Consistorio 1743 bei der Rechnungsablage, dass er die der Bibliothek berechneten 12 Rthlr. Antrittsgelder zurücknehmen werde, bis Hosmann und Ingwersen, beide viel ältere Professoren, ihre Schuld bezahlt hätten; eine ähnliche Erklärung gab 1764 Prof. Tönnies. Man schämte sich nicht, sich auf besondere Dispensationen, die man aber nicht vorzeigen konnte, zu berufen; dem Bibliothekar Hennings, welcher unaufhörlich beim Consistorium und dem Curator sich beschwerte, auch Entscheidungen erhielt, dass vom Gehalt die schuldige Summe abgezogen werden solle, half alle seine Mühe nichts, und man darf wohl annehmen, dass sein gerechtes Bestreben, der Bibliothek keinen ihr gebührenden Vortheil entziehen zu lassen, Einiges zu der ihm wiederfahrenen Gehaltsentziehung beitrug.

Die promovirten doctores oder magistri sollen nach dem Statut vom 2ten April 1666*) ein oder mehr stattlich Buch (nachdem ihrer viel oder wenige sind) zur Bibliothek verehren. Am 9ten Jan. 1725 ward deutlicher bestimmt, dass wer in doctorem oder licentiatum promovirt, 8 Rthlr., wer zum magister oder notarius ernannt werde, 4 Rthlr. zur Bibliothek zu zahlen habe. Die Bibliothekare sollten diese Gelder von den Prorectoren abfordern, und hatten leider, wie bei dem Accessionsgelde, oft Ursache zu klagen. Die Rechnungen des Bibliothekars Opitz aus den Jahren 1726—34 schliessen regelmässig, dass er sich alle Gerechtsame wegen der restirenden Promotionsgelder vorbehalte, eben so ging es seinem Nachfolger Käuffelin und dessen Successor Hennings. 1740 waren die unter Hartmanns 1728 geführten Prorektorate von den Doktoren bezahlten Promotionsgelder noch nicht abgeliefert, und Hartmann war 1740 der Bibliothek für Notar- und Doctorernennungen 156 Rthlr. schuldig, wenn fünf im jubilaeo 1730 von ihm promovirte Doktoren mitgerechnet werden; 1741 wurde bei Hartmanns Tode diese Forderung als erloschen betrachtet. Eben so war es früher, wie die Bitte des Consistoriums aus dem Jahre 1727 zeigt, in welcher um Auf-

*) Vol. Statut 1, 56.

hebung dieser Abgabe wenigstens für die Söhne von Professoren nachgesucht wird; die Bittenden meinen, Ausländer würden durch den hohen Promotionspreis, welcher durch den Erlass der 8 Thlr. vermindert werden könne, abgeschreckt. Die Antwort war dem Wunsche nicht entsprechend, und der Curator erinnerte oft daran, dass das Geld gehörig bezahlt werden möge; die Erinnerungen waren aber ohne Erfolg.

Ausserdem aber musste noch bei der Promotion pro pileo 1 Rthlr. an die Bibliothekskasse gegeben werden, welche freilich auch die Verpflichtung hatte, die Hüte in brauchbarem Stande zu erhalten, was nach einem Beispiel in des Bibliothekars Opitz Rechnung vom J. 1730 doch noch einigen Ueberschuss für die Bibliothek gewährt haben muss; „einen bleumouranten Taffeten Magister-hut auf Gutbefinden rev. Consistorii zur Bibliothek gekauft vor 4 Mk." Die Hüte und der sonstige ornatus academ. wurden in dem Bibliothekszimmer, das auch den Partheien honorationis conditionis, die beim akadem. Gerichte zu thun hatten, zur Entrée diente, aufbewahrt, und erst 1745 approbirte der Curator den Plan des Bibliothekars Hennings, für die erwähnten nicht bibliothekarischen Zwecke das Kämmerchen einzurichten, in dem ehemals die Naturalien aufbewahrt wurden.

„Welcher studiosus ein attestatum der Fakultät, der er sich gewidmet, item facultatis philosophiae, so wohl wegen seines zweijährigen Aufenthalts zu Kiel als ratione vitae et morum bekommt, soll, falls er bei Mitteln, 1 Rthlr. ad bibliothecam erlegen" heisst es in dem oft erwähnten Reglement von 1725. Schon am 3ten Mai 1667 *) hatte Christian Albrecht für alle Inländer vorgeschrieben, dass sie, um im Staatsdienste angestellt zu werden, ein Zeugnis ihres Fleisses, Wohlverhaltens und dass sie „einige Zeit auf unserer Kielischen Universität studiret" vorzeigen müssten. 1668, am 22sten Mai, erklärte der Herzog, dass er ein Patent erlassen wolle, nach welchem alle angeborne Unterthanen, so sich nicht wenigstens ein Jahr auf der Kielischen Universität aufgehalten, nicht befördert werden sollten; indess erschien ein so allgemeines Patent von ihm nicht, sondern nur für die Theologie Studirenden wurde 1669, den 23sten Juni, **) bestimmt, dass alle, welche ad ministerium adspiriren, zwei Jahre in Kiel studiren und ein attestatum deshalb produciren sollen. Erst durch den Herzog Friedrich IV. wurde diese Verfügung auf alle Fakultäten ausgedehnt, und von Carl Friedrich die erwähnte Bibliothekseinnahme und 1 Mk. Schreibgebühr verfügt.

In dem Statut vom 2ten April 1666 (Vol. stat. I. 95.) heisst es: „von allen Büchern, Tractaten, Disputationes, orationen, programmatibus, so allhie gedruckt, soll er, (nemlich der akadem. Buchdrukker, dem auch der Buchhandel gestattet war) ein Exemplar ohne Entgeld an die Bibliothec sobald und ohne erwartete Anforderung zu liefern schuldig sein. Die publica programmata, catalogos lectionum und Edicta soll er ohne Entgeld drucken, auch solche Arbeit allen andern vorzuziehen sich angelegen sein lassen." Nachdem 1703, den 28sten Febr., dieser Freidruck der Programme etwas beschränkt war, wurde 1707, den 27sten Jan., die andere Bestimmung „von allen in Kiel gedruckten akadem. und andern Schriften, sie mögen Namen haben wie sie wollen, ein Exemplar ohne weitere Anforderung an die Bibliothek zu liefern ***)," wiederholt; was 1725, den 9ten Jan., durch Carl Friedrich auf die übrigen in den Fürstenthümern befindlichen Buchdrucker ausgedehnt wurde: „alle in Schleswig-Holstein befindlichen Buchdrucker sollen von demjenigen, so sie drucken, ein sauberes Exemplar an die Bibliothek einliefern." Dem Buchdrucker Erdm. Christ. Renocken, welcher für Schiffbek ein Druckerprivilegium 1745, den 8ten Jan., erhielt, wurde die Verpflichtung aufgelegt, an die akadem. Bibliothek 1 Exemplar und 1 an das Conseil zu liefern von allen bei ihm gedruckten Schriften, ausserdem von allen geistlichen Schriften 1 Exemplar an das Oberconsistorium und von den Zeitungen 2 Exemplare an den Hofkanzler. Für die Versendungen wurde Postfreiheit bewilligt.

*) In der Handschrift S. H 175 A. und Vol. statut. I, 133.

**) In der Handschrift S. H. 175 A. S. 117. Vol. statut. I, S. 172. (vergl. I. 70.)

***) Dieses Reglement der Visitatoren und Inspektoren ist gedruckt in H. Muhlii dissertat. histor. theolog. Kil. 1715. in 4. p. 257 u. ff.: auch in J. O. Thiess Gelehrtengeschichte der Universität zu Kiel, Thl. I. Kiel 1800. p. 159 ff. (vergl. Vol. Stat. I. 871.

Wenn auch der Herzog schon am 18. Aug. 1665*) den Hamburger Buchhändlern Simon Beckenstein und Christian Gerlach eine Concession zur Errichtung einer Buchhandlung in Kiel mit manchen Vorzügen und unter der Verbindlichkeit, jährlich ein Buch von 3 Rthlr. an die Universitätbibliothek zu offeriren, ertheilte; so dürfte doch lange Zeit neben dem Buchdrucker, dem 1666**) auch der Buchhandel concedirt wurde, kein eigner Buchhändler in Kiel gewesen sein. Noch viel später war der Buchhandel und die Buchdruckerei nicht geschieden; in dem Privilegium, welches am 24. Juli 1770 Victorin Bossiegel verliehen wurde, heisst es: „Es wird demselben erlaubt, eine Buchdrukkerei hieselbst anzulegen und zu unterhalten, und Alles, was herauskommt,***) „und besonders was er verlegt, selbst drucken zu lassen, jedoch sind hieran diejenigen, die etwa „drucken lassen wollen, nicht gebunden. — Hat selbiger jährlich ein Buch von dreien Rthlrn. hieselbst bei der Univ. einzuliefern, als ebenfalls auch von allen und jeden Schriften, die etwa künftig „von ihm mögten verlegt werden, ein Exemplar an besagte unsere Bibliothec unentgeldlich abzugeben. — Unser privilegirter Univ. Buchhändler wird ernstlich angewiesen — vornemlich der „Univ. Bibliothek die benötigten Bücher aufs wohlfeilste zu verschaffen, insonderheit aber bedacht „zu sein, dass sein Buchladen mit einem guten Assortiment der besten alten und neuen Bücher, „inländische und ausländische, stets versehen sei, dergestalt, dass dessen Werth von allen Vorräthigen wenigstens gegen 3000 Rthlr. zu schätzen sei." Im Vergleich zu den dem Buchhändler bewilligten Vortheilen eines jährlichen Honorars, anfangs von 40 Rthlrn., der halben Hausfreiheit und der nur ihm gestatteten Lieferung von neuen Büchern an die Univ. Bibliothek, scheinen die der Bibliothek und der Universität im Ganzen durch diese Privilegirung entstandenen Begünstigungen gering, und wurden in diesem Vergleiche später noch geringer, als bei der totalen Trennung der Buchhandlung und der Buchdruckerei die Verpflichtung, „eine Kupferpresse und so viel syrische und arabische Lettern, als zur Setzung einiger Zeilen nötig sind," wegfiel.

So lange kein Buchhändler in Kiel ein Privilegium für den Buchhandel hatte, mag vielleicht von fremden Buchhändlern, welche mit ihren Büchern die Kieler Märkte bezogen, keine Abgabe gefordert sein; es mogte aber billig scheinen, nach Ertheilung von Buchhändlerprivilegien für Kiel, den hiesigen privilegirten Buchhändler durch Abhaltung der auswärtigen zu begünstigen, oder beide wenigstens in einer Beziehung, nemlich in der unentgeltlichen Lieferung eines Buchs zu 3 Rthlr. an die Bibliothek gleich zu stellen. Das Reglement vom 9. Jan. 1725 sagt: „fremde Buchführer sollen in den Märkten und im Umschlag nicht gelitten werden, als wenn sie vorhero ein Buch wenigstens von 3 Rthlr. Werth an die Bibliothek abgeliefert."

Aus den Rechnungen zeigt sich, dass wenigstens im Umschlag 1726—46 die auswärtigen Buchhändler: Folginer, Hertel, Heyl, Brand und Korte jährlich Bücher zum Werth von 9 Mk. unentgeldlich lieferten, oder sich diese Summe bei andern gelieferten Büchern abziehen liessen. Die Buchhändler pflegten in der Kirche mit ihren Büchern auszustehen, wenigstens sagt der Bibliothekar Kauffelin in seiner Rechnung von 1738: „von Brand folgende Bücher für die Freiheit, in der Kirche feil zu haben, an die academische Bibliothek eingeliefert worden" u. s. w.

Dass gewöhnlich bloss im Umschlag und nicht in den andern Märkten auswärtige Buchhändler mit ihren Büchern nach Kiel kamen, geht nicht bloss aus den erwähnten Rechnungen sondern auch aus dem an Bossiegel 1770 ertheilten Buchhändlerprivilegium hervor: „Gleich wie „bis dahero es die usance mitgebracht, also ebenfalls ins Künftige sich kein anderer Buchhändler „unterfangen, ausser Umschlagszeiten so wenig den Johannis- als andere Märkte mit Büchern, die „er zum feilen Kauf hat, zu beziehen."

*) Vol. statut. I. 286. **) In der Handschrift S. H. 173 A. S. 97. und Vol. statut. I, 93.

***) In den spätern Buchhändlerprivilegien, welche gar nicht mehr eine Concession zur Buchdruckerei enthalten, sind diese Worte wenig modificirt beibehalten; so heisst es in den Buchhändlerprivilegien von 1810 und 1827: „in der dort angelegten Buchdruckerei mag er alles, was herauskommt und besonders was er verlegt, selbst drucken, jedoch sind hieran diejenigen u. s. w." Der Selbstdruck des eigenen und fremden Verlags fällt für den nicht zum Druck Berechtigten weg

Ich gehe zu der letzten durch das Reglement vom 9. Jan. 1725 geregelten und meines Wissens überall in dieser Zeit vorkommenden Einnahme der Bibliothek: „alle professores, theologi „und Gelehrte die ein scriptum in unsern Fürstenthümern ediren, sollen ein sauberes Exemplar „an die Bibliothek einliefern."

Nach dieser Bestimmung konnte allerdings die Bibliothek Dubletten und Tripletten erhalten, wenn ein im Fürstenthum wohnender Gelehrter ein Buch bei dem Kieler privilegirten Buchhändler verlegen und durch einen inländischen Buchdrucker drucken liess; wenn aber das Buch nur überall buchhändlerischen Werth hatte, entging der Bibliothek der Geldvortheil nicht.

Benutzung der Bibliothek.

Um die Benutzung der Universitätsbibliothek zu regeln und zu fördern, wurden schon früher mehr oder minder beschränkende Anordnungen erlassen. Am 2. April 1666 ward den Doctores, Magistris und Studiosis gestattet, nach Gelegenheit ein Buch aus der Universitätsbibliothek zu leihen, am 10. August 1671 (Vol. statut. I, 193) ward bestimmt, dass der Leihende seinen Namen angebe und die geliehenen Bücher nach 14 Tagen restituire. Das Herzogliche Rescript vom 17ten Februar 1701 (Vol. statut. I, 280) bestimmte, die Bibliothek solle Mittewochen Nachmittags von 2 bis 5 Uhr geöffnet sein. Der Mittewochen jeder Woche sollte nach diesem Rescript nicht so wohl zu Vorlesungen, als zu Uebungen bestimmt sein, des Morgens sollte nach der Reihe der Facultäten eine öffentliche Disputation statt finden, in jeder Facultät monatlich einmal disputirt und dazu auf öffentliche Kosten eine Disputation von 2 Bogen gedruckt und von Studirenden vertheidigt werden; am Nachmittage sollte eine Bücherconferenz, nach der Reihe der Facultäten, statt finden. Nach dem von den Visitatores der Universität, dem Geh. Raths-Präsidenten M. Wedderkop und dem Generalsuperintendenten Muhlius, entworfenen, am 27. Jan. 1707 von dem Administrator Christian August genehmigten Reglement § 17 (Vol. statut. I, 383), soll die Bibliothek am Mittewochen und Sonnabend Nachmittags von dem Bibliothekar geöffnet und jedem freier Zutritt zu derselben gestattet werden. Nach der Vorschrift vom 9. Januar 1725 sollten alle verliehenen Bücher binnen vier Wochen zurückgebracht und dann keine Bücher als nur auf acht Tage und nur an bekannte Personen gegen ihre Scheine verliehen werden. (Stat. Vol. I. 483.)

Bibliothekare.

Der erste Professor, welcher neben seiner Professur das Bibliothekariat verwaltete, war der geborne Dithmarser Professor Samuel Rachel. Er hat sein eigenes Leben in lateinischer Sprache geschrieben, ein deutscher Auszug ist in dem Archiv der Schl. Holst. Lauenb. histor. Gesellschaft B. 1 u. 3 gegeben worden. Bei dieser Arbeit hat mir der verstorbene Studiosus Wolperding vielfache Hülfe gewährt. An Eifer für seinen Landesherrn, den Herzog Christian Albrecht († 1694), mögte Keiner unsern Bibliothekar Professor Rachel übertroffen haben, aber er war eine grämliche Natur, der seine Gegner, wie Wedderkop und andere, auch wenn sie dem Wesen nach dasselbe Hauptziel verfolgten, mit den schwärzesten Farben schildert. Rachel ward gleich bei Stiftung der Kieler Universität als Professor des Natur- und Völkerrechts angestellt, seine Zeit fiel in die der Uneinigkeiten zwischen beiden Landesherren*), die von 1675 an bis zum Altonaer Vertrage (1689) fortgingen, und nur kurze Zeit durch den Frieden zu Fontainebleau beruhigt wurden, er folgte dem Herzog, als dieser nach dem Rendsburger Vertrage von 1675 sein Land verliess, und besorgte mehrere Gesandschaften, er ward 1680 zum Staller Eiderstedts ernannt, konnte aber während der Occupation Schleswigs dieses Amt nicht antreten. Für die Universitäts-

*) Vergl. Biernatzki Volksbuch auf 1846 S. 76 u. f., Nordalbing. Studien B. 4. S. 129 u. f. und Chronik der Universität 1857 S. 7 u. f.

bibliothek dürfte er bei seiner politischen Thätigkeit wenig gethan haben, er starb 1691 in Friedrichstadt.

Der zweite der Kieler Bibliothekare war der nicht bloss Bücherkundige, sondern um die Literatur verdiente Daniel Georg Morhof der erste Professor der Poesie und Eloquenz in Kiel. Ueber sein Leben darf ich auf die Jahrbücher der hiesigen histor. Gesellschaft B. 1. Kiel 1858 S. 18 u. f. verweisen. M. war in Wismar geboren, ward 1665 in Kiel Professor und starb 1691 auf der Rückreise von einer Pyrmonter Badekur in Lübeck im J. 1691. Sein bekannter Polyhistor., zum Theil aus Vorlesungen hervorgegangen, zeigt seine eifrige Bemühung, die Bücherkenntniss, die äussere und innere, zu fördern. Ausser seinem bekannten Polyhistor hat M. sich verdient gemacht durch seinen Unterricht in der teutschen Sprache und Poesie, deren Ursprung, Fortgang u. s. w. Ein sehr günstiges Urtheil fällt Prutz über ihn in seinem deutschen Museum, Jahrg. 6, 1856, Juli bis Decbr. S. 721, „man findet bei ihm mehr geistige Gesichtspunkte und mehr wissenschaftlichen ja fast schon ästhetischen Sinn als sonst auf diesem Gebiete üblich war. Ein Buch war bei ihm schon etwas mehr als der blosse Einband und Titel.“ Sein Versuch des Zersprengens eines Trinkglases durch einen dem Tone des Glases entsprechenden Ton des Mundes, den er vor der Königlichen Societät der Wissenschaften in London machte, ist auch in neuerer Zeit wiederholt worden.

Auf Morhof folgte der Professor der Theologie Christoph Franck*), der 1704 als Prof. Primarius und Prokanzler starb. Nach ihm trat Sebastian Kortholt ein, dieser ward 1701 ausserordentlicher, 1702 ordentlicher Professor der Poesie, 1705 auch Bibliothekar und ausserdem seit 1706 Professor der Moral. Nach einem Erlass vom 8/19. Septbr. 1724, der am 8. Januar 1725 von der Herzoglichen Commission in Kiel mitgetheilt wurde, sollte das Bibliothekariat an Magister Phil. Friedrich Hane übergeben, Kortholt in Zukunft nur Professor der Poesie und Eloquenz sein, er starb erst 1760. Kortholts Eifer für die Bibliothek ergiebt sich aus seinen beiden oben S. 2 angeführten Programmen. Hane, der 1725 als Bibliothekar eintreten sollte, trat nicht in Funktion, die Ablieferung der Bibliothek verzögerte sich wegen eines erst anzufertigenden allgemeinen Catalogs, wegen des Fehlens mehrerer Bücher, 1726 ward K. jedoch von aller Schuld freigesprochen. Dem Magister Christian Albrecht Opitz**) ward 1726 das Bibliothekariat übertragen, er endigte selbst sein Leben und sein Bruder, der Professor der Theologie Paul Friedrich Opitz, besorgte 1735 für ihn die Ablieferung der Bibliothek an den 1733 zum ordentlichen Professor der deutschen Beredtsamkeit, 1735 ausserdem zum Bibliothekar ernannten Joh. Matthias Käuffelin, der 1738 in Untersuchung gerieth und unter Beibehaltung seiner Professorgage von 200 Rthlr. mit dem Befehl, sich nicht in Kiel aufzuhalten, entlassen wurde. Das Gehalt, von 100 Rthlr., welches Käuffelin als Bibliothekar gehabt hatte, verlor er. In der theils gedruckten, theils handschriftlichen Sammlung von Joh. Friedr. Noodt, die er Annales Slesv. Hols. nannte, heisst es im Jahr 1738, S. 137, Käuffelin habe die Ordre erhalten, die Orte zu vermeiden, wo Se. Königl. Hoheit sich aufhalten. Es dürfte dies eine Deutung des erwähnten Befehls sein. Käuffelin ging erst nach Preetz, dann nach Hamburg und gab daselbst eine lateinisch geschriebene Zeitung oder Zeitschrift commentarii Hamburgenses heraus, er starb 1751 in Hamburg. Die Gründe seiner Entlassung sind aus den mir vorliegenden Acten nicht ersichtlich, er war allerdings mit mehreren seiner Collegen im Streit wegen der von diesen an die Bibliothekskasse nicht abgelieferten Geldsummen, die bei Promotionen u. s. w. erhoben waren, oder doch hätten erhoben werden sollen.

Hierauf folgte Johann Christoph Hennings aus Plön, er war nach der bei seiner Promotion im Jahre 1738 gegebenen Lebensbeschreibung 1708 geboren, besuchte die Plöner und Lübecker Schule, bezog 1728 die Universität Jena, studirte vorzugsweise orientalische Sprachen, daneben Ge-

*) Th. Thiess, Nachrichten von allen Lehrern der Theologie. Th. 1. S. 78.

**) In den Anmerkungen zu meiner am 6. Octbr. 1858 gehaltenen Rede nahm ich S. 73 mit Unrecht an, dass Hane als Bibliothekar fungirt habe und verwechselte Christ. Albr. Opitz mit seinem Bruder P. Fr. Opitz.

schichte, Theologie und neuere Sprachen. Nach einem vierjährigen Aufenthalt in Jena bereiste er einen grossen Theil Deutschlands, besuchte Strassburg, unterrichtete hier zwei junge Studirende, übte sich im Predigen und machte eine längere Reise in Frankreich, er ward am 7. Sept. 1738 zum Professor der Physik und Metaphysik in Kiel mit 200 Rthlr. und zum Bibliothekar mit 100 Rthlr. Gehalt ernannt, aber 1763 mit 200 Rthlr. Pension entlassen. Seine literarischen Kenntnisse, sein Eifer, seine Thätigkeit für die Bibliothek können nach den vorliegenden Acten, meiner Meinung nach, nicht bezweifelt werden.*) Aus seinem Nachlasse erschien Kiel 1766: Bibliotheca seu notitia librorum rariorum P. 1, die nur A—C. befasst. Nach dem Gagenreglement von 1746 sollte das Bibliothekariat ohne besonderes Salair abwechselnd einer Professur, nach der Reihe der Facultäten, annectirt sein. Wenn auch bald darnach bestimmt wurde, dass diess nur für die Zukunft gelten solle und Hennings auch Bibliothekar blieb oder bleiben musste, weil er nicht entlassen wurde, so ward ihm doch nach seinen Beschwerden vom Decbr. 1753 und Juli 1759 das Bibliothekargehalt von 100 Rthlr. von 1746 an entzogen. Hennings erinnerte, da damals das Pecuniäre der Bibliothek noch nicht der Quästur, die erst 1770 angeordnet wurde, übertragen war, seine Collegen an die bei ihrem Antritt, und bei Promotionen an die Bibliothek zu zahlenden Summen, drang auf Rücklieferung an die von Professor Dreyer und Anderen geliehenen Bücher; er kam hierdurch in Uneinigkeit mit seinen Collegen, die auf Rechnungsablage selbst der Jahre, worüber quitirt war, gegen ihn drangen. Diese Umstände mögen seine Entlassung bewirkt haben. Er hatte sich 1746 und später vergebens bemüht, es möge eine feste jährliche Einnahme für die Bibliothek ausgesetzt werden. Erst 1770 wurden 100 Rthlr. jährlich für die Bibliothek bewilligt. Auch das Verhältniss Hennings zu Geh. Westphalen, dem Hennings bei der Herausgabe der Monumente behülflich war, und der, bis er 1750 arretirt ward, und nach seiner Freisprechung im Jahre 1756 Curator der Universität war, scheint kein freundliches gewesen zu sein. Die Bibliothekzimmer in dem alten akademischen Gebäude waren undicht, der Regen drang ein, und Hennings bemühte sich vergebens; erst 1768 ward das neue akademische Gebäude, welches auch für die Bibliothek bestimmt war, vollendet. Die Bücher waren, wie schon Seite 61 bemerkt wurde, längere Zeit in einem gemietheten Local. Der Platz des alten Gebäudes ward 1771 verkauft und der Stadtjurisdiction übergeben.

Nach Henning's Abgang nahten bessere Zeiten. Der um unsere Universität und die Geschichte der Herzogthümer so verdiente, unermüdlich thätige W. E. Christiani, seit 1761 ausserordentlicher Professor des Naturrechts und der Politik, ward 1763 zum ordentlichen Professor und Bibliothekar ernannt, 1771 der bisherige Universitäts-Syndicus Samuel Wilh. Arpe zum Unterbibliothekar. Christiani ward 1766, als der bekannte Philolog Ernesti dem schon angenommenen Ruf nach Kiel nicht folgte, auch Professor der Beredsamkeit und Poesie.

Die Regierung hat darnach mit grosser Freigebigkeit die festen Einkünfte der Bibliothek erhöht und mehrmal bei gegebener Veranlassung, wie z. B. dem Verkauf der Hensler'schen Bücher, ausserordentliche Summen bewilligt und der Büchersammlung einen grösseren Raum im Schlosse gegeben, der freilich jetzt unzureichend ist, wie überall, was für die frühere Zeit ausreichte, dem jetzigen Stande der Literatur wohl nicht mehr entsprechen kann. Christiani, und nach ihm B. Kordes, haben sich um die Kieler Bibliothek sehr verdient gemacht. Wäre der letztere weniger kränklich und reizbar gewesen, wäre sein stiller, unermüdeter Fleiss auf angemessene Weise zum Abschliessen der begonnenen Arbeiten geleitet worden, so wäre für seine Nachfolger die Arbeit des Catalogisirens u. s. w. viel leichter gewesen.

Ich will der Zeit, die dem Bau des neuen Universitätsgebäudes im Jahre 1768 folgte, nicht weiter vorgreifen. Es nahte, sagte ich, eine bessere Zeit. Im Jahre 1765 konnte wegen des Verfalls der Universität das erste Jubiläum dieser Stiftung von 1665 nicht gefeiert werden, es fehlte an einem Universitätsgebäude, mehrere Lehrstühle waren unbesetzt. Es wurden bald nach 1768 frische

*) Vergl. Ratjen: Dreyer und Westphalen S. 14, 38, 42.

Lehrkräfte gewonnen, Christiani blieb nicht lange der Einzige in der philosophischen Facultät. Es ward besser und wird, so hoffen wir, besser werden. Die Gnade Sr. Majestät des Königs, dessen Geburtsfest wir feiern wollen, fehlt unserer Universität, welche die Wissenschaft fördert und verbreitet nicht, fehlt unsrer Bibliothek, die allen Fächern des Wissens helfen soll, nicht. Vielfache thätige Theilnahme ist der Universität erwiesen. Jüngere durch Vorsorge der Regierung gewonnene Kräfte werden die Jugend in ihrem Streben fördern.

Alphabetisches Register

über

die Programme zu den Geburtstagen des Königs am 6. October 1862 und 6. October 1863.

(De und ad sind nicht berücksichtigt beim Alphabetisiren.)

Berichtigungen: S. 5, Z. 2 v. o. 1299 statt 1290; S. 45, Z. 13 v. u. presbiterum statt presbiterorum; S. 60, Z. 11 v. u. Electio gemma st. Electo gemma; S. 71, Z. 21 v. o. decreta st. drum; S. 71, Z. 6 v. u. 47 st. 41; S. 77, Z. 16 v. u. Grotail st. Gestalt; S. 91, n. 51, sollte auf 5 nicht 9 u. s. w., sondern 6 u. ff.; S. 98 59 B. sollte auf 4 nicht 13, sondern 5 u. ff. folgen. Die Nummern der einzelnen Mss. dieser Bände sind nicht richtig angegeben. S. 127, Z. 16 v. u. Florent. st. Floren; S. 128, Z. 8 v. u. Indulgenzen st. Indulpenzen.

Die

Feier des Geburtstages

Seiner Majestät des Kaisers von Deutschland
Königs von Preussen

WILHELM I,

welche

am 22. März 1873 Mittags 1 Uhr

durch eine Rede des ordentlichen Professors

Dr. phil. Karl Weinhold

im grossen akademischen Hörsaale

festlich wird begangen werden

zeigen hiermit an

Rector und Consistorium der Christian-Albrechts-Universität.

Verzeichniss

von Handschriften der Kieler Universitäts-Bibliothek Abtheilung 1—4

von

Dr. H. Ratjen

Professor und Bibliothekar.

KIEL.

Druck von C. F. Mohr.

1873.

Vorwort.

Das Verzeichniss der Handschriften der Kieler Universitätsbibliothek, welche sich auf die Geschichte und das Recht der Herzogthümer Schleswig und Holstein beziehen, ist von mir Kiel 1847—1860 in drei Bänden herausgegeben worden. Die ehemaligen, Bordesholmer Druck- und Handschriften, welche bei Stiftung der Kieler Universität nach Kiel kamen, sind von mir in zwei 1862 und 1863 erschienenen Programmen „Zur Geschichte der Kieler Universitätsbibliothek" verzeichnet, die Handschriften S. 40—116. Ich lasse die allgemeinern Handschriften, wenn ich sie so nennen darf, folgen. Ein kleiner Theil derselben ist in Naumanns Serapeum 1870 n. 18. 21. 22. gedruckt worden Diese Zeitschrift ging leider ein, die Fortsetzung konnte also in derselben nicht erscheinen. Auch die dort erschienenen Abtheilungen sind vervollständigt, hier mit Zustimmung des Verlegers, wieder gedruckt.

Bei manchen Manuscripten war ich unsicher, ob sie aufzunehmen seien. Ich habe, was nach meiner Ansicht auch nur einigen Werth hat, aufgenommen. Mehrere der Handschriften sind aus dem Nachlass des Kieler theologischen Professors Kleuker in die Bibliothek gekommen, mehrere sind durch A. W. Cramers des Ictus, wie er sich gern nannte, Bemühungen auf seinen Reisen für die Bibliothek erworben, von seinen eignen Manuscripten sind mehrere aus seinem Nachlass für die Bibliothek theils gekauft, theils an dieselbe geschenkt worden. Ich habe, so weit es mir möglich war, die frühern Besitzer der Manuscripte genannt.

Am Schluss dieses Vorworts drängt es mich, die Freunde dankbarst zu erwähnen, welche mir bei diesem Verzeichniss hülfreich gewesen sind. Bei den Vorarbeiten des Verzeichnisses der orientalischen Manuscripte hat mir mein früherer College J. Olshausen, als er noch in Kiel war, geholfen, später hat Professor Dillmann die einzelnen orientalischen Handschriften verzeichnet, auch Professor Nöldeke ist mir freundlich bei diesen Handschriften behülflich gewesen. Das Verzeichniss des Handschriften in lateinischer Sprache und anderer schwer lesbarer mss. hat der lesenskundige Handschriften-Kenner Doctor Detlefsen in Glückstadt wesentlich gefördret. Ich habe dieser Freunde Hülfe dankbarst im Serapeum 1870 n. 18 erwähnt, wiederhole hier gern meinen Dank. Mein Freund Professor von Gutschmid hat mir vor dem Druck bei mehrern Manuscripten Nachweisungen gegeben.

Das Verzeichniss in diesem Programm zu Ende zu führen und ein Register hinzu zu fügen, würde zu viel Raum erfordert haben, so Gott will, werde ich die Fortsetzung und den Schluss sowie ein alphabetisches Register später geben können.

II. R.

Uebersicht.

Abtheilung I.

Handschriften literarischen und bibliographischen Inhalts.

Abtheilung II.

Handschriften, welche in sprachlicher Beziehung Interesse haben.

Abtheilung III.

Theologische und philosophische Handschriften.

Abtheilung IV.

Juristische Handschriften.

Abtheilung I.

Handschriften literarischen und bibliographischen Inhalts.

K. B. 1.

A. G. Cramer, Ad bibliographiam, 185 Columnen in 4. Bei den genannten juristischen und nicht juristischen Schriftstellern, die Cramer in der Handschrift aufführt, sind einzelne Schriften derselben genannt und kurze Bemerkungen hinzugefügt. Der erst Genannte ist Jo. Steph. Duranti, der letzte Franz Hotmanus. Cramer bezieht sich am meisten auf die Bibl. Baluz.

K. B. 2.

1) Cramer, De bibliothecis quibusdam Germaniae et Helvetiae parum cognitis observationes fugitivae fasc. 1 60 SS. 4., betr. Nürnberg, Aschaffenburg, Mainz, Nassau, Frankfurt, Cöln, Bonn, Coblenz, Cus, Trier etc., fasc. 2 53 SS. 4, Schaffhausen, Basel u. s. w., fasc. 3 44 SS., Zürich, St. Gallen u. s. w, fasc. 4 56 SS., München, fasc. 5 54 SS, München und Landshut etc., fasc. 6 60 SS., Linz, Mölk u. s. w., Wien, fasc. 7 35 SS., Wien, Nikolsburg und Prag. Ueber die Bamberger Bibliothek 2 Hefte vom J. 1816 99 SS.

Zu einigen Bemerkungen oder Fragen Cramers sind von Savignys Hand am Rande Aufklärungen gegeben, so Heft 2 S. 23 über Bonaguida Aretinus, S. 24 über Summa Martini, S. 47 über Placentini summa.

2) Cramers Beschreibung der Bibliotheken Deutschlands, aus dem J. 1821 18 S. 4., hat kurze Notizen über die Bremer und Osnabrücker Bibliothek, die Bibliothek zu Münster, Duisburg, Bonn, Mainz u. s. w.

K. B. 3.

Jo. Molleri Designatio Manuscriptorum in bibliotheca Hamburgensi extantium conscripta mense Decembri 1662, O. H. Molleri Hafniae 1740, 149 SS. 4.

Der Flensburger Joh. Moller ist bekanntlich Verfasser der Cimbria literata, der Sohn, O. H. Moller, hat eine handschriftliche Fortsetzung hinterlassen. Vergl. Verzeichniss der Handschriften, die sich auf die Herzogthümer beziehen, B. 2 S. 65.

K. B. 4.

Dieselbe designatio a Joh. Mollero, rectore Flensburg. confici coepta 20. Juny 1682. Ex apographo J. Fr. Noodtii 1736, 84 SS. fol, vergl. Verzeichniss der Handschriften Schleswig und Holstein betreffend, B. 2 S. 67, 409.

K. B. 5.

Brevis notitia et recensio Manuscriptorum et librorum rariorum bibliothecae academiae Jenensis a. 1728. Ex apogr. J. Fr. Noodtii 28 SS. fol.

K. B. 5a

Acte de la saisie de la bibliothèque du cardinal Mazarin Der Universitätsbibliothek zu Kiel geschenkt von dem Grafen Carl Jakob Woldemar von Schmettow, Obristen und Chef des dritten Drontheimischen Regiments. Empfangen den 21. März 1786. W. E. Christiani.

So lautet die Ueberschrift des verdienten Kieler Bibliothekars W. E. Christiani C. Jakob Woldemar Schmettow war der Bruder des durch seine Schriften bekannten Grafen Woldemar Fried. Schmettow. Vergl. Kordes Schriftsteller-Lexikon S. 503.

Die Handschrift hat 24 Seiten in 4., S. 7 und 14 steht die Unterschrift Gabriel Naudé. Nach der Acte ist die Saisirung der Bibliothek Mazarins, 14. Fevrier 1651, von Tubeuf, president en la chambre des comptes, angeordnet. An der Seite des Manuscripts ist von anderer Hand bemerkt: Descriptum Parisiis ex bibliotheca s. Genovefae cod. 1412 A. in 4to. Est adhuc alius liber Gabr. Naudaei ad modum dialogi s. t. jugement de tout, qui a été imprimé contre le card. Mazarin depuis le 6. Janvier jusqu'au i Avriel 1649 in 4. Prima editio hujus libri castrata est, sed secunda est amplior meliorque et constat 717 paginis in 4to valde rara est et vendita 30 libris. Differentiam harum editionum prolixe exhibet Beyerus in memoriis librorum rariorum p. 115.

Die Kieler Bibliothek hat ein Exemplar dieser zweiten editio, es gehörte zur Bibliothek des Curator Wolff, die 1784 für die Kieler Universitätsbibliothek gekauft wurde. Vergl. Meine Geschichte der Universität zu Kiel S. 17. In dem Jugement von Naudaeus steht nichts von der Wegnahme der Bibliothek des Card. Mazarin und kann auch nicht darin stehen, da es nicht weiter als bis 1649 geht; Naudaeus lobt sehr die Bibliothek Mazarins von 40,000 Bänden, die Inschrift dieser Bibliothek steht in der Handschrift S. 12 und in dem Jugement p. 258. Die Seltenheit des Jugement ist wohl übertrieben. cf. Meusel bibliotheca hist. VIII 2 p. 5.

S. 15—18 Catalogus librorum qui a Dion. Petavio Aurelianensi e soc. Jesu scripti fuerunt et in lucem editi a anno aetatis vigesimo primo usque ad septuagesimum, quo mortuus est. Der Catalogus geht vom Jahre 1604—1652. Nach einer Notiz am Rande sollte der Catalogus recusus sein in ed. Epiphanii cura Petavii. Ich finde den Catalogus in Epiphanii opp. ed. D. Petavii T. 1—2 Paris 1622 nicht. S. 19—24 conspectus scriptionum P. Theophili Raynaudi —. Es sind in der Handschrift 52 Büchertitel genannt.

K. B. 6.

Epistolae.

XIX epistolae virorum doctorum saeculi potissimum XVI nondum in lucem editae dignae tamen, quae mox prodeant, fasc. 1 2 74 SS. 4. Die Abschriften sind von Cramers Hand, der zweite fasc. hat das Jahr 1821. Die beiden Hefte enthalten einen Brief von Scioppius, 1 von Salmasius, 1 von Franc. Sweertius, 2 von Giphanius n. 4. 11., 5 von H. Scrimger n. 5. 7. 13. 18. 19., 1 von Rittershusius, 1 von Pacius, 1 von Friesen, 1 von Scipio Gentilis, 1 von Hotomanus, 1 von Duarenus, 1 von Russardus, 1 von Cujacius, 1 von Sichardus.

Ein drittes Heft, 73 SS. 4., enthält Abschriften von Briefen von Putschius, von Jo. Petreius, von Ramus, von Rittershusius, Basil. Amerbach (19 Briefe), Jac. Gothofredus, H. Agylaeus, Cujacius, Mich. Hospitalius, Gifanius, Ant. Contius, Perrotus, Tid. Gisius, Nicol. Vigelius, Alb. Gentilis, Pet. Pithoeus, Gr. Haloander, Viglius Zuichem, P. Cunaeus, Jo. Verner. Seite 13 ist eine Bemerkung von Savignys Hand über Georg Tanner. Angelegt ist ein Brief von Cramer an Hugo ohne Datum aus der Zeit in der edicto cautum, ne quae ad exteros mittantur literae, nisi quae publica auctoritae perlectae publico quoque magistratus sigillo muniantur.

Angelegt sind 20 Originalbriefe von Sichardus, Scrimger, Cujas, Duaren, Russardus, Hotomanus, Giphanius, Scipio Gentilis, Pacius, Friesen, Camerarius, Sweertius, Salmasius. Abschrift eines Briefes von Cujacius an B. Ludicher.

Die Originalbriefe sind zum Theil von Cramers Hand in den genannten Heften auch abschriftlich enthalten, so n. 15 in Heft 1 n. 8 Brief von Pacius, n. 16 in Heft 1 n. 9 von Friesen, n. 3 in Heft 2 n. 19 von Scrimger, n. 4 in Heft 2 n. 18 von demselben.

Die Orig.-Briefe sind paginirt 152. 154—163. 185—188. 198—203. 462. 492. 493, sie werden einer grössern Sammlung angehört haben.

Angelegt sind Nachweisungen über Sammlungen, in denen Briefe von Alciat, 5 Bl 4.

K. B. 7.

Joh. Woverii epistolae CVIII ad Sebastianum a. Bergen, Rutg. Rulant, Casaubonum et Lindenbrogium omnes ineditae exceptis XVI, quorum lacunae suppleantur, una cum indicibus Woveri et ad eum epistolarum chronologico et alphabetico 83 Bl. 4.

Bezeichnet: O. H. Molleri 1765. Abschriften. Die Sammlung ward 1797 für die Kieler Universitätsbibliothek gekauft. Vergl. Catalogus Manuscriptt. O. H. Molleri p. 11 n. 25.

Ueber Joh. Wower, der 1612 starb, vergl. Jo. Moller Cimbria litterata T. 1 p. 747. T. 3 p. 652—672. Sein Testament ist gedruckt in Noodt Beiträgen B. 1 Stück 5, S. 503 u. s. w.

K. B. 8.

Abschriften von Briefen bezeichnet: Epistolae 36 ad Joh. Meursium ineditae. 15 Bl. 4 mit Bemerkungen des Kieler Bibliothekars Kordes, welcher nachweist, wo in Meursii Opera T. XI Florentiae 1762 die Briefe ad Meursium gedruckt sind. Bei der ep. 5. von C. Bartholinus Hafn. 1628 5 Ap. fehlt die Nachweisung, die epp. 31—34 sind nicht ad Meursium gerichtet, ep. 35. 36, die nach der Angabe des Titels der Handschrift da sein sollten, fehlen, einige Abschriften haben Lücken. Angelegt ist: Joach. Lundii Index epistolarum 730 ad Jo. Meursium scriptarum 3 Bll. in 8.

Auf Mollers Auction 1797 gekauft: Catalogus Mss. Molleri p. 13. n. 69. Angelegt ist eine gedruckte Schrift von 20 SS., nach einer schriftlichen Bemerkung ist sie von Jo. Lamius, dem Herausgeber der opera des Meursius zu Florenz; die Schrift enthält ein Verzeichniss von Briefen Meursii u. ad Meursium, welche schon 1752 im Besitz des Herausgebers waren.

K. B. 9.

Epistolae (XV) autographae ad Jo. Henr. Leich, prof. Lips. cardinalis Querini (2). J. G. Schelhorn in Memmingen (1). G. Wernsdorf in Danzig (1). Ant. Franc. Gorius (1). Winckler in Hildesheim (3). Francesco Pandini in Dresden (3). Jos. Hartzheim in Cöln (1). J. C. Goetze in Dresden (1). J. G. Geisler in Gorlich (1). A. Moszynski in Florenz (1). 1 Brief von B. Grantz an Sukow, Prof. in Jena. Die Briefe sind aus den Jahren 1735, 1739, 1745—1749, der von Grantz 1769. Vergl. Moller catalogus S. 11 n. 28.

K. B. 10.

Cramer, Nachweisungen von Druckschriften der Kieler Universitätsbibliothek, in denen Gelehrte mit eigner Hand ihre Namen eingeschrieben, von J. F. Ackermann bis H. A. Wrisberg, 45 SS. fol. Nicht berücksichtigt ist der Curator der Kieler Universität G. Chr. Wolff, dessen bedeutende Bibliothek 1784 für die Kieler Universitätsbibliothek gekauft wurde. W. hat auf der Rückseite des Titels seinen Namen eingeschrieben. Vergl. Ratjen, Geschichte der Universität zu Kiel S. 27.

K. B. 10a.

Abschriften von Urkunden zur Geschichte der Kopenhagener Universität, 259 SS. 4.

S. 1—4, Litterae serenissimi regis Christierni ejus nominis primi universitati Hafnien. donatae. — Datum in castro nostro Hafniensi die Beati Francisci confessoris anno domini 1478 nostro sub secreto appen.

Gedruckt in Alb. Thura regiae Hafn. infantia et pueritia. Flensb. et Altonaviae 1734 p. 6—9, als regiae academiae Hafniensis constitutio et fundatio regia.

S. 5—8, Literae regis Johannis, quibus confirmatur fundatio universitatis facta a patre Christierno primo. Datum 1482 die. dom. mensis May 19.

Gedruckt ibidem p. 14—16.

S. 9—10, Literae regis Joannis pro eadem universitate Torsdagenn nest effter Dominicam Jubilate Aar effter Gudtz byrdt 1498 under vorch Secreth.

Gedruckt ib. p. 24. 25.

S. 11—22, oder nach alter Zaehlung Bl. 1—6, Fundatio et ordinatio universalis scholae Hafniensis 1539 10 Jun., vergl. Regesta diplomat. hist. Dan. II. p. 21.

S. 23—165, oder nach alter Zaehlung Bl. 7—80, De loco lectoriis, habitationibus et templo. Datum. 1539 10. Juni.

S. 167—172, oder Bl. 82—87, Literae regiae Majestatis Christiani III et Friderici II de bonis universitati adjectis ex Strorherredt etc. anno 1555 Mense Septb. die Michaelis.

S. 173—177, Literae Christiani III pro integra lectione Hebraica, 13. Juli 1555.

S. 178—181, Confirmatio Friderici II super fundatione et ordinatione aliisque bonis universitatis omnibus data a. 1530 30 May.

S. 181—189, Literae Friderici II de permutatione bonorum Knarderup datae 1561 7. Juli.

S. 190—192, Friderici II literae pro immunitate et libertate professorum et ministrorum verbi a publicis gravaminibus omnibus in civitate Hafniensi, 1569 21. Febr.

S. 193—210, Literae Friderici II, 1571 6. Septb.

S. 211—213, Literae regiae de jure patronatus, 22. Aug. 1573.

S. 215—259, Fundatio centum studiosorum Friderici II, 1560 25. Juli.

Abtheilung II.

Handschriften, welche in sprachlicher Beziehung Interesse haben.

I. Allgemeine.

K. B. 11.

Mich. Richey, encyclopaedia historico literaria. Hamb. 1760 fol. 109 Seiten ohne Titel und conspectus.

M. R. war von 1717 bis 1761 Professor am Hamburger Gymnasium.

II. Orientalische.

1. Syrische.

K. B. 12

Evangelium Matthaei et Marci Syriace ex versione Philoxeniana.

Cod. chartac. in 24., sehr kleinem Format, 217 Bll. Der Anfang fehlt, auch fehlt Matth. cap. IX, 27 bis XIII 44 u. XXVI, 44—XXVII, 39 und evang. Marci c. XV, 32—42. Die fünf ersten Blätter sind stark beschädigt. Auf dem letzten Blatt beginnt das evang. Lucae. Die Handschrift ward auf des Generalsuperintendenten J. G. Chr. Adlers Auction gekauft. Catalogus bibliothecae Rabbinicae et orientalis J. G. Chr. Adleri p. 32. n. 3.

K. B. 13.

Codex Syriacus Vaticanus XIX, Evangelia eclogadia dialecti Syriacae Palaestinae sive descriptio et collatio cod. vaticani vers. Syr. Hierosol. vel Palaestinae novi testamenti criticis omnibus ignotae. Romae 1781—82. 33 Bll. 4. und ein Blatt enthaltend die Durchzeichnung einer Seite der Originalhandschrift Matth. 27, 12—22.

Die Handschrift von Adlers Hand ist auf der Auction seines Nachlasses gekauft. Catal. 32 n. 2, das Manuscript enthält Auszüge aus dem genannten Vaticanischen Codex, nämlich die Varianten dieser Uebersetzung gegenüber von dem textus graecus receptus; diese Auszüge sammt der Textprobe sind gedruckt in J. G. Chr. Adler, Novi testamenti versiones Syriacae — examinatae Hafniae 1789. 4. p. 137—202. s. tit. de versione Hierosolymitana, vergl. Adlers biblisch-kritische Reise nach Rom. Altona 1783. S. 135—202.

2. Samaritanisch-Arabische.

K. B. 14.

Pentateuchus Arabicus Samaritanus Peirescianus ex egregio ms. codice τετραπλῳ bibliothecae Barberinae Romae descriptus et propriis Arabum litteris redditus a Jac. G. Christiano Adler, 2 Bände 4.

Libellus 1. Genesis, Exodus, Leviticus. Incept Romae VIII, Mart. 1781. 80 Bl. Auf Bl. 2, nach dem Titelblatt, stehen Praemonenda über die Art der Abschrift und die Umschrift in Arabische Schrift. Die Schrift beginnt mit Genesis 34, 22. Auf dem dritten Blatte am Ende steht: finit. 30. Aug. 1781. Auf den beiden letzten Blättern des lib. 1. steht eine deutsche Erklärung der Arabischen Edelsteinnamen.

Lib. 2. Numeri, Deuteronomium. Incept. Romae XVII. Sept. 1781. Bl. 78: Explicit Romae 3. Jan. 1782. 78. Bll. und ein Blatt Durchzeichnung s. tit: Specimina pentateuchi Samar. trilinguis bibliothecae Barberinae 1. a prima manu, 2. a secunda manu, jedes in drei Columnen, die rechte enthaltend den Samaritanischen Text, die linke die Samaritanische Uebersetzung, die mittlere die Arabische Uebersetzung. Auf Bl. 78 steht Judicium de aetate codicis. Anno Muh. 624—887.

Ueber die Handschrift der Samaritanischen Triglotte vergl. Adler biblisch-kritische Reise S. 137—162. Die in dieser Handschrift enthaltene Arabische Uebersetzung des Samaritanischen Pentateuch von Abu Said ist herausgegeben von Abr. Kuenen. Lugd. Bat. 1851—54.

Diese Papier-Handschrift von Adlers Hand ward auf s. Auction gekauft. Catalogus p. 33. n. 8 9.

K. B. 15.

Historia Samaritanorum auctore Meslem ben Joseph Samaritano. E codice ms. bibliothecae regiae descripta. Paris 1782. 26 Bll. 4.

Die Handschrift enthält Auszüge aus der genannten Pariser Handschrift. Dillmann nennt als Verfasser des Pariser Manuscripts Kitâb Tarikh es-Samari. In Adlers Auctions-Catalog S. 33. n. 11.

K. B. 16.

Versio Arab. Samaritana e cod. Oxford. Einhundert ein und sechzig Seiten durchgezeichnet auf in Oel getränktem Papier, welches auf weisses Papier geklebt ist. Fol.

Die Handschrift enthält Fragmente einer Abschrift des Oxforder Codex der Samaritanischen Uebersetzung des Pentateuch. Der Oxforder Codex ist beschrieben in A. Nicoll Bibliothecae Bodlejanae Codd. mss. Orientalium catal. P. II Vol. 1. Arab. compl. Oxonii 1821. N. 1 S. 1—3

Inhalt.

Pag.	1— 90	Gen.	1—34.
»	91— 93	»	38, 12—30, 19.
»	93— 99	Ex.	4, 18—7, 15.

Pag.	99—100	Ex.	9, 27—10, 7.
-	100—102	-	12, 36—13, 8.
-	102—103	-	21, 14—37.
-	103—109	-	23, 18—26, 12.
-	109—116	-	27, 6—32, 13.
-	116—117	-	39, 8—33.
-	117	-	40, 10—28.
-	119—120	Lev.	2, 14—3, 15.
-	120—122	-	4, 35—6, 3.
-	122—124	-	7, 21—8, 24.
-	124—126	-	8, 31—9, 17.
-	126—127	-	12, 8—13, 20.
-	127—128	-	13, 40—14, 1.
-	129—136	-	14, 39—18, 23.
-	136—139	-	23, 42—25, 19.
-	139—141	-	27, 3—34.
-	142	Num.	1, 1—16.
-	143—145	-	2, 3—3, 16.
-	146—149	-	6, 10—7, 24.
-	149—163	-	14, 40—21, 11.
-	163—164	Deut.	1, 9—29.
-	165—168	-	28, 68—31, 12.
-	169—171	-	32, 19—33, 16.

3. Arabische.

K. B. 17.

Koran. Handschrift auf Seidenpapier. Fol. min. 521 Bll.

Die Handschrift gehörte nach Murr, memorabilia bibliothecarum Norimbergensium P. 2. p. 168, zur Bibliotheca Ebneriana. Murr's Angaben passen zu der Handschrift: Sura prima duobus vexillis, colore ultramarino atque auro distinctis, inscripta est, cincta undique floribus diversorum colorum nitidissime pictis. In calce codicis declaratio pristini hujus corani possessoris, qui dicit, se illum filio suo donasse a. Heg. 1079 (a. C. 1669). Vergl. Fränkische Acta erudita et curiosa, Samml. 19, S. 529—532.

Auf dem ersten Blatte steht: Illustri viro Domino Hieron. Wilhelmo Ebnero ab Eschenbach senatori etc. — d. d. d. Henricus Christoph Hochmann ab Hochenau a. s. r. 1715.

Die Handschrift ward 1817 vom Professor A. W. Cramer für die Kieler Universitätsbibliothek gekauft.

K. B. 18.

Papier-Handschrift in 4. hat 1) Bl. 1—389 volumen quartum commentarii in librum Saahih Muslimi auctore Imâmo El Nowawi. Geschrieben im J. der H. 1184 (Christi 1770).

Cf. Haji Khalfa lexicon bibliographicum ed Ch. Fluegel. T. 2. Leipzig 1837 p. 541 f. Adler hat vor der Handschrift wegen Moslem auf Herbelot bibliothèque orientale verwiesen.

2) Bl. 399—465 (die Blätter 390—398 sind nicht beschrieben) Cremor arcanorum commentarius compendii operis Menâr de principiis jurisprudentiae. Es ist der Commentar des Aqu-L-thenâ Ahmed Ben Muhammed Siwâsi. Geschrieben a. 1183 (Christi 1769).

Cf. Haji Khalfa T. 6. p. 124.

Die Handschrift wurde auf Adlers Auction gekauft. Vergl. Catalog. Adleri p. 33 n. 7.

K. B. 19.

Auf dem ersten Blatte dieser Papier-Handschrift in 8. hat Niebuhr, der berühmte Reisende, bemerkt:

„Ein Fragment von einem Buch der Nassairier und ein Catechismus der Drusen, der im zweiten Bande meiner Reisebeschreibung erwähnt wurde. Niebuhr. Ein Geschenk an die Bibliothek der Universität zu Kiel"

1) die ersten 27 Blätter dieser Handschrift betreffen die Lehre der Nassairier. 2) Bl. 28—42 enthalten einen Catechismus der Drusen.

Olshausen und Dillmann, die Beide gütigst Auskunft ertheilten, verwiesen wegen 1) auf Niebuhrs Reisebeschreibung II, 440 und III, 99 so wie auf Auszüge in Tychsen. elementale Arabicum 1792 p. 50—55 u. Silvester de Sacy Chrestom. Ar. ed. 2. I p. 37, II p. 253, wegen 2) auf Eichhorns Repertorium für biblische und morgenländische Litteratur B. XII S. 155—197. Leipzig 1783, wo ein fast gleicher Catechismus gedruckt sei, der aus einer Niebuhrschen Handschrift in Göttingen stamme.

Niebuhr sagt in B. 3 seiner Reisebeschreibung, die J. N. Gloyer und Olshausen, Hamb. 1837, herausgaben, S. 99 Anm.: „eines von den mit nach Europa gebrachten Exemplaren des Werkes von der Religion des Drusen befindet sich auf der Universitäts-Bibliothek zu Göttingen unter dem Namen eines Catechismus der Drusen. Der Uebersetzer in Eichhorns Repertorium scheint nicht gewusst zu haben, dass ich dies Exemplar nach Europa gebracht habe."

K. B. 20.

Papier-Handschrift in 8. maj. 163 Bll.

Tarikh Muchtabar seu compendium historiae anteislamicae et islamicae aus verschiedenen Schriftstellern ausgezogen herabgeführt bis auf den Türkischen Sultan Suleiman II. (a. Chr. 1565). Von Olshausens Hand liegt in der Handschrift eine Nachweisung über den Inhalt der einzelnen Blätter bis Blatt 143, welches de rebus mirabilibus in Aegypto et alibi handelt.

K. B. 21.

Kitab ut-Tarikh lissahib Hamáth sive Abulfedae Hamatae in Syria principis Ejjubitae historia orientalis praesertim moslemica. Descripsit e cod. Arabico ms. bibliothecae academicae Leidensis n. 554, qui fuit olim Levini Warneri, Jo. Jac. Reiske. Leidae mensibus Majo et Junio 1745. Incepi 29. April., absolvi 8. Juli 1745 in aedibus celeb. Alb. Schultens Jo. Jac. Reiske.

Papier-Handschrift, eng aber deutlich geschrieben, 452 Seiten 4. Aus Adlers Nachlass gekauft. Catal. p. 33. n. 6.

4 Türkische.

K. B. 22.

Anonymi historia Abu Ali Sinae i. e. Avicennae composita a. 1001 (a. Chr. 1592/93.) Papier-Handschrift. 54 Bll. 8.

Professor Nöldeke hat mir gütigst Folgendes über diese Handschrift mitgetheilt: „Sie enthält eine märchenhafte Geschichte von Abu Ali ibn Sina (Avicenna), der hier statt Abu Ali Sina bloss Ali Sina heisst. Avicenna erscheint hier ungeschichtlich als grosser Zauberkünstler. Zwei religiöse Gedichte bilden den Eingang und ein gleiches den Schluss. — Der Eingang ist schwülstig, die Erzählung sonst einfach. Der unbekannte Verfasser hat nach seiner Angabe die Erzählung um das Jahr 1001 für den Sultan Murad geschrieben. Murad III. lebte 1574—1595."

Auf dem inneren Deckel der Handschrift steht: Quantum est quod nescitur. Adrianopel d. 28. Aprilis 1713 Steen Arfvidsson.

K. B. 23.

Gebetbuch mit Auszüge aus dem Koran. Papier-Handschrift. 85 Bll. 12. Bl. 54. 72—75. 80—85 sind nicht beschrieben.

K. B. 24.

Gebetbuch mit Stücken aus dem Koran. Papier-Handschrift. 90 Bll. Bl. 60—87. 89 nicht beschrieben. 12.

K. B. 25.

Geographische Karten mit Erläuterungen. 58 Bll. 4., Bl. 1—3 und 53—57 nicht beschrieben.

Diese Papier-Handschrift ist aus Adlers Nachlass gekauft, Catalogus S. 33 n. 12 bezeichnet: Maris Mediterranei orae et insulae delineatae cum descriptione Turcica. Auf Blatt 58 der Handschrift steht: Liber ms. geographicus turcice cum figuris.

5. Hindustanisch.

K. B. 26.

Nach Professor Nöldeke's Angabe mehrere Gedichte in der Hindustani-Sprache. Vorne fehlen 4 Seiten, vorhanden sind 73 Bll. 4. beschrieben. In dem Bande liegen fünf Bilder, jedes einen Fürsten und eine Fürstin darstellend.

In dem Vorsetzblatte steht Carl Gehlsen, aussen S. E. F.

Diese Papier-Handschrift wurde vor einigen Jahren, so viel ich mich entsinnen kann, von einen Reisenden der in China gewesen war, geschenkt. Es liegen in dem Band lose zwei Chinesische Bilder auf Reispapier.

III. Griechische.

K. B. 27.

Neugriechisches Gesangbuch mit Musiknoten zwischen den Zeilen des Textes und mit einleitender Erklärung der Einleitung zur musikalischen Kunst.

Papier-Handschrift kl. 8. Vorn sind 16 Blätter unbeschrieben, dann folgen 143 beschriebene Blätter, nach diesen wieder 7 unbeschriebene, auf dem folgenden achten Blatt steht eine Notiz und darunter ἐν ἔτη 1736.

Auf dem inneren Deckelblatte am Schluss steht eine Dedication und darunter nach einem Strich 1744.

Vorn auf dem Deckelblatte steht: Niebuhr. Nach den Schriftzügen von der Hand des berühmten Reisenden Carsten Niebuhr.

Der Anfang der Handschrift ist mit rother Dinte geschrieben, er lautet: Ἀρχὴ σὺν θεῷ ἁγίῳ πάντων τῶν σημαδίων τῆς μουσικῆς τέχνης τῶντε ἀνιόντων καὶ κατιόντων σωμάτων τε καὶ πνευμάτων συντεθημένων παρὰ τῶν κατὰ καίρους ἀναδειχθέντων ἡμῖν ποιητῶν παλαιῶν τε καὶ νέων.

Auf Blatt 142b steht gegen den Schluss unter

Noten α θα να να α τος ελεησον —

Bl. 143. α α θα να να να να αθα· —

K. B. 28.

Opera Archimedis von Syracusen des fürtrefflichen Philosophi und Geometers welche noch vorhanden sein vorlengst in das Latein gebracht nun aber Teutsch an Tag gegeben. Papier-Handschrift. 306 Bll. fol.

Auf dem ersten Blatte ist bemerkt: „Dies ist die Handschrift des Sebastiani Curtii in Nürnberg. Er liess sich diese Werke des Archimedis aus dem Lateinischen

2*

des Thomae Gehkauf sonst Venatorius genannt zu seinem Gebrauch übersetzen. Es ist aber nicht gedruckt worden. Doppelmeyer (mayr) gedenkt dieses Werkes im Anfang seiner historischen Nachricht von denen Nürnbergischen Mathematicis und Künstlern, welches Buch zu Nürnberg 1730 bei Monath in folio herausgekommen ist. G. M. Lowitz 1746."

Auf dem zweiten Blatte des Ms. steht L. Kulenkamp 1776. Vergl. Doppelmayr, historische Nachricht von den Nürnbergischen Mateinathicis und Künstlern. Nürnberg 1730. fol. das erste unpaginirte Blatt und S. 51 u. S. 170. Venatorius oder Gechauf, wie ihn D. nenut, starb 1551. Curtius heisst bei Doppelmayr Kurtz.

Die Dedication der Handschrift an Bürgermeister und Rath zu Nürnberg ist unterschrieben 29. Jan. 1544.

K. B. 29.

A. W. Cramer, perfusorie notata apud Lydum de magistratibus reipublicae Romanae 1812. 22 u. 16 Seiten in 4.

IV. Lateinische.

K. B. 30.

Collegienheft. Römische Literaturgeschichte. 282 Seiten 4. Anfang: Encyclopaedia Classica est orbis ambitus et complexus eius doctrinae quae partim ex auctorum classicorum lectione ipsa paratur partim ad hanc lectionem recte instituendam necessaria esse videtur. Das Heft scheint kurz vor 1800 geschrieben zu sein. Bezieht sich auf Röm. Litt.

K. B. 31.

Casp. Barthii, conjecturae ineditae ad scriptores historiae Augustae minores, quas ille diversis temporibus sua manu adscripserat editioni Casaubonianae servatae in bibl. senatus Zwiccaviensis. 42 SS. 4. Von A. W. Cramers Hand, er hat auf dem Titel bemerkt: Descriptae ad autographum mense Junii 1816. Zwiccaviae.

K. B. 32.

Jac. Cajacii ad Cassiodori variarum libros XII item de anima libr. unum notae criticae add. editioni Cassiodori, quae prodiit Aug. Vindel. 1533 fol. in exemplari olim Bongarsianae nunc Bernensis biblioth. publicae 65 SS. 4. Von Cramers Hand, er bemerkt am Schluss: Exscripsi d. 27. Octbr. 1816.

K. B. 32a.

Thomae Reinesii observationes ineditae ad Cassiodori variarum ll. XII. adscript. margini exemplaris ex editione quae prodiit Parisiis 1579 adservati in bibl. episcopatus Numburgo-Cizensis. 25 SS. 4.

Von Cramers Hand, er bemerkt: Ex autographo, quoad legi poterat, descripsi A. G. Cramer H. Cizae mense Maji 1816.

K. B. 33.

a) Variae lectiones et passim conjecturae ad Ciceronis de legibus libros excerptae de libris, altero olim Gudii altero Cl. Salmasii, qui servantur hodie in bibliotheca universitatis Hafniensis, 23 SS. 4., von Cramers Hand, er bemerkt am Schluss: Hafn. d. 29. April 1819. S. 24—26. Einige Anmerkungen des Salmasius zu Cicero de legibus, von Cramer abgeschrieben aus einem Kopenhagener Exemplar, Hafn. 2. Mai 1819.

b) E. Gudiana in Fabricianam et ex hac in universitatis Hafniensis bibliothecam publicam pervenit liber, cui titulus, fragmentorum Ciceronis tomi iv cum Andr. Patricii adnott. Venet 1561 8., in cujus frontis calce Gudius haec adscripsit: Aratea Ciceronis, quae habentur pag. 63 et seq. Lutetiae Paris. cum Mss. contulimus altero in membranis vetustissimo, altero chartaceo trecentorum et quod excurrit annorum anno 1660.

Ipsae autem lectiones, quas ex istis codd. enotavit in margine, hae sunt — 5 Bll. 4. von Cramers Hand, 13. May 1819 Hafniae. Bl. 6. 7 Abschrift von Gudius variae lectiones ex libris Mss. von Cicero's orator.

c) De suppellectile libraria J. Alb. Fabricii pervenerunt in bibl. universitatis Hafniensis. 1) Ciceronis de oratore ll. 3 Lugd. 1535. Is liber fuit olim Gudii cujus manu in margine adscriptae sunt, quae sequuntur, variae lectt. Eine halbe Seite. 2) Tusculanae quaestiones Lugd. 1535. 8. Varietatem lectionis adjectam, schreibt Cramer, damus — 50 SS.

K. B. 34.

Variae lectiones ad Pompejum Festum et Verrium Flaccum de verborum significatione e codice membran. Saeculi XI, qui olim ad bibliothecam S. Emmerani Ratisbonae fuit, nunc viro in bibl. regiam Monacensem translatus asservatur. Signatus est: G. CXVIII forma 4 min. 79 SS. von A. G. Cramers Hand, er bemerkt am Schluss: Finita collatio Monac. d. III Martii 1817

K. B. 35.

Petri Danielis animadversiones ad Gellii noctes Atticas, quas editioni, quae Lugduni 1561. 8 prodiit, sua manu adscripsit Aurel. 1563, ut in fronte legitur. Exemplar unde (A. G. Cramer) descripsi e bibliotheca Bongarsii exstat in Bernensi publica. 29 SS. 4. Vergl. Cramers Kleine Schriften, Leipzig 1837 S. XLVIII XLIX u p. 126 Anm. 1.

K. B. 36.

A. W. Cramer, Anmerkungen zum Gellius aus Druck- u. Handschriften, namentlich einer Kopenhagener Handschrift 82 SS. 4.

K. B. 37.

Zu Isidori liber glossarum von A. G. Cramers Hand, er sagt auf dem Titel: Quae hic habentur glossae antiquae a pag. 1—78 transscripsi de schedis Lindenbrogianis, quae servantur in bibliotheca senatoria Hamburgensi, reliquas a pag. 78 inde suppeditarunt fragmenta membranorum vetusta, quae ipse possideo A. G. Cramer Ictus 1827. 88 SS. 4.

K. B. 38.

Pergament-Handschrift 142 Bl. in 4. Nach Doctor Detlefsen aus dem 14. Jahrh.

Bl. 1—5, Marbodus liber lapidum.

Bl. 1 a. De virtute lapidum, Evax rex arabum legitur scripsisse neroni. Dann folgt: 1) de adamante, 2) de agate, 3) de allectorio, 4) de alabanda. (In Beckmanns Ausgabe des Marbodus Gottingae 1799 n. 21.) 5) de androdampna (in Beckmann, 48), 6) de absite (Beckmann 52), 7) de calidone (B. 17), 8) de corallino (B. 20).

Der vier und fünfzigste Stein der Handschrift Bl. 5b, de amatiste (in B. 16), hat in dem Manuscript nur die drei ersten Verse. Die folgenden drei Blätter sind ausgeschnitten.

Bl. 6a—27b. Der Titel der Schrift ist nicht angegeben. In den umfangreichen Scholien heisst es zu Anfang: autor ergo hujus dicitur magister alexander nequam materia ipsius sunt utensilia. Intentio autoris est nomina utensilium in unam summam colligere. — Der Text beginnt: Qui bene vult disponere familiae suae —. Ueber dem Text finden sich Interlineurglossen, zum Theil in französischer Sprache, z. B. über alecia harang.

Bl. 27b, sic inutile a me sepe accepisti.

Auf 27b und 28 stehen von gleichzeitiger Hand Briefabschriften. Adressat und Briefsteller sind meist nur mit Buchstaben bezeichnet, doch kommt Bl. 28 vor: W. dei gratia Wigorniesis episcopus u. Bl. 28b comes de H. dilecto sibi u. pannario londoniensi.

Ueber Alexander Nequam oder Nechamus oder Neckam, abbas Excestriensis, vergl. J. A. Fabricius bibliotheca latina mediae et infimae aetatis lib. 1 p. 173 Hamb. 1734 8. oder T. 1 Patavii 1754 4. p. 66. 67, u. P. Leyseri historia poetarum et poematum medii aevi p. 992—993.

Bl. 29—38, Dictionarius. Der Text beginnt: Diccionarius dicitur bibellus iste a diccionibus — er enthält eine Reihe von Abschnitten, in denen z. B. die Körpertheile, verschiedene Geräthe, Werkzeuge u. s. w. aufgezählt werden. Neben dem Text stehen ausführliche Glossen, Bl 29a, auch Zeichnungen eines Pfluges.

Bl. 38b: in fine, nostre miserere per suam summam misericordiam amen. Explicit liber diccionarius. Amen.

Bl 39—47a, Horatii ars poetica, mit Rand- u. Linearglossen. Der Text beginnt: Humano capiti cerervicem pictor equinam — Bl. 46b, non missura cutem nisi plena cruoris hirudo. Explicit vetus pota oracii. Bl. 47a enthält Bemerkungen über den Inhalt der ars poetica.

Bl. 47b beginnt: ad celebres rex celice laudes cuncta pangat nunc sonora caterva simphoniam odas — Bl. 48b. Quo in celesti jam gloria condecantemus alleluia amen.

Anno verbigene mil. bis. sex. cen. que secundo hii reserant mundo michaelis cantica genebujus nuncia bont minoi cante maria exponens odam praefati carmine quaedam.

Der Text hat Rand- und Interlinearglossen, über celice steht celestis, über bont steht sonat.

Dieses Gedicht de s. Michaele ist gedruckt in Mone lateinischen Hymnen B. 1. Freiburg 1853 n. 319 S. 454—456 u. in Daniel thesaurus hymnol. T. 5 Lips. 1856 p. 93. 94. Daniel nennt T. 2. p. 24 Notker Verfasser. Schletterer Geschichte, der geistlichen Dichtung B. 1 Jannovar 1869 sagt S. 332, Notker liesse sich nicht ganz bestimmt als Verfasser des Liedes oder der Sequenz nachweisen.

Bl. 48b—50b folgt eine metrische Anweisung, den Kalender zu machen mit ausführlichen Glossen. Der Anfang: Ter quinos domini quotiens potes aufer ab annis. Is tribus adjunctis manet indictio presens.

Schluss Bl. 50b von Andreastag: si cadat in luce domini celebretur ibidem. Explicit ars calendarii.

Bl. 50b—60b Equivoca mit Glossen.

Anfang:

Augustus. ti. to. Cesar vel mensis habeto
augustus. tus. ui. vult divinatio dici.

Nach Du Cange glossar. Paris. 1840 T. 1 p. 491

Augustus us gleich divinacio.

Schluss Bl 60b:

Zelus suspicio, zelus et invidia.

Expliciunt equivoca.

Bl. 61—138b. Eine metrische Schrift über Redefiguren und Grammatik mit prosaischer Einleitung. Anfang:

Quoniam ignorantie nubilo turpiter excecati —

Bl. 61b beginnt der Text:

Est proprie meta trans grece formatio plasma
Indeque transformatio dicatur metaplasmus.

Bl. 138b.

vo fit in ui calui solui volui.

Bl. 139a—147. Eine grammatische Schrift anfangend:

Ne loquentes de regimine casuum confundantur —

Bl 147: non notat in aliquam circumstantiam.
Expliciunt reginina optima amen.

Dann folgt Bl. 147 — eine Schrift über griechische Präpositionen. Anfang:

Teste Piano decem et octo sunt prepositiones —

Bl. 149a: hic elegus ille qui facit versus. — Bl. 149a steht ein Scholium zu der vorhergehenden Schrift: Liber iste dividitur in duas partes sc. in partem proemialem et executivam. —

Auf Bl. 149b steht ein Inhaltsverzeichniss des Miscellanbandes: In hoc volumine continentur:

Lapidarius.	Tres calendarii.
Parvus alexander.	Liber persey.
Phale tolum.	Parvus equivocum.
Dictionarius.	Grecismus.
Poetria oratii	Optima reginina.
Tria cantica.	Praepositiones grece.

Die dritte, achte und zehnte verzeichnete Schrift finde ich in dem Bande nicht.

Nach einer Bemerkung des früheren Bibliothekars Kordes ist diese Handschrift ex bibliotheca Schoenborniana. Vergl. Ratjen Verzeichniss der Handschriften, welche die Herzogth. Schleswig u. Holstein betreffen III 2. S. 453 u. Schönborns Aufzeichnungen von Weinhold. Kiel 1870.

K. B. 39.

Cornelius Nepos. Die Pergamenthandschrift in 8. oder 4. min. hat 63 Blätter. Nach einem leeren Blatte vorn in dem Bande steht auf dem nicht gezählten Bl. 2 Seite b die Inhaltsangabe der Biographien mit der Ueberschrift: In hoc volumine continentur infrascripte vite — vita miltiadis — vita hannibalis. Dann folgt auf dem ersten mit 1 bezeichneten Blatte: Emilii probi de excellentibus ducibus externarum gentium incipit feliciter prologus

NON DUBITO FORE PLEROSQ.

Auf Blatt 57b beginnt die vita hannibalis und schliesst Bl. 62b possit judicari. Finis Emilii probi de excellentibus ducibus externarum gentium et Hanibalis.

Versus Emilii probi
Vade liber noster fato meliore memento
Cum leget hec Dominus —

Auf Blatt 63 schliessen die zwölf Verse, der letzte:
Felices dominum que meruere manus.
Finis.

Auf der innern Seite des Schlussdeckels oder Bandes steht in feiner Schrift: Ex bibliotheca Matthie Corvini regis Ungarie.

Nach des kundigen Doctor Detlefsen Urtheil gehört die saubere Handschrift dem fünfzehnten Jahrhundert an und ist italienischen Ursprungs. Die Biographien Catos und des Atticus sind nicht in der Handschrift enthalten. Das Manuscript wurde von dem Schleswiger Joh. Fr. Noodt benutzt, er giebt einige Auskunft in den Hamburgischen Berichten von den neuesten gedruckten Sachen auf das Jahr 1735 S. 259—260. Noodt theilte die von ihm aus der Handschrift bemerkten Lesarten J. M. Heusinger mit zu der Isenaci et Lipsiae 1756 erschienenen Ausgabe des Nepos. Unsere Handschrift ward dem Direktor Christian Wilh. Julius Mosche in Lübeck († 1815) geliehen und er gab in drei 1808, 1809 und 1810 in Lübeck erschienenen Programmen: Symbolae ad crisin textus Cornelii Nepotis Auskunft über den Kieler Codex des Nepos, die erste particula hat auch den Titel: descriptio codicis Axeniani, die zweite: Censura lectionum codicis Axeniani in vitis septem prioribus occurentium, die dritte: Censura lectionum cod. Ax. in vitis, quae septem priores excipiunt, reliquis.

Ueber Peter Axen den früheren Besitzer dieses Codex Axenianus einige Worte. Zum Andenken P. A. hielt der damalige Studiosus, später Professor der Theologie in Göttingen, Magnus Crusius in Kiel 1718 eine Rede: Vita et merita Jurisconsulti Petri Axenii. M. Cr. hatte das Schassische Stipendium erhalten, die Stipendiaten mussten nach damaliger Ordnung zum Dank der Verleihung Reden halten. Der Professor der Eloquenz J. B. Majus oder Mai lud 1718 durch ein kurzes Programm zur Anhörung der Rede ein. P. A. hatte viele Reisen gemacht, und eine grosse Bibliothek gesammelt, er lebte als Advocat in Schleswig, gab unter andern Hamburg 1671 den Phädrus heraus, er starb 1707.

Sein Sohn Joh. Ad. Axen und sein Schwiegersohn Gabriel Schreiber conservirten Axens Bibliothek. Nach dem Tode des Sohnes im Jahre 1718, und des Schwiegersohnes, er starb 1722, wurde die Bibliothek, mit Ausnahme der Handschriften und werthvollen Drucke, 1758 in Schleswig verkauft. Der berühmte Göttinger Professor G. G. Richter, welcher 1731 eine Enkelin von P. Axen, eine Tochter von Gabriel Schreiber geheirathet hatte, schrieb eine Vorrede zu dem Catalogus bibliothecae Axenianae. Göttingae. Die in der Auction nicht verkauften Handschriften und Drucke kamen an den Enkel von P. Axen, Carl Friedrich Schreiber von Cronstern, welcher

1796 in Schleswig starb; sein Brudersohn Gabriel Friedrich Schreiber von Cronstern, schenkte diese Handschrift des Nepos der Kieler Universitätsbibliothek.

K B. 40.

Ovidii libri tristium in 4. Einundfunfzig Pergamentblätter. Die Schrift auf dem letzten Blatte gehört nicht dem Ovid an. Die Handschrift beginnt Bl. 1a. Ohne Titel: Parve nec invideo sine me liber ibis in urbem. Bl. 50: Laudat et hortatu comprobat acta sua und von derselben Hand folgen die Verse:

Finito libro sit laus et gloria Christo
Explicit iste liber capiat sua jura magister
Non viscit liber actor nam primus hister
Illum depressit nec ab illo fine recessit
Scriptoris munus sit bos bonus aut equus unus.

Explicit liber de tristibus
Guellerinus [1]) rosti scripsit istum librum.

Jede Seite hat regelmässig sechsunddreissig Zeilen Text und ausserdem Interlinear- und Marginal-Erklärungen, die erstern enthalten Wort-, die andern auch Sacherklärungen. Die untere Hälfte des ersten Blattes fehlt, sie wird abgerissen sein, es ist ein neueres Blatt eingeschoben, auf dem der Text ohne Erklärungen steht. Jede Elegie beginnt regelmässig mit einem rothen Buchstaben. Auf Blatt 9b hat Vers 39 der neunten Elegie des ersten Buchs: At mea sunt auch einen rothen Buchstaben. Auf Blatt 11 beginnt lib. 2: Quid mihi vobiscum. —, auf Bl. 19 beginnt lib 3. Der Anfang der vierten Elegie des ersten Buchs, der achten, der zehnten und elften Elegie des liber 3., so wie die zweite, sechste und neunte Elegie des lib. 4., und die erste von lib. 5. haben keine rothen Anfangsbuchstaben.

Auf dem vordern Deckel des Bandes steht inwendig: Pertinet iste liber Ovidii de tristibus collegio bonorum virorum juxta portam sancti Victoris, auf Bl. 2 unten steht: Petavius.

Auf Bl. 51b und dem Deckel ist ein Pergamentblatt enthaltend eine in französischer Sprache geschriebene Urkunde, deren Schluss lautet: „Le Lundi XVI jour de Septembre lan mil un treute et sept. H. Delestans." Sanct Ilpice und Combroude, zwei Orte im südlichen Frankreich, sind in der Urkunde genannt.

Nach Niebuhrs Urtheil gehört die Handschrift dem dreizehnten oder vierzehnten, nach Detlefsen dem dreizehnten Jahrhundert an, wahrscheinlich ist sie französischen Ursprungs.

---

[1]) Vielleicht Guillermus, die Buchstaben sind undeutlich.

Angelegt ist eine auf 23 Seiten in 4. geschriebene: codicis manuscripti Kiliensis, in quo Ovidii libri tristium, brevissima notitia. Kiliae mense Martio 1822. Nach einer Notiz wurde im Juni 1833 eine brevissima notitia codicis et collatio cum ed. Burmanniana in Kopenhagen zum Verkauf ausgeboten. Director Mosche in Lübeck, dem der Kieler Bibliothekar B. Kordes Mittheilungen gemacht hatte, sagt in seinen symbolae ad crisin textus Cornelii Nepotis. T. 1. Lubecae 1808 p. 9, dass diese Handschrift der tristium des Ovid P. Axen gehört habe und von dessen Grossenkel der Kieler Universitätsbibliothek geschenkt sei. Mosche irrt darin, wenn er annimmt, dieser Codex enthalte auch Ovidii epistolae ex Ponto.

K. B. 41.

Ovidii Nasonis Heroidum liber.

Pergamenthandschrift, 58 Bll. 4. Die Ueberschrift auf Bl. 1: Ovidii epistolarum. Dann folgt ep. 1:

Hanc tua penelope lento tibi mittit ulixe.

Bl 58b steht der Anfang (12 Verse) der epistola 21:

Pertimui scriptumque tuum sine murmure legi —
quos vereor paucos ne velit esse mihi,

und dann Explicit liber. Finito libro sit laus et gloria christo hic liber scriptus qui scripsit sit benedictus. (Die ep. 21 hat auch nach andern Handschriften nur zwölf Verse.)

Die Handschrift hat Marginalbemerkungen, die Schriftzüge sind ähnlich denen des Manuscripts der Tristium. Die Zahl der Verse theils 30, theils 28 auf der Seite. Nach Detlefsen gehört die Handschrift dem 13. Jahrhundert an.

Die Kieler Universitätsbibliothek kaufte die Handschrift auf der Auction von A. W. Cramers Büchern. Sie ist in dem von mir herausgegebenen Catalogus bibliothecae defuncti A. G. Crameri. Hamb. 1834 p. 61 n. 402 mit Cramers Worten so bezeichnet:

Ovidii Nasonis Heroidum liber. Cod. ms. membran. literis minutis quidem valde at distinctis exaratus saeculi, ut reor, exeuntis decimi tertii cum glossis marginalibus. Deficit in epist. penultima Cydippes Acontio, cujus principium: Pertimui scriptumque tuum, et quidem in versu: At melius virgo favisset virginis annis, Quos vereor paucos ne velit esse mihi.

Cramers Name steht von seiner Hand auf dem Vorsetzblatte: A. G. Crameri icti.

K. B. 42.

Notae et variae lectiones ad Plinii Secundi epistolas et panegyricum collectae de margine editionis, quae Parisii 1529 prodiit, in exemplo olim Bongarsii nunc bibliothecae Bernensis. Auctor ignotus. Bongarsii variae lectionis ad Suetonium, ad

Gellium et Cassiodorum. Bongarsii variae lectiones ad glossaria duo excud. H. Stephano 1573. 40 SS. 4., von A. G. Cramer in Bern geschrieben.

K. B. 43.

Lesarten zu Priscian aus einem Hamburger Cod. membran. saec. 12. Von A. G. Cramers Hand 5. SS. 4.

K. B. 44.

Collatio cod. ms. epistolarum Symmachi instituta et adscripta margini editionis Fr. Jureti manu Jac. Bongarsii in exemplo, quod servat Bibl. Bernensis publica 42 SS. 4, von A. W. Cramers Hand, er bemerkt am Schluss: Exscripsi Bernae d. 4. November 1816.

K. B. 45.

Index alphabeticus verborum initialium Q. Aurelii Symmachi epistolarum ad editionem Phil. Parei Francof. 1642. 37 SS. 4. von A. W. Cramers Hand.

K. B. 46.

1) Petri Danielis conjecturae et notae ad Symmachi epistolas descriptae ab exemplari, quod Basileae 1549 8. prodiit et servatur in bibl. publica Bernensi. Titulo libri ipse auctor subscripsit: S. Petri Danielis Aurel. 1561.

2) Quintiliani declamationes — P. Aerodii studio et diligentia Paris. 1563. cum collatione ms. facta a Jacobo Cujacio in exemplari, quod exstat in bibl. Bernensi et olim fuit Bongarsianae, qui in ore libri adscripsit: Bongarsii ex Cujaciana bibliotheca. Von A. W. Cramers Hand, 68 SS. 4. er bemerkt am Schluss: Exscripsi Bernae d. 1 Novemb. 1816.

K. B. 47.

Glossarium latino-theotiscum ms. cod. folior. 28 in membrana in 8 min., aetatis ad minimum saec XIV.

Unter diesem Titel ist dieses ms. in dem Catalogus bibliothecae A. G. Cramer p. 77. n. 3. aufgeführt. Nach einer Bemerkung Cramers auf dem Vorsatzblatte kaufte er das Manuscript in Cöln, zeigte es Jakob Grimm, der annahm, es sei Lindenbrogs Eigenthum gewesen und habe der Hamburger Bibliothek gehört. Die Bibliothekare in Hamburg fanden keine Notiz über die Handschrift. Cramer vermachte sie der Kieler Universitätsbibliothek.

Bl. 1. Adam homo vel terrenus Abel vapor vel luctus vel vanus Abram pater excelsus.

Bl. 28 Der Schluss: zizania unerout. In J. G. Eckard oder Eckhart commentariis de rebus Franciae orientalis T. 2. Wirceb. 1729 fol. p. 991—1002 sind aus einem glossarium latino-theotiscum ex manuscripto Lindenbrogii codice bibliothecae publicae Hamburgensis saec. X. exarato Mittheilungen gemacht. Die Ordnung stimmt nicht ganz mit der des Manuscripts überein.

K. B, 48.

Indiculus vocum non adeo frequenter obviarum cum paraphrasi latina secundum seriem alphabeti. Sed deest Lit. A. B. et pras lit. C. So lautet die Ueberschrift dieses Manuscriptes von 19 SS. fol., es gehörte zu einem Sammelband O. H. Mollers. Bemerkt ist von anderer Hand coll. cum apographo Keinbo (thii). Der indiculus geht von Codonus — volones, qui sponte sequuntur, quales servi bello punico secundo teste Macrobio. Angelegt ist ein Blatt in 4 von anderer Hand über die Mariani mit Berücksichtigung der diss. von W. A. Kirchring, die unter Otto Beyers Präsid. in Jena 1684 vertheidigt wurde, sie handelt de originibus et incrementis civitatis Flensburgi.

———

Abtheilung III.

Theologische und philosophische Handschriften.

K. B. 49.

Alanus ab Insulis Anticlaudianus. Pergamentschrift 34 Bll. 8. saec. 13 oder 14. Die Ueberschrift auf Bl. 1. von anderer Hand: Alanus in alllaudianum praecantiruffino monasterii sancti. Anfang: Auctoris mendico stilum faleras que. Bl. 34 b. supplantare novas saltem post facta silebit. Jede Seite ist in 2 Columnen getheilt. Es fehlen am Schluss der Handschrift wenige Blätter, etwa 2½ nach früherer Vergleichung mit dem Druck des Anticlaudianus Venet. 1582, der mir jetzt nicht zur Hand ist. Das erste Buch des Anticlaudianus, welches in unserer Hanschrift Bl. 4 a. col. 1 schliesst mit den Worten: quod digne ferri tantas mereatur ad aures, ist auch gedruckt in Pol. Leyser Historia poetarum medii aevi. Hal. 1721 p. 1022—1043. In Ersch und Gruber Encyclopädie B. 2. S. 315 ist irrig angegeben, es sei der ganze Anticlaudian bei Leyser gedruckt, es sind nur 410 Verse gedruckt. Leyser sagt p. 1022 speciminis loco sit liber Anticlaudiani primus, quem ex dicto codice (Helmstadiensis academiae) transscriptum. Die parabolae des Alanus sind bei Leyser ganz gedruckt.

Die Kieler Handschrift gehörte nach Murr memorabilia T. 2 p. 143. n. 22 zur bibliotheca Ebneriana, ward 1817 von A. W. Cramer gekauft und der Bibliothek überlassen. Diese hat von des 1202 gestorbenen Alanus doctrinale altum oder parabolae eine unvollständige Handschrift und einen Druck, so wie einen Druck von dessen distinctiones, vergl. Ratjen zur Geschichte der Kieler Universitätsbibliothek, wo die ehemaligen Bordesholmer Drucke und Handschriften angeführt sind, S. 10, 49, 67.

Nach Detlefsen's Bemerkung ist ein Theil der Handschrift des Anticlaudian auf ausradirten Blättern des zehnten Jahrhunderts geschrieben, die ausradirte Schrift hält D. für eine lateinische Uebersetzung des alten Testaments.

K. B. 50.

Apologia contra ubiquitatis patronos 7 Bll. fol.

K. B. 51.

Jacob Asmussen Vorlesungen über Kirchengeschichte 2839 SS. 4.

Der Verfasser war Subrector in Kiel und 1835 auch Privatdocent der Kieler Universität, ward 1837 Director des Schullehrerseminars in Segeberg † 1850.

K. B. 52

Jacob Asmussen. Ueber das Verhältnis der Natürlichen und des Positiven in der Religion S. 1—24 S. 1—170 4.

K. B. 53.

Jacob Asmussen Excerpte de vigiliis S. 1—39 und Bemerkungen 20 SS. 4. Religionsgeschichte für Prima nach Niemeyer 53 Bll. und collectaneen.

K. B. 54.

Jacob Asmussen, Anmerkungen zu Gedicke historia philosophiae antiquae. 62 SS. 4.

K. B. 55.

Bardili und Thorild. 268 SS. in 4.

Abschriften und Auszüge aus Briefen Bardilis und Thorilds an K. L. Reinhold, der von 1794—1823 Professor der Philosophie in Kiel war. Der erste Brief S. 1—13 von Bardili Stuttgart 1 Januar 1800 beginnt: „Einen Mann gefunden zu haben, der zweite Brief anfangend: Ihn also den Rein und Holden ist nach Ernst Reinholds Leben K. L. Reinholds Jena 1825 S. 279 von Thorild. Von S. 21—45 der zweite Brief von Bardili an Reinhold Stuttg. 3. Febr. 1800, Reinholds Antwort S. 45—53. Der dritte Brief Bardilis Stuttg. 27/2 1800 S. 53—65. Thorilds Brief an Reinhold Greifswald 22. April 1800 S. 66—73 ist gedruckt in Reinholds Leben S. 294. u. f. Von S. 74—253 Briefe, Bardilis v. 19 April, 4. Juni, Juli 1800, 5. und 25 März 21. April 17 Mai 1801. Bemerkungen Kleukers S. 253—261. Kleukers Brief an Schubert v. 10 Juni 1801 bei Zusendung des zweiten Theils der Theologischen Encyclopaedie S. 261—262, S. 262—268 Briefe von Bardili an Reinhold vom 19/7 und 6/8 1801.

Die Handschrift ist aus Kleukers Nachlass in die Kieler Universitätsbibliothek gekommen. Ein Theil der Handschrift ist von Kleukers Hand geschrieben, Mehreres von ihm corrigirt. Ueber einige Briefe Thorilds an F. C. Cramer vergl. Ratjen Verzeichniss der Handschriften, welche die Herzogthümer betreffen. B. 3. Abtheilung 2 S. 542.

K. B. 56.

Bedenken der Pastoren des Predigtamtes zu Lübeck, wahrumb in Ehesachen der dritte Gradt lineae aequalis, der alhier viel Jahr verboten gewesen, nicht leichtlich soll geendert oder zugelassen werden 1605 24 Oct, 16 SS. fol.

K. B. 57.

Liber meditationum Bernhardi. Augustini sermones aliquot, theils Papier theis Pergament 54 Bll. 4. Nach Schätzung des kundigen Dr. Detlefsen in Glückstadt aus dem 15 saec. Auf dem Deckel: Liber bibliothecae Romersdorficensis. Bl. 1 nach der Ueberschrift steht: Multi multa sciunt et semetipsos nesciunt. (Bernardi opera Tom. 3 Paris. 1642 p. 126.) Bl. 5 b. de perfecta beatitudine coelestis patriae caput 4 (in dem angeführten Druck T. 3 p. 135) Bl. 15 beginnt cap. 17. (in dem Druck p. 159) Bl 16 b. Incipit stella clericorum. Quasi stella matutina — Bl. 25b., Explicit stella clericorum.

Der folgende Tractat ohne Ueberschrift beginnt: septem sunt impedimenta, quae conscientiam propriam cognoscere non permittunt. —

Zwei andere mss. von Bernardi meditationes sind von mir 1662 verzeichnet: Zur Geschichte der Kieler Universitätsbibliothek S. 58—59 unter den ehemaligen Bordesholmer Handschriften.

Bl. 38: Sermo Augustini contra Sodomitas (Augustini opera Venet. 1731 fol T. 6. appendix col. 358. sermo 47) Bl. 40 b. sermo Augustini de oratione dominica. — Bl. 42 sermo Augustini de vanitate et fallaciis mundi vitandis. (Augustini opp. T. 6. col. 337 sermo 31).

Bl. 52 de jejunio (Tom. 6 col. 328 sermo 25.) Bl. 54 b. Legimus enim Fratres carissimi (opp. T. 6 col. 328 sermo 24).

Die Handschrift bricht mitten in sermo 24 ab.

K. B. 58.

Pergamenthandschrift in 8. Bl. 1—86 aus dem dreizehnten, Bl. 87—180 aus dem vierzehnten Jahrhundert. Auf der sonst leeren Seite des ersten Blattes steht fast verwischt mit rother Dinte: liber sce marie deleg — darüber mit schwarzer Dinte: Bonus homo primum proponit nobile vinum scriptor sit sanus et — Fr. Gunnerus scripsit hec.

Bl. 1 b. 32 a.: Incipit libellus dompni Bernardi abbatis de praecepto et dispensatione.

Domino abbati Columbensi frater Bernardus abbas dictus de Claravalle valere — Bl. 32. a. satisfacere voluntati. Explicit.

Die Schrift ist gedruckt in Bernardi opp. T. 3. Paris 1642 p. 165 — und in Migne patrologia series II. Tom. 182 p. 859—894.

Bl. 32a.—35a. De adventu domini.

Dicite pusillanimes confortamini ecce domini noster veniet et salvabit nos. —

Bl. 35 a. Schluss: regem angelorum. Qui vivit et regnat deus per omnia secula seculorum. Amen.

Bl. 35 b.—38 b. Anfang: Universae viae domini misericordia et veritas requirentibus testamentum ipsius et testimonia ejus. David — Bl. 38 b. Schluss: Quod ipse parare dignetur qui vivit et regnat dominus per omnia secula. Amen.

Bl. 38 b.—48 b. Anfang: Vicit leo de tribu juda. Vicit plane — Bl. 48 b. Ostendat nobis qui est super omnia deus in secula benedictus. Amen.

Bl. 48 b.—55 a. Anfang: Audivi numerum signatorum centum XL quatuor milia — Bl. 55 a. per gratiam novi testamenti meruit subrogari.

Bl. 55a—58. Anfang: Prudentia est rerum divinarum humanarumque — Bl. 56 a. recte vivendi sunt instituta quis dubitet esse connexa.

Auf Bl. 55 b. 56 a. und b. 57 a. steht mit rother Dinte theils nach einem Absatz theils am Rande: prosper.

In dem appendix operum Prosperi Aquitani Paris, 1711 fol. Juliani Pomerii de vita contemplativa stehen p. 70 Worte, die in der Handschrift B. 57. stehen: Temperantia igitur temperantem facit, abstinentem, parcum, sobrium, moderatum, pudicum, tacitum, serium, verecundum. Hec virtus sc. in animo habitat. —

Was Bl. 57 b. hat, steht in Prosperi appendix p. 69: Principales quatuor esse virtutes non solum philosophi. —

Wenn auch diese und mehrere Stellen aus Pomerius entlehnt sind, so findet sich das Ganze doch nicht bei Pom.

Bl. 58 a.—60 b. Bl. 58 a. mit rother Dinte: Ambrosi. Dann: Tuus sum salva me domine — Bl. 60 b. Tuus sum ego quia pars m. hereditatis non in auro non in argento est: sed in cristo iesu.

Bl. 60 b.—64. Bl. 60 b. steht mit rother Dinte die Ueberschrift Beatus gregorius super hiezechielem in omelia XV., dann: studete fratres karissimi dei verba meditari, nolite despicere scripta nostri redemtoris. —

Bl. 64 a. etiam in manu operis tenemus.

Bl. 64 a. 69 a. ohne Titel. Anfang: Duo sunt karissimi que principaliter attendere debet humana circumspectio Bl. 69 a. integritati restituat prestante domino nostro jesu cristo qui vivit.

Bl. 69 a.—72 a. Anfang: Notum est dilectissimi vestre caritati quod milites. — Bl. 72 a. et gloriatur cum deo patre et spiritu sancto per immortalia saecula saeculorum. Amen.

Bl. 72 a.—79 b. Spätere Ueberschrift: Expositio super lamentationem iheremiae. Dann: Et factum est post quam in captivitatem ductus est israel. — Bl. 79 b, et sequendo voluptatem carnis.

Bl. 79 b.—87 b. Incipit liber sancti alexis confessoris temporibus archadii et honorii magnorum imperatorum. —

Bl. 86 a. Depositus est autem beatus alexis mense Junio septima decima die mensis ejusdem sub honorio. —

(In Surii de probatis sanctorum vitis Julius p. 208 ist der 17 Juli als der Tag des heiligen Alexius genannt.) Ueber das französ. Gedicht auf den heil. Alexis vergl. Sitzungsberichte der Bayer. Akademie der Wiss. 1868 B. 1. S. 84. und Zarucke Centralblatt 1872 n. 13.

Bl 87 a. ist nicht beschrieben. Bl. 87 b.—98 a. Gilberti disputatio Judaei cum christiano et epistola ad Anselmum, Bl. 87 b steht am Rande: incipit prologus gilberti ad anselmum cantuariensem archiepiscopum, dann: Reverendo patri et domino anselmo cantuariensis ecclesie archiepiscopo suus servus et filius gilbertus westmonasterii coenobii procurator. —

Bl. 98 a. expectatio gentium. Cui honor et imperium per omnia secula seculorum. Amen. Explicit.

(Gilberti oder Gisleberti disputatio Judaei de fide Christiana cum Christiano ist mit der epistola an Anselmus, die in dieser Handschrift Bl. 87 b.—98 steht, gedruckt in Anselmi opp. Lut. Paris 1721 fol. p. 512—523.)

Bl. 98 a.—180.

Bl. 98 a. Incipit prohemium beati hieronimi presbiteri in expositionem libri jesu nave. Dann folgen die Titel von 26 Homilien, die erste beginnt nach dem prohemium, das Bl. 99 a. und einem Theil von 99 b. steht, Bl. 99 b. Von der drei und zwanzigsten Homilie, der letzten des Manuscripts, ist nur ein kleiner Theil in der Handschrift, er schliesst: ex concubinis descenderant Jacob. Que ergo sit ratio sortium apud memet ipsum requirebam:

(Diese Homilien sind mit dem prologus Rufini gedruckt in Origenis opera studio Delarue Paris. 1733 T. 2 p. 396—450, wo auch die 23—26 Homilie gedruckt sind.)

4

K. B. 59.

Joh. Berndes praepositi Sundewitt. epistolae a anno 1555—1582. Abschriften 196 Bll. fol.

Aus Mollers Nachlass, der dabei schreibt: mutilae et disjectae. Ex bibliotheca Lackmanniana. Vergl. auch Moller Cimbria literata T. 1 p. 42. Die Briefe sind gerichtet an Nicol. Hemmingius Professor in Kopenhagen, Ger. Slevart Prediger in Flensburg, an Georg Sarctorius u. A, Henr. Holcken in Rantzau.

Der Inhalt vorzugsweise theologisch.

K. B. 60.

Johannis Bodini (colloquium heptaplomeres de abditis rerum sublimium arcanis. Vol. 1. liber 1—4 Vol. 2 lib. 5. 6. 7. Diese Bezeichnung auf dem Vorsetzblatt ist nicht richtig, es ist nur ein volumen, die Seitenzahlen gehen fort. Lib. 6 beginnt S. 775, ein lib. 7 giebt es wohl nicht. Auf S. 1166; summa vitae sanctitate tueretur. finis.

H. E. J. B. A. S. A. A. LXIII.

Haec Ego Joan. Bodin Andeis Scripsi Anno Aetatis 63.

Die Kieler Bibliothek erhielt die Handschrift 1836 von dem damals in Kiel Studirenden Wolf, er verweist auf dem Banddeckel auf Bruns Beiträge zur Bearbeitung unbenutzter Handschriften S. 316, nach welchen Rector Niclas in Lüneburg eine Handschrift dieses Werkes von Bodin in 6 Büchern 845 SS. hatte. Nouk gab bekanntlich 1857 diese Schrift heraus, der Schluss ist dem der Handschrift gleich. N. benutzte nach der Vorrede auch eine Altonaer Handschrift.

K. B. 61.

Bodinus.

Id. liber 252 Bll. fol. Auf Bl. 253 steht ein Auszug aus einem Briefe des Hugo Grotius an Jo. Cordesius Canonicus Lemovicencis über Bodinus. Diese epistola ist in der secunda editio von H. Grotii epp. ad. Gallos Lugd. B. 1650 ep 166 p. 406. Auf Bl. 253 stehen noch einige Worte aus Gabriel Naudaeus (Naudaeus) bibliographia politica. In ed. Lugd. Bat. 1642 p. 104. „Jo Bodinus composito sed nondum edito (atque utinam nunquam edatur) de rerum sublimium arcanis." —

K. B. 62.

Anicii Manlii Severini Boethii exconsulis patricii de sancta trinitate, ejusdem contra Eutychen ac Nestorium de persona et natura ad Johannem diaconum

Pergament-Handschrift. 64 Bll. 4. Auf fol. 1a: Investigatam diutissime quaestionem. — Auf Bl. 12b unten: imbecilitas subtrahit vota subplebunt.

In der Ausgabe der Opera Boethii Basel 1570 fol. beginnt der prologus zu der Schrift de trinitate p. 1120 — und schliesst mit den angeführten Worten der Handschrift p. 1127.

Auf Bl. 12b unten und Bl. 13 oben folgt: Anicii Manlii Severini Boethii viri clariss exconsulis ordinis patricii ad Johannem diaconum utrum pater et filius et spiritus sanctus de divinitate substantialiter praedicentur.

Quaero an pater et filius et spiritus sanctus —

Bl. 15a unten et fidem si poterit rationemque conjunge.

(In der genannten Ausgabe der Werke p. 1171 — 1172 liber secundus de trinitate.)

Bl. 15a unten u. 15b: Item ejusden ad eundem quomodo substantiae in eo quod sint bonae sint cum non sint substantialia bona. Postulas ut ex ebdomadibus nostris. —

Bl. 21a oben: idcirco alia quidem justa alia ad aliud omnia bona.

Dann ist Platz gelassen für eine Ueberschrift. (In dem Druck beginnt lib. 3 p. 1181. und schliesst ähnlich, wie in der Handschrift Bl. 21, p. 1184.)

Nach der Lücke beginnt Bl. 21a: Christianam fidem novi ac veteris testamenti pandit auctoritas — Bl. 32b ubi rex est virginis filius eritque gaudium sempiternum delectatio cibus opus. Laus perpetua creatoris. Amen. Explicit liber Anicii Manlii Severini — de sancta trinitate.

Was die Handschrift Bl. 21—32b enthält, finde ich nicht in dem Druck.

Bl. 33: Incipit liber contra eutychen et nestorium ad johannem diaconum. Anxie quidem diuque sustinui ut de ea quae in conventu mota est quaestione, — Bl. 63 atque omnium bonorum causa perscribit explicit. Im Druck p. 1203—1210 de duabus naturis et una persona christi liber quartus.

Bl. 63—64 einzelne Bemerkungen: Nulla unitas est, in qua trinitas non inveniatur. — Bl. 64: quid sit substantia. Substantia est quod neque in subjecto est neque de subjecto praedicatur. — Bl. 64a.

Bl. 64b oben: de tempore. Tempus est cujuscumque — ut volubilitas mundi.

Die Handschrift wurde 1817 von A. W. Cramer in Nürnberg erstanden, er überliess sie der Kieler Universitätsbibliothek.

Nach Th. de Murr Memorabilia bibliothecarum public. Norimberg. P. 2. Norimb. 1788 p. 143 37a. b. gehörte die Handschrift aus saec. X zur bibliotheca Ebneriana; er sagt: Contuli aliquot folia cum editione Renati Vallini. Lugd. Bat. 1656. 8. Paucas differentias observavi. — In variantibus congruit noster codex cum duobus vetustissimis in bibliotheca regia Parisina.

Auf dem ersten Bl. des Ms. steht Witego und von neuerer Hand saec. X

K. B. 63.

Breviarium Romanum. Pergamenthandschrift. 239 Bll. 12. Aus dem XVI. saec. Die ersten sechs Blätter enthalten einen Kalender. Bl. 7: Qui non abiit in consilio impiorum et in via peccatorum non stetit in cathedra pestilentiae non sedit. — Eben so fängt das Lugduni 1544 gedruckte breviarum Romanum an.

K. B. 64.

Giordano Bruno de la causa principo et uno al illustr. signor di mauvissiero. Stampato in Venetia 1584. Ohne das Titelblatt 21 u. 144 SS. 4. Nach der epistola dedicatoria und fünf Gedichten fängt mit neuer Paginirung der erste Dialog an. S. 144: Fine de cinque dialogi de la causa principio et uno.

Die Kieler Bibliothek kaufte die Handschrift 1828 auf Kleukers Auction. Von Twestens Hand ist vorbemerkt, das in neuerer Zeit zuerst F. H. Jacobi, vielleicht veranlasst durch Hamann, in der zweiten Ausgabe seiner Briefe über Spinoza auf diese seltne Schrift Bruno's aufmerksam gemacht und sie Rixner und Siber (Leben und Lehrmeinungen berühmter Physiker Heft 5 Vorbericht Sulzbach 1824) mitgetheilt habe, s. Jacobi Ueber die Lehre des Spinoza. Neue verm. Ausg. Breslau 1789. Vorrede, S. VII u. S. 261—306. Jacobi, Werke B. 4 Abth. 1 S. 7, B. 4 Abth. 2. S. 6. Jacobi hatte nach einem Briefe vom 16. Januar 1785 die italienische Ausgabe Bruno's vergebens gesucht Jacobi Werke B. 4. Abth. 3 S. 20. Kleuker war mit Jacobi sehr befreundet und wird von diesem die Handschrift erhalten haben. Rixner und Siber geben eine abgekürzte Uebersetzung, bei der die Seitenzahlen des italienischen Drucks angegeben sind. S. 139. Bei Rixner ist am Schluss des fünften Dialogs S. 142 des italienischen Drucks citirt. Die Kleukersche Abschrift hat S. 144 den Schluss des fünften Dialogs, scheint also auch den Seiten nach dem Ital. Druck fast gleich. Nach dem Venetianischen Druk sind Bruno's opere von Ad. Wagner Lips. 1830 gedruckt und Vol. 1. p. 215—292 die fünf Dialoge.

K. B. 65.

Giordano Bruno de l'infinito universo et mondi. Stampato in Venetia anno 1584. 29 u. 175 SS. 4.

Auf Kleukers Auction gekauft. Abschrift des Venetianischen Drucks. Wieder gedruckt in G. Bruno opere da Ad. Wagner vol. 2 p. 1—104.

K. B. 66.

Van dem düren Marterer Christi Adolpho van Clarenbach, wat deselve umme der Bekenntnisse Christi vor Verfolginge gehavt unde entlicken, wo se (he) vor Coln verbrant worden. 19 SS. 4.

Ad. Clarenbach ward 28 Septb. 1529 verbrannt. Der Kieler Professor H. Muhlius lies 1727 ein Programm über Clarenbach so wie dessen Confessio und Schreiben an den Senat zu Lennep drucken.

K. B. 67.

1) J C. Dippelii Schreiben an M. Craatz über die Frage, ob ein taub- und stumm gebohrner eine Cognition von Christo haben oder irgendwodurch erlangen könne, geschrieben mit nynem Bleistift in seinem Gefängniss zu Hammershuus auf Bornholm 1725.

2) Abschrift einer Notiz, die Dippel bei Relaxation des Arrestes in Hammerhuus, wo er 7 et quod excurrit annorum captivus gewesen.

3) Dippels Schreiben an Oliger Pauli über desselben Paraphrase der Worte Christi: Mein Gott — Frankfurt 22 Aug. 1702. 3 Bll. fol.

K. B. 68.

Hans Egede Continuation von der Journal-Relation die neu angefangene Grönländische Mission betr. v. 21 Juni 1722 bis ult. Juli 1723 Bl. 527—591. Aus einer grössern Sammlung.

Derselbe Zeitraum ist behandelt in: Ausführliche und wahrhafte Nachricht der grönländischen Mission von Hans Egede Hamburg. 1740. pag. 41—73. Die Handschrift ist ausführlicher.

K. B. 69.

Gebetbuch in niedersächsischer Sprache. Pergamenthandschrift 263 Bll. 12. Auf Cramers Auction gekauft, Catalogus über Cramers verkaufte Bibliothek S. 77 n. 4. Auf einem nicht mitgezählten Blatte vorn steht A. G. Crameri Icti Coloniae 1821. Auf den ersten 14 Blättern steht ein Calender. Bl. 1b beginnend: Jannarius der hardemaint. Bl. 2b: Februnrius die Sparckel. Bl 13b u. 14 eine Angabe der Schaltjahre von 1488—1526. Bl. 15 ein etwas verblichenes Bild. Bl. 16 hye begynnent die getzyde van unser vrouwen. Die metten. Bl. 89 hye begynnent die seven psalmen. Die Bilder S. 73. 88 (David mit der Harfe) 111. 148. 245. 250 sind ziemlich gut erhalten.

Nach Cramers Catalog gehört die Handschrift dem XV. saec. an, auf einem losen Blatt setzt er sie ins Jahr 1488, weil von da an die Schaltjahre berechnet sind. Auf dem Deckel des Bandes ist die Jahreszahl 1634.

K. B. 70.

Gebetbuch in vlämischer Sprache 100 Bll. Pergament. 12. Bl. 1b: Hrev volcht de maniere om onser vrauwen roosey hoyken te lesen. — Het ave maria in vlaemische. Von Bl. 3 — 29 mit schlechtgezeichneten Bildern verziert, auch Bl. 31. 32. 45. 57. 59. 61. 62 67 Bilder. Zwischen Bl. 23 und 24 sind wohl einige Blätter ausgerissen.

Die Handschrift ward 1637 von dem Ober-Appellations-Gerichts-Copisten Johansen dem antiquarischen Museum und von diesem der Kieler Universitätsbibliothek gegeben.

Professor Groth hat mehrere Seiten der Handschrift „in seine plattdeutsche Orthographie umgeschrieben."

K. B. 70a.

Joh. Christian Gejer diss. praeside Joh. Schmidio de moralitate ludorum scenicorum Lipsiae 1683. 17 Bl. fol.

Aus Mollers Nachlass.

K. B. 71.

1. (Hamanns Philologische Einfälle und Zweifel über eine akademische Preisschrift. Entworfen vom Magus im Norden. Im Weinmonate 1772. Gedruckt bei (hier kommt der Drucker der allgem. D. Bibliothek.)

So lautet der Titel dieser Handschrift die 20 SS. 4 hat und als Anhang S. 21—28 Au Salomon de Prusse.

2. Dasselbe in einer anderen Handschrift 22 Bl. 4.

Beide mss. sind von der mir wohl bekannten Hand Kleukers geschrieben, sie wurden, wie K. B. 72—76, mir von Kleukers Erben geschenkt, ich habe sie der Kieler Universitätsbibliothek gegeben.

Auf dem ersteren Manuscript der philologischen Einfälle hat Kleuker bemerkt: Statt dieses beschmutzten Manuscripts findet sich ein besseres hierbei. Auf S. 17 des erstern Manuscripts ist ein Dintenklecks. Kleuker stand mit Hamann und Jacobi im Briefwechsel und dürfte von Letzterem Hamannsche Handschriften erhalten haben. Vgl. Ratjen Kleuker S. 146. 156. 158.

Diese Einfälle und Zweifel gegen Herders Preisschrift vom Ursprung der Sprache sind in Hamanns Schriften von Roth herausgegeben Th. 4 S. 37 und f. gedruckt, der Anhang Th. 6 Abth. 1. S. 191 u. f. Der früher projectirte Druck ist wohl nicht zur Ausführung gekommen, aber die Schrift wird handschriftlich Mehrern mitgetheilt sein. Von Kleukers Hand liegt in dem zweiten Ms. ein Blatt, auf dem Kl. geschrieben: „Weil Ew. Durchlaucht die griechischen Stellen in der Hamannschen Schrift einigen Aufenthalt oder Schwierigkeit machen könnten, so füge ich eine lateinische Uebersetzung davon bey." Die Uebersetzung ist theils lateinisch, theils deutsch. Ew. Durchlaucht ist durchstrichen aber leserlich. Nach Roths Nachricht zu Th. 4 sind diese Hamannschen Einfälle zuerst in Roths Ausgabe gedruckt worden.

Vergl. Hamanns Schriften Th. 5 S. 31. Hamann erwähnt die Schrift in seinem Selbstgespräch eines Autors, welches in dem Drucke s. l. 1773. 4. vor mir liegt S. 13. In Roth's Ausgabe Th. 4 S. 92.

K. B. 72.

(J. G. Hamann) Gedanken über meinen Lebenslauf. 32 Bll. 4.

Zuerst gedruckt in Hamanns Schriften, herausgegeben von Roth Th. 1 S. 149 f.

K. B. 73.

J. G. Hamann Metakritik über den Purismus in der Vernunft. 15 SS. 4. Mit einigen Randbemerkungen und Verbesserungen von Kleukers Hand.

Gedruckt in Hamanns Schriften Th. 7 S. 1 f nach Hamanns Handschrift Nach Roths Angabe früher gedruckt in Rink Mancherley zur Geschichte der metakritischen Invasion.

K. B. 74.

Hamanns Anmerkungen oder Commentar über die Bibel oder Biblische Betrachtungen 735 Seiten 4. Nicht von Kleukers Hand geschrieben, aber einige Stellen sind von Kleuker corrigirt.

Ein Auszug der biblischen Betrachtungen ist gedruckt in Hamanns Schriften herausg. von Roth B. I. S. 49. Die Handschrift beginnt mit Gen. 1, 31, im Druck S. 63. In der Handschrift beginnen die Betrachtungen über die Offenbarung Joh. 8, 729.

K. B. 75.

Einige Stücke aus Hamanns biblischen Betrachtuugen 96 SS. 4 von Kleukers Hand.

Kleuker fand den Abdruck der biblischen Betrachtungen Hamanns in dessen von Roth herausgegebenen Schriften Th. 1. S. 49 u. f. zu unvollständig und wählte deshalb einige Stücke aus Hamanns Handschrift. Roth habe, sagt Kleuker in der Einleitung dieser Stücke, vermuthlich den Druck nach einer Abschrift machen lassen, „Die ich für meinen ehemaligen Freund den verewigten Fr. Heinr. Jacobi einst besorgt habe." „Das bei Roth Abgedruckte, beträgt vielleicht kaum ein Fünftel des Ganzen."

K. B. 76.

Ueber Hamanns Sokratische Denkwürdigkeiten von Kleukers Hand. 6. Seiten 4.

K. B. 77.

A. Th. Hartmann. Nachrichten über einige religiöse Sekten in Asien als Nassairier, Sabier u. s. w. gesammelt 18¹⁰/₁₁ fortgesetzt 1817 und 1818 57 und 191 SS. 4. Neue Sammlungen zu den Nachrichten 1818 9 SS. Samml. aus dem Cod. Nasaraeus ed. Norberg 17 SS.

K. B. 78.

A. Th. Hartmann Vergleichung der chaldäischen Uebersetzung der Megilloth, der Psalmen, Proverbien, des Hiob des Jesaia und Ezechiel mit dem hebräischen Grundtext seit dem Herbst 1816 bis Octb. 1824 nebst gramatischen Bemerkungen über das Targûm der Psalmen. 209 und 8 und 268 SS. 4.

K. B. 79.

1. Schreiben von Elise Reimarus Hamburg 5. Decbr. 1783 an F. H. Jacobi. 2. Schreiben von Mendelssohn Berlin den — August 1784 an F. H. Jacobi und Erinnerungen an Herrn J. 15 SS. 4.

Gedruckt in Jacobi Ueber die Lehre des Spinoza verm. Ausgabe. Berlin 1789 S. 68 — 71 u. S. 76 — 96. Im Druck steht statt Elise Emilie. Das Schreiben von Elise Reimarus ist in Jacobi wider Mendelssohns Beschuldigungen. Leipzig 1786 S. 19—22 und in der citirten zweiten Ausgabe über die Lehre des Spinoza nicht vollständig gedruckt. In der Handschrift steht am Schluss: „Nur eines noch hab' ich vergessen, nemlich dass er in Ansehung des mitgetheilten Gedichtes[1]) die verlangten Bedingungen treulich erfüllen wird. Ich hoffe, Sie sind damit vorläufig zufrieden und verzeihen mir meinen unwillkürlichen Aufschub. Auch heute noch, wo ich Willens war, Ihnen Verschiedenartiges, was M. in dem Briefe an meinen Bruder sagt, auszuziehen, verhindert mich mein fast alltägliches Kopfweh. Nächstens also ein Mehreres und für heute noch den Wunsch, dass Sie nicht mehr so oft an diesem Uebel leiden mögen. Tausend Grüsse von unserer ganzen Gemeine an die Ihre versteht sich oben drein."

Das zweite Schreiben ist Abschrift betitelt, in dem erstern hat Kleuker mit seiner Hand die ungenaue Abschrift gebessert.

K. B. 80.

1. F. H. Jacobi Schreiben an Moses Mendelssohn. Pempelfort 4 Novb. 1783. 29 SS. 4. Auf S. 29 Prometheus von Goethe.

Nur dieses Gedicht ist von Kleukers Hand geschrieben. Das Schreiben ohne Goethes Prometheus ist dedruct in Jacobi über die Lehre des Spinoza 1785 S. 7—48.

---

1) Goethes Prometheus.

in der vermehrten Ausgabe dieser Schrift von Jacobi ist S. 19—21 auch Goethes Prometheus abgedruckt

2. F. H. Jacobi Schreiben an Moses Mendelssohn. Hofgeismar 5. Septb. 1784 mit Beilage: ein Brief von Hemsterhuis in französischer Sprache. 24 SS. 4.

Gedruckt in Jacobi über die Lehre des Spinoza 1785 S. 53—113 und vollständiger in der neuen Ausgabe S. 96. u. f.

3. S. 25—29 Kleukers Auszug: „Aus einem Briefe von mir an F. H. J. über diese Aufsätze Osnabrück 2. März 85." S. 29—31. „Aus dem letzten Briefe Jacobi's als Antwort auf Mendelssohns Erinneruugen. Düsseldorf 2. April 1785."

Dieser letzte Brief ist gedruckt in Jacobi über die Lehre des Spinoza 1785 S. 162—166 und neue Ausgabe S. 213 f.

K. B. 81.

F. H. Jacobi. Auszug aus einem Briefe an Lavater 6 Bll. 8 Gedruckt in F. H. Jacobi's Briefwechsel B. 1. 1825 S. 328.

K. B. 82.

Brief von Schlosser an F. H. Jacobi Carlsruh 9. Octb. 87. erwähnt den Plan einer Circular-Correspondenz, der auch in Jacobis auserles. Briefwechsel B. 1. S. 443 Anmerkung und in Ratjens Kleuker S. 97. 99. erwähnt wird. 2 Bl. 4.

K. B. 83.

Hans Nicolai Andreas Jensen Extracte theologischen Inhalts 1823. 184 Seiten 4. Jensen, bekannt durch seine kirchliche Statistik des Herzogthums Schleswig und andere Schriften, starb 1850, war Prediger in Boren.

Sein Handschriftlicher Nachlass ist von den Erben der Kieler Bibliothek gegeben worden. Vergl. H. Ratjen Verzeichniss der Handschriften welche die Herz. Schl. und Holstein betreffen B. 2 S. 41—43 und Register.

K. B. 84.

H. N. A. Jensen Nachrichten aus andern Ländern 446 SS. 4., so S. 58 Bisthum Cambray —

Der Verfasser nennt Quellen und Hülfsmittel zur Kenntniss kirchlicher Zustände. Mehrere Seiten sind unbenutzt. Angelegt sind Reisebemerkungen in 8. 12 Seiten, in 4. 2 Blätter, und 5 Seiten und 8 über den Katholicismus.

K. B. 85—89.

Die folgenden fünf Handschriften glaube ich nicht übergehen zu dürfen. Das Nachspüren nach solchen mss. ist verschwunden, sie gehören der Zeit an, in der man die eigenen Ansichten Kaiser Friedrich I. oder II. etc. unterzuschieben suchte. Die Kieler Professoren Arpe und Mayer waren in dieser Richtung sehr thätig

K. B. 85—87.

De tribus impostoribus sive de imposturis religionum n. 85, 16 Bll. 4., bezeichnet ex bibliotheca J. F. Meyeri. Die Kieler Bibliothek erhielt dieses Exemplar 1835 von dem Candidaten Herm. Wolf. Statt Meyeri soll es wohl Mayeri heissen. Auf Bl. 2 ist bemerkt: Conf. Neue Zeitungen von Gel. Sachen 1716 p. 59. 62. 102. Ex literis J. Paltenii ad C. Wormium 1695 dat. De transmissa scheda nefandi scripti. — Bl. 3 beginnt der Text ohne Eintheilung in Paragraphen: Deum esse, cum colendum esse — Bl. 11 a quo currere incepisti. Desunt quaedam, ut constet aliquem — Bl. 16b. Testimonia eorum qui extra ecclesiam judaicam vel christianam sunt etc. Reliqua desunt. — n. 86, 24 Bll. 4. Auf einem ungezählten Blatt ist bemerkt ex bibl. Mayeriana in Eugenii princ. Sabaud. delatum, a Jo. Aymonio gallice redditum. Die Notiz ex literis Joh. Phil. Palthenii ad Christ. Wormium 1695 dat. steht in dieser Abschrift am Schluss Bl. 22—24. — n. 87, 56 SS. 4. Die Nachricht ex literis Palthenii steht hier voran S. 5—9 nach den Titelblättern. Auf dem Titelblatt ist nach de imposturis religionum bemerkt: Diesen Titel hat das Manuscript gehabt, so in J. Fr. Mayers Bibliothek gewesen und der Prinz Eugenius vor 50 Thlr erstanden, aber so vollständig als dieses nicht ist. Verwiesen ist auf Reimanni catalogus biblioth. theolog. p. 980. 981. Auf P. 2. S. 39 der Handschrift n. 87 ist am Rande bei den Worten: ut constet bemerkt: „Dieses ist eigentlich das Fragmentum libri de tribus impostoribus."

Joh. Friedrich Mayer, auf den die drei Mss. sich beziehen, war dem Namen nach mehrere Jahre Professor in Kiel von 1699 an, hatte aber daneben mehrere andere Aemter, er starb in Stettin 1712. Ein Leben des unruhigen seltsamen Mannes in Klose Lexicon der hamburg. Schriftsteller. B. 5. S. 89 u. f. Unter seinen 1716 in Berlin verkauften Büchern und Schriften soll handschriftlich die Schrift: de tribus impostoribus oder de imposturis religionum gewesen, aber, nach den neuen Zeitungen von gel. Sachen auf 1716 S. 62, nur zum Ansehen, nicht zum Verkauf, das Manuscript soll für den Prinzen Eugen von Savoyen gekauft sein. Die Schrift ist gedruckt in zwei seltenen antisupernaturalistischen Manuscripten, Pendants zu den Wolfenbüttelschen Fragmenten. Berlin (nach Genthe: Giessen) 1792, in 12. S. 1—34. In diesem Berliner oder Giessener Druck ist bemerkt: Descriptum ab exemplari mspto, quod in bibliotheca Jo. Fr. Meyeri theol. D. publice distracta Berolini a 1716 deprehensum et a principe Eugenio de Sabaudia LXXX Imperialibus redentum fuit. (Statt Meyeri soll es Mayeri heissen.) Der Druck geht nur bis: a quo currere coepisti. F. W. Genthe hat die Schrift de imposturis religionum Leipzig 1833 mit Einleitung herausgegeben, sie ist in diesem Druck in 29 Paragraphen getheilt

S. 41—62. Der Schluss der Handschrift nach quo currere incepisti ist bei Genthe nicht ganz abgedruckt, ein Theil dieses Schlusses anfangend: ut constet steht bei Genthe unter dem Text.

K. B. 88.

Damnatus liber de tribus impostoribus (al. tit l'esprit de Mr. Spinoza). 28 Bll. 4.

Auf dem Titelblatt steht: „Qui dicit in aeternos aspera verba Deos damnatum efficit lectorem, si ipsius auctorem non damnat et execratur."

Msc. latine, quod ex B. Mayeriana libraria in apparatum librarium sereniss. Princ. Eugenii magno aere redemtum transiit cujusque principium: Deum esse eum colendum esse quod etiam exhibetur a Baumgartenio in der Hall. biblioth. vol. — inscriptum de imposturis religionum, Jo. Aymonius gallice transtulit ac cum pluribus communicavit. Aliud vero ejusdem farinae prostat ordiens: Quamvis omnium hominum intersit nosse veritatem sive idem illud, quod hic gallice exhibetur a Lud. Meyero med. ni fallor compositum, in capp. 8 divisum memorat Wolf in bibl. hebr. Vol 4. p. 796. Scriptum aliquod ejusdem frontis Jo. Bildle anglice convertisse tradit Jac. Health in hist. belli civ. 1654.

Praeter reliqua confer reponse à la diss. de Mr. de la Monnoye sur le tr. de tribus impostoribus à la Haye ch. H. Scheurler 1716 evulg. rar."

Die Schrift ist in 6 Capitel getheilt, jedes in Abtheilungen. Chap. I. de Dieu. „Quoiqu'il importe à tous les hommes — Chap. VI. Des esprits qu'on nomme des demons schliesst Bl. 28 à qui les prejugés tiennent lieu d'oracles infaillibles. Fin. Darauf folgt: Table des matieres contenues en ce volume."

Die Schrift ist gedruckt s. t. Traité des trois imposteurs. En Suisse de l'imprimerie philosophique 1793. 12. p. 1—218.

Nach Trinius Freydenker-Lexikon S. 360 war Ludwig Meyer Medicus zu Amsterdam und gab Spinoza's philosophia scripturae interpres heraus.

Die Schrift anlangend: Quoiqu'il importe ist in deutscher Uebersetzung gedruckt in Spinoza II oder Subiroth Sopim. Rom bei der Wittwe Bona Spes, 5770 in 12. S. 1—67.

K. B. 89.

La vie et l'esprit de Mr Benoit de Spinosa. 1719. 217 Seiten 4°.

Auf dem Vorsetzblatt: Auf der Auction des Prof. J. A. H. Reimarus gekauft für 4 Mrk. 2 S. 5 und 6. Avertissement. Il n'y a peut etre rien — S. 7. Preface du copiste. S. 8. Table. Para 1. Vie de M. Spinoza S. 9—34 anfangend: Notre siecle est fort eclairé. S. 33 fin. Darauf folgt Catalogue des livres de Mr. Spinosa. Die P. 1 S. 9—34 soll genommen sein aus den nouv. litt. T. X. P. 1. Amsterd. 1719. —

P. 2. S. 35—82. L'esprit de Mr. B. de Spinosa. Anfangend wie N. 1 Chap. 1 de Dieu. Quoiqu'il importe — S. 52. Chap. 4. Ce qui signifie ce mot religion — so beginnt in N. 88 chap. 3. Diese Pars II soll nach der Table auf S. 8 21 Capitel haben. Auf S. 77 steht am Schluss von Chap. 11 de Mahomet: Le chapitre suivant jusq'au XVII inclusiv. sont tirez mot per mot de Trois veritez de Charron, de la sagesse par le meme et des considerations politiques sur les coups d'etat par Naudec. S. 79—81 wird der Inhalt von Capitel 12—21 angegeben und mehrmal auf ein Manuscript des trois imposteurs verwiesen.

S. 83—152. „Copie du fameux livre des trois imposteurs traduit du latin en francois."

S. 85—94 steht die dissertation sur le livre des trois imposteurs.

Diese diss. ist dem Wesen nach gedruckt in J. G. Krause, Bücher-Historie Th. 2. Leipz. 1716 S. 284—296 unterschrieben Leyde le 1 Janv. 1716 J. L. R. J. und im Anhang des traité des trois imposteurs. Eu Suisse de l'imprimerie philos. 1793 S. 152—171 unter dem Titel: Reponse à la diss. de M. de la Monnoye sur le traité des trois imposteurs. In diesem Druck ist bemerkt: Cette lettre est du sieur Pierre Fréderic Arpe, de Kiel, dans le Holstein, Auteur de l'apologie de Vanini imprimée à Rotterdam in 8 en 1712. Ein Auszug dieser diss. oder Reponse, die gegen de la Monnoye gerichtet ist, erschien in Memoires de litterature T. 1. P. 2. A la Haye 1716 p. 376--385. Der Hauptinhalt ist, das der Verfasser 1706 in Frankfurt am Main ein Manuscript gefunden mit der Inschrift: Ottoni illustrissimo amico meo carissimo F. I. S. D. Diese Buchstaben werden von dem Finder gedeutet: Fridericus imperator salutem dicit. Es soll der Kaiser Friedrich II. sein. Die Reponse ist auch gedruckt in Genthe, de impostura religionum S. 27—40. Ich glaube mit ziemlicher Sicherheit in der Chronik der Kieler Universität des J. 1858 S. 58—60 besonders aus La Croze's thesaurus epistolicus nachgewiesen zu haben, dass Peter Friedrich Arpe Verfasser der Reponse sei. A. war in Kiel Professor, ward 1724 entlassen, trat in Braunschweigisch-Wolfenb. und dann in Meklenburgische Dienste. Die Replik oder Reponse von de la Monnoye gegen Arpe steht in den genannten Memorires T. 1. P. 2. p. 386—391.

S. 95—153. Livre des trois imposteurs en françois. Frederic Empereur au tres illustre Otthon mon tres fidel ami salut. J'ai eu soins de faire copier le traité — S. 96 §. 1 de dieu. Nach §. 6 mehre unbenutzte Blätter. S. 107 §. 9 — S. 152 am Schluss: Permittente Dno Barone de Hogendorf descriptum ex autographo bibliothecae serenissimi principis Eugenii a Subaudis anno 1716. Notes des omissions dans le livre des T. I. S. 153. Vita Spinosii a domino Luca scripta prodiit in novis litterarīs gallice Amstel. editis T. X. P. 1 p. 46—74.

S. 155—187. De imposturis religionum breve compendium. S. 155—157. Ex literis Jo. Phil. Palthenii ad Christ. Wornium 1695 datis. S. 159: Deum esse — S.

189—190: „Descripsi ex apographo Domini Arpe consiliarii Guelferbytani, qui suo exemplari notam sequentem adscripserat:

Harum schedarum verum auctorem mihi ex ore ipsius retulit max. reverendus Nicol. Staphorst ad D. Johannis aedem pastor Hamb. Cum Jo. Mullerus in atheismo devicto mentionem nefandi libri de tribus impostoribus ita fecisset ac si legisset et ipsi copia illius suppeteret, Joh. Fried. Mayerus th. D., vir polymathestatus, ex nepote pessimum sed rarius. ingenii humani foetum investigabat, qui non plane quaesita illustris viri et tunc in civitate potentis abnuebat. Moliebatur tunc forte comitia Taboritica s. diss. de tribus tabernaculis eique praemittebatur epistola in qua de hoc libro facta mentione Joh. Joach. Mullerum J. U. D. et postea actuarium Hamburg. eo consilio ad opponendum provocabat, ut de hoc libro hactenus ignoto suam sententiam propalaret. Accipit conditionem — partum infausta Lucina editum exhibet, a quo sub titulo de tribus impostoribus acceperunt reliqui. Idem J. J. M. specimen conjecturarum dedit in Hiobi c. XX. sub nomine R. Marescotti a villa sua Ottmarsen Hamburgi 1714. 4."

J. Chr. Wolf nennt in Vol. IV seiner bibliotheca Hebr. p. 796 zwei Schriften von Luca: la vie de B. Spinosa und l'esprit de Spinosa.

Nach Klose Lexikon der Hamburg. Schriftsteller Bd. 5. S. 437, schrieb Joh. Joachim Müller 1717 conjecturae in diffic. Jobi cap, 20 locos. Er war ein Enkel des Senior Joh. Müller, von diesem nennt Klose S. 425 eine oratio de atheismo. Ich kenne Joh. Fr. Mayers comitia thaboritica in der ersten Ausgabe, über die 1686 Just. Stemann unter Mayers Präsid. disputirte, nicht, in dem Druck in J. Fr. Mayer's dissert. sel. Francof. ad M. 1693 hat diese disputatio keine Vorrede, in der nach obiger Angabe über die verrufene Schrift etwas vorkommen sollte. In Jo. Fr. Mayer's dissertationes sel. p. 437 sagt derselbe: Libri de tribus impostoribus magnis putativum post caeteros patrem Bornaudum indicavimus in prooem. disput. nostrae de comitiis Thaboriticis. Gustum aliquando ex hoc libro excerptorum peculiari dissertatione cum deo daturi, ut meticulosas, additis, quod in proclivi arbitramur, justis Christiani nominis vindiciis, plurimorum suspiciones castigemus praesidiisque suis improvidos exturbemus Deistas.

S. 191—209 claviger sive de veterum doctrina externa et interna, de exoterica et esoterica philosophia diss.

Es sind neun Capitel angegeben. Bei caput 1. 2. 10 ist auf Pantheisticon verwiesen. Auf dem äussern Titel steht: Tolandi claviger. Das Pantheisticon nennt Lechler in der Geschichte des Englischen Deismus S. 209. 473—477.

S. 211—217. De trinitate. Igitur ut hic quoque, sicut superiore libro fecimus, de deo exordium —

K. B. 90.

Pergament-Handschrift aus dem sechszehnten Jahrh. 140 Bll. 4.
Statuten der Prämonstratenser zu Laon.

Anfang Bll. 1: Johannes permissione divina abbatis monasterii premonstratensis laudunensis diocesis una cum omnibus et singulis abbatibus. —

Bl. 3b.—14b. ein Brief von Pabst Julius. Anfang: Julius episcopus servus servorum dei dilecto filio abbati monasterii premonstratensis laudunensis diocesis salutem. —

14b. Datum Rome apud sanctum Petrum. Anno incarnacionis dominice millesimo quingentesimo tertio. sexto Kal. decembris pontificatus nostri anno primo. —

Bl. 15 beginnen die statuta et ordinaciones ac moderationes und die Angabe von 20 capitula der ersten distinctio. Diese gehen bis Bl. 49. Dann Angabe der 19 capitula der zweiten distinctio. Diese capp. gehen bis Bl. 72a Die Angabe der capp. der dritten distinctio und die 12 capp. gehen bis Bl. 91a, die 30 capp. der vierten dist. bis Bl. 140b. Der Schluss: In quorum omnium et singulorum fidem et testimonium praemissorum presentem codicem sive presens volumen nostrarum ordinacionum moderacionum statutorum per notarium publicum infrascriptum subsribi et signari fecimus et jussimus. Datum et actum anno domini Millesimo quingentesimo quinto mensis aprilis de Sedente Inibi capitulo nostro generali.

K. B. 91.

Pergament-Handschrift, 97 Bll. in 8. Das Manuscript besteht aus drei ursprünglich verschiedenen, 1 und 3 nach Detlefsen aus dem dreizehnten Jahrh., 2, wohl auch. 1, Bl. 1—70. 2, 71—81. 3, 82—97.

Bl. 1a. beginnt: Incipit liber ysidori hispaniensis episcopi de summo bono.

Summum bonum deus est quia incommutabilis est Bl. 57b. Schluss: Ex mortuo ne fraudes misssericordiam. Explicit liber sancti ysydori hyspaniensis episcopi.

Die Schrift ist gedruckt S. tit de summo bono Paris. 1515 12 und in Isidori opera T. 6. Romae 1802 4. p. 115—362 s. t., sententiarum libri tres.

Im Druck von 1802 fehlen die letzen Worte der Handschrift: Hic est enim christiane missserationis affectus ut pro uno quoque mortuo sacrificium deo offeratur. Inde est quod scriptum est. Ex mortuo ne fraudes misericordiam.

Bl. 57b—70 Isidori Hispal. synonyma. Bl. 57b. Incipit prologus ejusdem in librum qui synonima dicitur. In subsequente libro. —

Bl. 70a. nihil mihi te dulcius tu mihi supra vitam meam placea.

Gedruckt in Isidori opp. Romae 1802 T. 6. p. 472—523. conf. T. 1. p. 567.

Bl. 70a der Handschrift steht mit rother Dinte: Ex decreto bonifacii pape qui qartus a beato gregorio fuit. quod licet monachis ubi ubi cum sacerdotali officio ministrare — Bl. 70b Episcopus debet missam celebrare. — Schluss: juxta constituta decem et novem patrum. Bl. 71—81 vita beati Nicolai.

Bl. 71 sicut omnis materies si ab imperito artifice constructa fuerit — Bl. 81 Schluss: Quis est stultus. Audi. Qui nescit providere in posterum.

Bl. 82—97. Nach der Bemerkung eines früheren Besitzers der Handschrift: Florilegium e patribus.

Bl. 82a. Prima pars bis Bl. 86a. Johannes Crisostomus. Pater iste familias homo dicitur similitudine — in 123 kurzen Abschnitten.

Bl 86a—92a secunda pars 163 Abschnitte. Bl. 92a tertia pars 88 Abschnitte, auf Bl. 97b steht unter einigen Versen von einer Hand der funfzehnten Jahrhund.: Johannes Margburck u. liber sancte m. marie in ebberbach.

Nach einer Bemerkung auf einem Vorsetzblatt von A. W. Cramer hat er diese Handschrift der Kieler Universitätsbibliothek geschenkt.

K. B 92.

Abschriften von zwei Briefen Kants an Hamann vom 6. April 1774 und 8. April 1774. 7 SS. 4. Beide Briefe sind gedruckt in Ratjen Kleuker S. 206—212 und in Hamanns Schriften Th. 8 Abth. 1. S. 234; sie beziehen sich auf Herders älteste Urkunde Th. 1. S. 109. Riga 1774.

Die Abschriften sind aus Kleukers Nachlass.

K. B. 93.

Briefe an J. Fr. Kleuker, der 1773 Conrector in Bückeburg, 1775 Prorector in Lemgo, 1778 Rector in Osnabrück, von 1798 bis zu seinem Tode 1827 Professor der Theologie in Kiel war.

„Von Casimire, Fürstin von Detmolld 7. Mai 1777 gedruckt in Ratjens Kleuker S. 66. 2—6, von M. Claudius Wandsbeck 2. Mai 1792, 14. August 1793, 16 März 1794, 7. März und 15. Juli 1796. betr. Kleukers Dissertation u. A. 7, von Dalberg Erfurt 11. Juni 1779 über Kleukers Schrift: Belehrungen über die Toleranz u. s. w. gegen die Wolfenbüttler Fragmente. 8 von Amalie Prinzessin von Gallitzin Münster 30 Jan 1794 betr. den Oberhofmeister der Kinder des Grafen von Artois 9 von Hamann Königsb. 22. Juli 81. Gedruckt in Ratjen's Kleuker S. 69—74 10 von Pastor Hasselmann in Sarau 19 Decb. 1825 betr. den Druck von Th. 2 der Sympathien Kleukers. Vergl. K. B. 129. 11 und 12 von Herder Weimar 14 Sptb. und 14 Oct. 1776. Gedruckt in Ratjens Kleuker S. 63—65 13, von F. H Jacobi Eutin 11. Novb. 1803. (Gedruckt in Ratjens Kleuker S. 202—203). 14—16 von Jung-Stilling Marburg 23. Jan. 1792. 15. Febr. 1792 Minden 28 März 1793 (14 gedruckt in Ratjens Kleuker S. 159—160). 17—22 De Luc Windsor 8. Oct. 1803 (Kleukers Antwort Kiel 29. Oct. 1803) von De Luc Brunsvic 10 Jan., 14 März, 18 Mai 1804, Windsor 31 Decb. 1804 18 Juni 1805.

Die Briefe 17—22 beziehen sich auf De Luc abregé des principes et des faits concernans la cosmologie et la géologie, von dem De Luc mehrere Exemplare an Kleuker sandte, auf den Streit von De Luc mit dem Domprediger J. G. Wolf in Braunschweig, auf die Berufung von H. D. Hermes nach Kiel. H. hat mehrere Schriften von De Luc übersetzt.

23 von Nicolovius Eutin 12 Aug. 1803 enthält Nachricht über S. Martin nach Jacobis Angabe. (Vergl. Ratjens Kleuker S. 9—12). 24 von M. Norberg Lond. Goth. 21. Aug. 1816 über den Codex Nasaraeus 25. Silvestre de Sacy Paris 28 Febr. 1803 bei Uebersendung eines Specimen de nos manuscrits Sabéens 26 F. L. Stolberg Eutin 22. Oct. 1800 betr. seinen Uebertritt zur katholischen Kirche. (Gedruckt in Ratjens Kleuker S. 201).

27. 28 von Christian Stolberg Windebuy 23. Decb. 1819 mit einem Aufsatz Kleukers, den dieser gegen Voss's Schrift über Stolbergs Uebertritt zur katholischen Kirche, die im Sophronizon erschien, im Hamb. Correspondenten drucken lassen wollte. Chr. Stolberg widerräth den Druck.

K. B. 94.

1. Notizen über Kleukers Leben zum Theil nach seiner eigenen Angabe: Kleuker über sich selbst. 8 Seiten 4.

Die Notizen brechen ab mit Kleukers Hinkommen nach Kiel. Klopstock sagte: „Sie werden einen schweren Stand haben."

2. Kleuker vermischte Aufsätze und Gedanken 87 SS. 4.

Die A. und G. sind wohl von Kleuker während seines Aufenthalts in Bückeburg geschrieben. wo er mit Herder befreundet war. S. 3 heisst es: „18 Septb. H. predigte über Matth. 6" S. 17 14. Octb. 1774 „Bei Gelegenheit des Andenkens an das Westphälische Friedensfest predigte H."

K. B. 95—131.

Aus dem Nachlass des Kieler Professors der Theologie Joh. Friedr. Kleuker († 1827) erhielt die Kieler Universitätsbibliothek folgende Handschriften, mit geringen Ausnahmen von seiner Hand, fast alle in 4.

K. B. 95.

Encyclopädie der theologischen Wissenschaften B. 1. 799, B. 2. 888 SS. Im Ganzen gleich Kleukers in Hamburg 1800—1801 gedruckten Grundriss einer Encyclopädie. Die ersten 67 Paragraphen von B. 1. fehlen in der Handschrift.

K. B. 96.

Vorlesungen über diejenigen Stücke des alten Testaments, welche die Erkenntniss des wahren Gottes u. s. w. enthalten. 602 SS. 4. Mit Belegen aus Köppen u. A.

K. B. 97.

Vorlesungen über den Pentateuch. 897 und 371 SS.

K. B. 98.

Vorlesungen über die historischen Bücher des A. Test. 1608 SS.

K. B. 99.

Vorlesungen in die XII proph. min. 734 SS.

K. B. 100.

Vorlesungen über Jesaias. S. 33--1080.

K. B. 101.

Vorlesungen über Jeremias. 201, 533 und 95 SS.

K. B. 102.

Vorlesungen zum Ezechiel. 288 S.

K. B. 103.

Vorlesungen zum Daniel, Esra, Nehemia 319 SS.

K. B. 104.

Bemerkungen zur kritischen Geschichte der verschiedenen Ausleg. der 70 Wochen oder Jahrsiebende Daniels. 79 Bll. fol.

K. B. 105.

Ueber die Psalmen. 1090 SS.

K. B. 106.

Ueber Hiob. 654 SS.

K. B. 107.

Vorlesungen über den ecclesiastes Salomonis. 396 SS.

K. B. 108.

Vorlesungen über die Apokryphen des A. Test. 463 SS.

K. B. 109.

Collectaneen über die apokryphischen Schriften. Zu Fabricius cod. apocryph. etc.; Auszüge aus Büschings Magazin. Halle 1783. Th. XVII S. 23 u. f. wo Ommia Jahbia medulla histor. P. 2. übers. von Gaulmino et Gallando gedruckt ist. 39 Bll.

Abschrift von Anquetil recherches sur les anciennes langues de la Perse. 96 Bl. (Diese Abschrift ist nicht von Kleukers Hand.)

K. B. 110.

Untersuchungen über den Logos des Johannes. 87 Bll. fol.

K. B. 111.

Vorlesungen über die Apostelgeschichte, christliche Alterthümer, Justins Apologie und Pauli epp. min. 232. 30. 48. 19 SS.

K. B, 112.

Vorlesungen über die Lehre Christi und seiner Apostel. 519 SS.

K. B. 113.

Harmonie der vier Evangelisten. 707 SS.

K. B. 114.

Bemerkungen aus Lardners Glaubwürdigkeit der evengelischen Geschichte nebst Anmerkk. 241 SS.

K. B. 115.

Denkwürdigkeiten aus der Geschichte der Vertheidigung und Bestreitung des Christenthums. 325 und 650 SS.

K. B. 116.

Principia religionis Christianae erudiendae juventuti cultiori scripta. In mehreren Entwürfen.

K. B. 117.

Collegium examinatorium über die Dogmatik. 289 167 und 54 SS. Die Kirche nach Augustin mit Auszügen aus Augustin. 264. 16 und 71 SS.

K. B. 118.

Vorlesungen und Notate über symbolische Theologie. 456 und 114 SS.

K. B. 119.

Expositio dogmatis de reconciliatione humani generis per Christum apud deum facta. Haganae societ. dedicata. 135 Bll.

K. B. 120.

Vorlesungen über Patristik. 742 SS.

K. B. 121.

Hermes oder die Geheimnisse der Vorwelt zur Vergleichung ihrer Ueberlieferungen 107 Bll.

K. B. 122.

De Samaritanis et eorum pentateucho ejusque versionibus in Walloni prolegomena in polyglott. Lond. T. 6. p. 74. 224 Bll.

K. B. 123.

Bemerkungen zu J. Jahn Chrestomathia Chaldaica 324 SS.

K. B. 124.

Summa capita Grammaticae Arabicae. 307 SS. mit Tabellen auf 16 SS. und Auszug aus Silvestre de Sacy arabischer Grammatik u. s. w. 156 SS.

K. B. 125.

Ueber den von Norberg herausg. Codex Nasaraeus, notatt. in Koranum et Silv. de Sacy chrest. Ar. 92. 36. 187. 651. 231 SS.

K. B. 126.

Ad lexicon Arabicum in nov. test. 136 SS.

K. B. 127.

Kleuker zur zweiten Ausgabe des Zendavesta. 23 Bll. fol.

K. B. 128.

Zoroaster, Confucius et Muhamedes inter se camparati ad solvendam quaestionem ab academia regia inscriptionum 1782 propos. 124 Bll.

K. B. 129.

Fortsetzung von Kleukers Biblischen Sympathien. Bd. 1 ward 1829 gedruckt, zu Bd. 2 fanden sich nicht hinreichende Subscribenten. 686 und 500 SS. Vergl. K. B. 93.

K. B. 130.

1) Vom Ursprung der Emanationslehre bei den Kabbalisten, zur Beantwortung einer Kasseler Preisfrage. 69 SS. 2) Für die Leser von Jos. Milner, Geschichte

der Kirche Christi. 45 SS. 3) Kritische und metakritische Blätter. 4) Bemerkungen betr. den Streit wider die Wahrheit und Glaubwürdigkeit der evangelischen Geschichte, Notate zu Vorlesungen über die Kirchengeschichte nach Stäudlin. 52 SS. 5) Grammatik des Bengalischen. 25 Bll.

K. B. 131.

Varia. Aus Feders Rezension über Wizenmanns Resultate, aus Oberthür Idea biblica, aus Fenelons reflexions, aus Dionysius Presbyter an Timotheus über die himmlische Hierarchie, Junilius de partibus divinae legis.

K. B. 132.

1) Meditationes philosophicae de deo, mundo et homine anno 1717 in 8. 26 SS. Nach der Einleitung, 27 Paragraphen oder kleine Abschnitte.

Auf dem Titelblatt ist bemerkt: Der Autor ist Theodor Ludwig Lau und hat sich in einem dieses 1719 Jahrs edirten Tractats in 4. Curländischer Hofrath und Cabinets-Director genannt. Er hat dieser Meditationes wegen aus Frankfurt, da er sie edirte, weichen müssen. S. 3 der Anfang: Has quas tibi, lector benevole, philosophicas communico meditationes — S. 26; Deus enim libertate intellectus et appetitus gaudet. Tantum!

Auf S. 27 ist bemerkt: Wider vorhergehendes scriptum ist folgende Disputation herausgekommen; Universalista in theologia naturali planeta, fide vanus, cultu profanus, cujus meditationes de deo, mundo et homine scrutinio log. theol. expensas sub praesidio J. C. Arnoldi — proposuit J. M. Caspari 1719. Gissae in 4. 6½ Bogen.

In Trinius Freidenker-Lexikon, Leipzig 1759, ist S. 333 Th. L. Lau erwähnt, seine Meditationes sollen 1717 s. l. aber zu Frankfurt a. M. erschienen, er 1740 zu Altona gestorben sein. Die Meditationes sind auch gedruckt in zwei seltenen antisupernaturalistischen Manuscripten eines Genannten und eines Ungenannten, Pendants zu den Wolfenbüttelschen Fragmenten. Berlin 1792 S. 35—94. Der Verfasser ist hier Law genannt. Trinius nennt die eben genannte Gegenschrift nicht.

2) S. 29—74. Meditationes, theses, dubia philosoph. theologica. — a veritatis eclecticae amico. Freystadii 1719.

Nach Trinius l. c. sind auch diese Meditationes von Lau. Die ersten Meditationes und ein Theil der zweiten sind wahrscheinlich von der Hand des Kieler Professors Hennings geschrieben, der 1763 entlassen wurde.

K. B. 133.

Leben der Heiligen. 158 Bll., 155b. und 156. sind nicht beschrieben. Diese Pergament-Handschrift ist nach Doctor Detlefsen aus der Mitte des 13. Jahrhunderts, der Schluss zwischen 1250 und 1273, sie enthält eine nach dem Kalender geordnete

Geschichte und Erklärung der wichtigsten Fest- und Heiligentage. Nach Bl. 1, welches eine nach dem Kalender geordnete Uebersicht von 157 sancti de adventu domini giebt, Bl. 2 Adventus domini significat tempus revocationis sive renovationis quod fuit a Moyse et prophetis usque ad adventum Christi. —

Bl. 138a. De sancta Elyzabet. sancta elyzabeth quondam thoringe uxor landgravii ludovici filia regis ungarie — bis 138b: spem deo reddidit. Bl. 146 de sanctis Barlaam et Josaphat. Barlaam cujus historiam johannes damascenus diligenti studio compilavit — auf Bl. 148b beginnt das Leben des Pabstes Pelagius, daran schliesst sich auf 149b. eine längere Mittheilung über Mahomet, auf Bl. 150a. eine kurze Geschichte der Longobarden und Notizen aus der ferneren Geschichte zum Theil von späterer Hand. Schon auf Bl. 148b. heisst es: tempore hujus primi pelagii longobardi in ytaliam venerunt, quia multi hujusmodi hystoriam ignorare probantur, ideo hic eam inserendam decrevi, prout in hystoria longobardorum quam paulus longobardorum hystoriographus. — Bl. 152b. schliesst: verte duo folia et lege cetera post sermonem dedicationis ad hoc signum. Bl. 153a. De deditatione überschrieben, dann eine Erörterung über Gebräuche bei der Einweihung von Kirchen bis 155a

Bl. 155a. Bei dem signum, welches 153b angegeben wurde, steht: Imperator fridericus dum terram sanctam visitasset et in flumine quodam lavaretur ibidem necatus periit vel ut asserunt alii equo suo impingente in aqua cecidit ibique periit. Huic successit hainricus filius ejus anno domini MCLXXX. — Innocentius quartus natione Lannensis concilium apud Lugdunum convocans ipsum imperatorem deposuit quo deposito et defuncto sedes imperii usque hodie vacat. amen.

Bl. 157ab. Das Leben Policarpi episcopi et martiris.

Auf dem Vorsetzblatt ist von neuerer Hand hingewiesen auf den Inhalt der Handschrift so auf das Leben der heiligen Elisabeth u. s. w.

K. B. 134.

Abschrift eines Briefes von J. C. Lavater an Marcard, Zürich 10 Sptb., dass seine (Lavaters) Frau von ihm magnetisirt in den Zusstand des Schlafredens gekommen und die Methode ihrer Heilung dictirt habe. 2 Bl. 4.

K. B. 135.

Beati patris Macarii Aegyptii homiliae spirituales quinquaginta. Papierhandschrift, 426 SS. 4. Anfang: E. Suida. Duo extiterunt Macarii cognominis et clari — Bl. 2. Homilia prima. Jezechiel propheta visionem divinam — S. 426. Glorificamus patrem et filium et sanctum spiritum in secula. Amen. Auf dem Deckel des Bandes: Nob. Arnoldus Huitfeldus F. F anno 1589.

Diese Uebersetzung der 50 Homilien stimmt überein, so viel ich gesehen, mit Zach. Palthenii lateinischer Uebersetzung, die mit dem griechischen Text

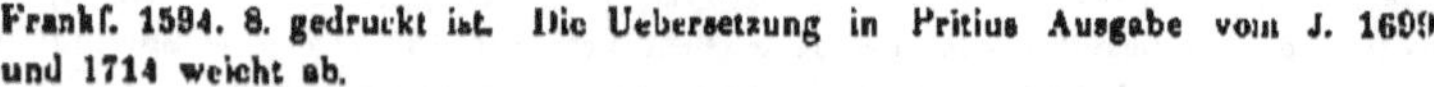

Frankf. 1594. 8. gedruckt ist. Die Uebersetzung in Pritius Ausgabe vom J. 1699 und 1714 weicht ab.

K. B. 136.

Commentarius doctoris juris Molteri Battimontani de blasphemiis odiisque Judaeorum adversus christianos et christianam religionem. 28 Bll. 4.

Dieser Titel ist wie die Handschrift selbst mit deutschen Lettern geschrieben. Auf dem Titelblatt steht: D. Johannes Molterus Superintendens in Friedberg prope Francofurtum. Auf der Rückseite des Titelblattes: Doctrina ac virtute praestantissimo Johanni Schrabbis notario publico civi Hildesiensi — hoc gratitudinis monumentum confecit ac consecravit J. M. B. theol. doctor.

Auf Bl. 2: Mus. in pera, ignis in sinu, serpens in gremio et Judaeus in republica male remunerant suos hospites. Bl. 28 et fiant quales hactenus esse volunt.

Nach Jöcher hat Joh. Molther, Pastor in Friedberg, dann Pastor in Marburg († 1618), gegen die Juden geschrieben. Strieder in seiner Grundlage zu einer Hessischen Gel.- und Schriftsteller-Geschichte giebt an: Joh. Molther, geboren zu Battenberg 1561, gestorben in Marburg 1618; er nennt die Schrift de blasphemiis nicht.

K. B. 137.

Petri Musaei, profess. in acad. chiloniensi, collegium in Calvinianos. Prolegomena de haereticis in genere. 1674. 43. SS. fol., die ersten 20 prolegomena.

Peter Musäus war in Kiel Professor der Theologie von 1665—1674, stand nach Thiess Gel. Geschichte der Universität zu Kiel B. 1. S. 5. eine Zeitlang im Ruf des Synkretismus.

K. B. 138.

Der erweckte Noach oder erleuchtete Zeit-Rechner, welcher handgreiflich anzeiget, dass — anno 1687 der liebe jüngste Tag gewisslich zu erwarten sey von M. R. P. B. S. H. 16 SS. fol.

K. B. 13 .

M. R. S. P. B. Güldener Hauptschlüssel d. i. Erklärung der Offenbarung Johannis. Sendbrief meiner lieben Mutter etc. ueberschicket 28. Decb. 1681. Am Schluss: Datum Calub. 26. 27. 28 Decb. 1681. 23 SS. fol.

K. B. 140.

Pseudo-Obereit. 9 Seiten 4. Dieser Titel ist von Kleuker geschrieben. In der Handschrift werden Kleukers Magikon und Lavaters Aussichten in die Ewigkeit citirt. Die Handschrift bestreitet die Schöpfung aus Nichts. Am Schluss steht ein Brief von J. P. Obereit Stockholm 15 Juli 1789 an Doctor Unbereit. Der bekannte Obereit hiess Jakob Hermann.

K. B. 141.

Johan Wilhelm Petersen D. und der Kirche zu Lüneburg Superint. 1690 21 Martii schriftmässige Erklärung, was ich von Apocal. XX. 6 halte. 31 SS. fol.

K. B. 142.

Formular so der Patriarch Filaret (Philaret) denen Römischen Catholischen, wenn sie sich zur Russischen Religion begeben wollen, vorgeschrieben. 14 SS. fol. Die Handschrift hat als Ueberschrift die Jahrzahl 1655. Darnach kann der Patriarch Philaret, von dem des Erzbischofs Philaret Geschichte der Kirche Russlands übers. von Blumenthal Frankf. 1872 II. 2 S. 20. 21 Nachricht giebt, der Verfasser dieses Formulars sein.

K. B. 143.

Plan der Gesellschaft zur Ausbreitung des Evangelii und wahren Christenthums. Wiggerslev 20 Juli 1803 Generalversammlung. 14 Bll. 4.

K. B. 144.

Vita beati Augustini Episcopi Ypponiensis a beatissimo Possidio edita Calamensi episcopo. Cod. membran. 44 Bll. 4. Anfang: Inspirante rerum omnium factore et gubernatore — Bl. 36b. Explicit vita sancti Augustini — sequitur indicium omnium librorum venerabilis Augustini episcopi. Diese vita Augustini ist gedruckt in Augustini opp. T. 1. Basil. 1529 p. 595—610 und opp. Antverp. 1700. T. 10 appendix. Vergl. über die Handschrift A. W. Cramers Vorrede zu seiner Ausgabe der Vita Augustini incerto auctore Kil. 1832 p. XVI—XXIII: Possidii codex maxime venerandae antiquitatis ac plus minus mille annorum aetatis. Auf dem Vorsetzblatte hat Cramer 1832 bemerkt: Contuli Mense Martio hujus anni 1832, qui mihi natalis est aetatis meae anni septuagesimi secundi. Codex scriptus ante annos ferme nongentos. Cramer hat bei dem Baseler Druck von 1529 die Abweichungen der Handschrift bemerkt.

Professor Falk kaufte das Ms. auf Cramers Auction (catalog. p. 63 n. 495) und schenkte es später der Kieler Bibliothek.

K. B. 145.

Prudentii opera. 179 Bll. 4. aus dem XII. saec, wie Doctor Detlefsen angab, nach Murr aus dem X. saec.

Chr. Th. de Murr beschreibt in seinen Memorablia bibliothecarum publ. Norimberg. P. 2. Norimb. 1786 p. 131—135 diesen Codex, welchen der spätere Kieler Oberbibliothekar Cramer 1817 auf einer Reise für die Kieler Bibliothek kaufte; er gehörte zur bibliotheca Ebneriana, Murr bezeichnet ihn N. 4. Vergl. das treffliche kleine Buch Mannert Miscellaneen. S. 72. 73, M. setzt den Codex in das Ende des elften Jahrhunderts.

Das Pergament hat durch das Alter etwas gelitten. Bl. 1a. ist unbenutzt, Bl. 1b: Prudentius vir saecularis litterature eruditus composuit Kyrochum — (Nach Murr aus Gennadius de scriptt. eccles. cap. 13.) Bl. 2 — Incipit praefatio. Per quinquennium jam decem. —

Am Rande von Bl. 2a. stand nach Detlefsen das Kloster, dem die Handschrift gehörte, die Notiz ist zum Theil verwischt: Monasterii S. Vim. — —

Blatt 27. Incipit liber secundus περι στεφανων hymnus in honorem martyrum Emetirii et Chlidonii calagurritanorum. Metrum trochaicum archiloicum constans ex septem trochaeis a sillaba aliquotiens spondeum admitt. Scripta sunt celo. (Cf. Prudentii carm. ed. Dressel. Lips 1860 p. 301.)

Bl. 98b. Finit. — Incipit hymnus VIII. Kal. Januarii. Bl. 138. Finit liber apotheosis. Incipit Amartigenia liber secundus de origine peccatorum.

Fratres ephebi — (Prudentii carm. ed. Dressel p. 128.)

Bl. 163 beginnt die Psychomachia. Senex fidelis prima credendi via est Abram — (in Dressels Ausgabe p. 169). Bl. 179b der Schlussvers: Respiciens alacris media inter milia clamat. Wie Murr richtig bemerkt v. 605.

K. B. 146.

1. Bl. 1 und 2. Excerptum ex dialogo D. Urbani Regii von der Predigt Christi, Lucae 24, den 2 Jüngern, so nach Emmaus gingen, gethan. Er ist ums Jahr Christi 1545 gestorben.

Da fragt Anna seine Hausfraw haben aber die Juden. —

Die Kieler Bibliothek hat einen Druck dieses Dialogs zwischen Urb. Regius und seiner Ehefrau. Wittenberg 1551. 4. 316 Bll.

2. Bl. 2b—6. Notizen über die Juden aus Joh. Molterus, dessen Schriften de blasphemiis Judaeorum und Malleus obstinationis Judaeorum erwähnt werden, Mattheus Parisiensis, Martin Chemnitius, und vom Judenwucher. Vergl. K. B. 136

3. Bl. 7—9. Luthers Schreiben an den Churfürsten wegen des Verlangens des Landgrafen eine zweite Frau zu nehmen.

Durchlauchtigster Hochgeborener Fürst gnädigster Herr. Das E. Churf. G. in des Lantgraven sachen von dem Hofe zu Dresen unbillich beschwert werden, hab ich vernommen — was der Sachen ist, haben wir Beide, ich und M. Philipps, E. Churf. G. (also eine Beichtsachen) selbst nicht wollen vermelden. — Martin Bucerus bracht eine Credentz und zeigt an, wie der Landgraff auff etlich mangel an seinem Gemahl sich nicht wusste keusch zu halten — Das ist die Beichtrede die ich villieber werschweigen wolte — Wen ich alles solt izt vertheidigen, was ich vor Jaren sonderlich im anfangk gesagt oder gethan, so müsst ich den Bapst anbeten —

M. Luther m. p

Hanc supra positam copiam ex domini Martini Lutheri literis — ego Joh. Schrabbis descripsi 14. Decb. a. 1571. Autographum Lutheri tum fuit apud — a Saldan.

Ueber die Doppelehe des Landgrafen Philipp vergl. Heppe in Niedners Zeitschrift für die hist. Theologie 1852 S. 263. Ob und wo der Brief gedruckt ist, weiss ich nicht.

4. Bl. 10—20. D. Martin Chemnitius ad dom. Julium ducem Brunsvic. et Luneb. de intronisatione sui filii Heinrici Julii postulati episcopi Halberstatensis Anno 1578 19. Decbr. ita scripsit:

Es fallet leider Jetzundt ein gross beschwerlich ergernis für, so weit und breit aussgebreitet wirdt, welches die Tergiversanten. — Es verursacht sich aber daher, dass E. F. G. Ihre drei fürstliche Söhne sollen haben die Papistische Ordines oder pebstliche primam tonsuram lassen annehmen — Bl. 20. E. F. G. Unterthentinger Martinus Chemnitius.

In hanc fere sententiam etiam scripserunt ad ducem Julium Ludovicus dux Wirtemb. 27. Febr. anno 79 et Wilhelmus Landgravius Hassiae 22. Aug. a. 79 et alii etiam principes evangelici.

5. Bl. 21—34. Tractatus doctoris Tilemanni Heshusii de ubiquitate, ut vocant, seu de omnipraesentia corporis aut carnis Christi. Anfang: Augustinus. Melius est dubitare de occultis quam litigare de incertis — Bl. 34 — ut Joh. Brentius et Jac. Andrea in scriptis suis asseverant. Finis.

6. Bl. 35—42. Christliche Sächsische Vertragsnotul in dem Streit ob die Menscheit Christi überall gegenwertig sey, wo seine Gotheit ist. 1590. Bl. 35b. Der Streit, ob die Menscheit Christi überall gegenwertig sey, wo die Gotheit ist, wird billich in den Sechsischen Kirchen nicht nach auslendischen schriften —

Bl. 42. Daniel Hoffmann 28. Juli 1590. Nicolaus Selneccerus Dr. propria manu subscripsi 26. Juli a. 90. Jo. Olearius Dr. pr. m. subscr. 28. Jul. a. 90. Jo. Hedericus D. moderationi necess. subscripsi 3. Aug. a. 90.

7. 43—46. Eines Ehrwürdigen Ministerii zu Hildesheim Bekenntniss durch Doctorn Nicolaum Selneccerum Superintendentem daselbst anno 1591 gestellet von der Disputation wegen der Ubiquitet der menschlichen Natur in Christo. Anfang: Es ist unleugbar, dass diese Disputation viel zu hoch ist und an das Geheimniss leufft, welches man in dieser welt nicht erforschen —

Bll. 46. Hactenus D. Nicolaus Selneccerus qui postea a 1592 26 Maij mortuus est.

Bl. 46b—47. De ubiquitate Til. Heshusius a. 1583.

K. B. 147.

Joh. Schultz hochfürstl. mecklenburg. Hofrath und Archivar Historische Erzählung von den Anfang und Fortgang der christlichen Religion in Mecklenburg. Auf Befehl Herzogs Friedrich Wilhelms zusammengetragen und in den Fundamentstein und Knopf der neuerbauten Schelff-Kirche gelegt a 1710 und Auszug aus J. M. Schumanni Einweihungspredigt bei der neuen Schelff-Kirche gehalten a. 1713 24. September. 68 SS. 4.

K. B. 148.

Michael Servetus alias Reves ab Arragonia Hispanus 1) de trinitatis erroribus libri septem anno MDXXXI. Papierhandschrift. 233 Seiten. 4. Anfang: In scrutandis divinae triadis sanctis arcanis — 2) Dialogorum de trinitate ll. 2. a. 1532. 48 SS. 4. Anfang: Lectori salutem. Quae nuper contra receptam — 3) De justitia regni Christi ad justitiam legis collata et de charitate capitula quatuor a. 1532. 75 SS. 4. Anfang: Praesentem tractatum 4 capitulis distinguam.

Diese drei Schriften sind gedruckt s. l. 1531. 8.

K. B. 149.

Michael Servetus 1) S. 1—138 dialogorum de trinitate. ll. 2. Anfang und Schluss wie in K. B. 148: 2) S. 139—291 de justitia regni Christi ad justitium legis collata et de charitate. Quatuor Capitula. Anfang und Schluss dieser Handschrift in 8., wie K. B. 148 in 4.

K. B. 150.

1. Bl. 1—72. Frid. Wilh. Stosch Concordia rationis et fidei sive harmonia philosophiae moralis et religionis christianae Amstelodami 1692.

2. Bl. 73—88. Additamenta suo loco inserenda.

Eine Notiz auf der innern Seite des Bandes verweist auf mehrere Schriften, welche über dieses 1692 gedruckte und unterdrückte Buch Nachricht geben. Trinius, Freidenker-Lexikon S. 444, giebt eine Notiz über Stosch oder Stoss, Brandenburgischen Kammersecretär, Näheres giebt der ehemalige Kieler Professor P. Fr. Arpe, der verbotenen Schriften nachjagte, in seinen Feriae aestivales seu scriptorum suorum historia. Hamb. 1726 p. 126—128.

3. Bl. 89—100. Von dem ewigen Tode und von der Ewigkeit der Straffen der Bösen. Uebersetzung aus dem Französischen. Anfang: Man weiss wohl, dass

die Socinianer ein Gespött treiben mit der Ewigkeit der Straffen und sie haben wohl Ursache damit zu spotten.

4. J. Tolandi dissertationes duae Adeisidaemon sive Titus Livius a superstitione vindicatus. Annexae sunt ejusdem origines Judaicae sive Strabonis de Moyse et religione Judaica historia breviter illustrata. Hagae Comitis 1709. Ausser elf Blättern Titel und epistola oder praefatio ad Ant. Collinum. 200 SS. in 8. Eine Abschrift des Haager Drucks, auch Verbesserungen der Druckfehler stehen am Schluss. De vita, fatis et scriptis Joannis Tolandi schrieb Jo. Laur. Mosheim 1720, in zweiter Ausgabe Hamb. 1722, mit seinen Vindiciae adversus Tolandi Nazarenum. Mosheim war damals noch in Kiel thätig. Ueber den Adeisidaemon spricht M. S. 151 u. f. Mosheim verweist p. 141 auf p. 13 des adeisidaemon, wo die Königin von Preussen wegen der Briefe Tolands genannt werde, in obiger Abschrift steht dies auch p. 13. Es wird also diese Abschrift Seite für Seite dem Druck entsprechen. Vergl. Lechler; Geschichte des Englischen Deismus, S. 180 und 468.

K. B. 151.

Günstige Zeugnisse des Brand. Bereuthsen Superintenden J. Chr. Hösel in Hoff v. 3 Febr. 1725 und des Brandenb. Culmbach. Superintenden Wolfg. Christoph Rathmann zu Neustadt an d. Aysch, vom November 1725 über den Hildburghausischen Theaterdirector Holtzwärd. 4 Bll. fol.

K. B. 152.

Theologie.

1, von den symbolischen Büchern in 9 und 4 Capiteln 2, von der Theologia in 20 Capiteln. 210 Bll. 4.

K. B. 153.

Maphei Vegii de educatione liberorum et eorum claris moribus. 61 Bll. 4.

Die Kieler Bibliothek hat einen Druck dieses Werkes mit dem dyalogus veritatis et philalithis. Paris. 1511. 4.

K. B. 154.

Elucidarius cabalisticus sive reconditae Hebraeorum philosophiae brevis et succincta recensio epitomatore Joh. Georgio Wachtero philos. prof. Romae anno 1706. 139 SS. 4.

S. 3. Epistola dedicatoria ad reverendissimum praesulem Dom. Benjamin Ursinum a Baehr regiae maj. in Borussia consecratorem et ejusdem regni episcopum nec non consistorii Marchici praesidem vicarium.

S. 139. Tantum exarabam Berolini a. 1702. Die Bibliothek erhielt die Handschrift aus Kleukers Nachlass, die Schrift ist zu Rom 1706 gedruckt, Kleuker hatte einen undatirten Hallischen Druck.

K. B. 155.

Thomas Wizenmann, Theologische Aufsätze 1—27 in vier Bänden in 8.

I. 1) Beytrag zu einem reinen Begriff von der Versöhnung des menschlichen Geschlechts durch Jesum den Messias von Thomas Wizenmann aus Wirtemberg Magistern der Philosophie und Candidaten des Predigtamts 1783. 37 Bll. 2) Vom nothwendigen Antheil des Schöpfers an der Bildung des Geschöpfs, im Decb. 1783. 1½ Bll. 3) Ausgezogene Sätze aus der Uebung des Glaubens 1714. 8 Bll. 4) Kurzer Entwurf eines psychologisch-biblischen Religions-Buchs. 1 Bl. 5) Das Leben Jesu als Vorbild für uns, im Jan. 1784. 10 Bll. 6) Plan eines vollkommenen Lehrbuchs. 8 Bll. 7) Versuch über die Dichtkunst 1782 11 Bll. 8) Psychologie. Th. 1. 1781. 16 Bll. 9) Ueber den Plan der Offenbarung nach Grundsätzen der Psychologie. Th. 2. 22 Bll. 9a) Beweis von dem Dasein eines höhern Wesens und Revision des Beweises. 3 Bll. 10) Revision des Gesprächs. 3 Bll. 11) Ueber die Einheiten. 1 Bl. 12) Für mich selbst 12. Jul. 1783. 4 Bll. 13) Hamburg. Magazin I. 4. Abh. 6. p. 425. Buffon von den zufälligen Farben. 5 Bll. 14) Grundbegriffe der Natur. 2 Bll. 15) Ueber Empfinden und Denken 1785. 6 Bll. 16) Ueber catechetischen Unterricht 1782. 4 Bll. 17) Einfälle über das Wesen des Körpers. 3 Bll. 18) Ueber den wahren Zweck Jesu u. s. Jünger. 4 Bll. 19) Aus dem Brief an die Collosser. 2 Bll. 20) Ueber den Zweck Jesu 1785. 2 Bll. 21) Gedanken von der Erziehung der Kinder gemeiner Leute. 4 Bll. Erörter. einiger Fragen. 12 Bll. Das Hohe Lied Salomonis. 2 Bll., aus Oetingers Correspondenz — 22) Anleit. zu einer richtigen Philosophie 1782. 3 Bll. B. II. 23) Erzählungen und Auszüge aus der Bibel. 51 Bll. B. III. 24) 459 Bll. biblische Geschichte. B. IV. 25) Ueber den Zweck Gottes mit dem Menschen. Briefe über die Lehre von der Versöhnung durch Jesum. 16 Bll. 26) Joh. Friedrich Flattich. 4 Bll. 27) Katechismus für Kinder. 11 Bl. Gedicht. Barmen 11. Jan. 1784. Brief. Dahle 5. Sptb. 1784. 2 Bll.

Die 4. Bände sind aus Kleukers Nachlass in die Kieler Bibliothek gekommen. Vergl. Von der Goltz, Thomas Wizenmann. B. 2. Gotha 1859 S. 19 Anm. und S. 274, und Kleukers Vorrede zu Wizenmanns Geschichte Jesu. Lpzg. 1789.

———

Abtheilung IV.

Juristische Handschriften.

I. Römisches Recht.

K. B. 156.

Institutiones Justiniani. Pergamenthandschrift 54 Bll. fol.

Nach einer Bemerkung auf dem Band: saec XIV. Das Manuscript ist nach einer Notiz A. W. Cramers auf dem innern Deckel von ihm auf einer Reise gekauft, er sagt: saeculo XIII scriptus et quantivis pretii haberi debet tum propter Authenticas in margine adscriptas tum ob insignes glossas Antaccursianas, quibus instructus fuit. Sed et illas et has pleraque impia manus erasit, ut Accursiana gauderet, quam foede superscripsit imperitus calamus.

Auf der Auction von Cramers Büchern und Handschriften ward diese Handschrift 1831 für die Kieler Universitätsbibliothek gekauft.

K. B. 157.

Theophilus Paraphrase der Justinianischen Institutionen.

Pergamenthandschrift 192 Bll. 4. Bl. 1 hat den Schluss des ersten Buches und den Anfang des zweiten, es fehlt also fast das ganze erste Buch. Das dritte Blatt vom Bande ist bezeichnet 190, das darauf folgende 200 (statt 191) das letzte Blatt hat keine Ziffern. Zwischen dem Bl. 190 und dem folgenden irrthümlich 200 bezeichneten fehlt nichts Die Handschrift schliesst im Titel XIV des vierten Buchs, der 191b oder 200b. beginnt. Die letzten Worte des Manuscripts sind δυνηθῇ χαρίζεται κατα. Es fehlen nach der Vergleichung mit Reitz's Ausgabe des Theophilus pag. 888 vom Titel IV XIV fünf Zeilen.

Der Doctor der Rechte und Astronom Conferenzrath Heinrich Christian Schumacher schenkte diese Handschrift, welche er in Hamburg gekauft hatte, 1848 seiner vaterländischen Universität Reitz nennt in der praefatio seiner Ausgabe p. XXIII einen Codex Messan., der mit diesem Kieler übereinstimmt. Professor Blume hat die Handschrift 1830 mit der Fabrotschen Ausgabe vergleichen lassen.

K. B. 158.

Cramers Excerpte auf der Wolfenbütteler Bibliothek gemacht aus einer Handschrift: commentaria ad jus civile quae ex praelectionibus meorum praeceptorum collegi Heidelbergae et Biturigibus in Gallia Casparus Borcholt. Aus Vorlesungen von Fr. Balduins, Jac. Concinnatius, Rusardus, Nicol. Cisner, und Cujacius 1559—1561. 26 SS. 4.

K. B. 159.

De orthograpia pandectarum ms. Florentini Tractatus H. Brenemanni. Ms. apograph.

Die Handschrift enthält 1, diss. de indole orthographiae in Pand Flor. 62 SS. 4. 2, Index orthographicus nominum propriorum 138 SS. 3, Index orthograpbicus vocabulorum 167. SS. 4.

Die Abschrift dieser Brenemannschen Schrift ist von Cramers Hand. Vergl. Cramers kleine Schriften p. LXII.

K. B. 160.

(Brenemann) Ad syntaxin pand. pertinentia 99. SS. 4.

Vergl. Cramer kleine Schriften S. LXII. LXIII.

K. B. 161.

A. W. Cramer Anmerkungen zu der Ausgabe des corpus juris von Gebaner und Spangenberg in einer mit Papier durchschossenen Ausgabe des corpus juris von G. u. Sp. in 8 Bänden 4.

Vergl. Cramer kleine Schriften pag. IX—XII. LIV—LVI.

K. B. 162.

Cramer Bemerkungen über die Pandekten- und Codex-Ausgabe von Gebauer und Spangenberg 31 Bll. 4.

Die Handschrift gehört zu Cramers Recension der Spangenbergischen Ausgabe des Codex und der Novellen in der neuen allgem. deutschen Bibliothek B. 50. Kiel 1800 S. 64.

Vergl. Cramer kleine Schriften S. VIII.

K. B. 163

A. G Cramer collatio libri 1. 2. 3. 4 Codicis Justinianei ex ed. Gothofredi Lipsiae 1705 cum ms. membranaceo glossato bibliothecae regiae Hafniensis antiquissimo anni 1262 80. SS., und 43 Bll. Libri 5 — 9 Cod. Justin. ex ed. Spangenbergii 41 und 47 Bll. Am Schluss bemerkt Cramer finita callatio XX. April 1816.

K. B. 164.

Cramer zu lib. IX. codicis Justin. 05 S. 4. anni 1824.

K. B. 165.

Cramers Erklärung der Constitutio de novo cod. fac. Haec quae necessario — und Summa republicae 40 SS. 4. S. 7 und folg. behandelt Cramer die von Clossius aufgefundenen Gesta in senatu urbis Romae. Vergl. Cramers kleine Schriften S. LXV.

K. B. 166.

Cramers Bemerkungen zum ersten Buch des Justinianischen Codex, wie dieses vervollständigt worden von Hugo a Porta und Andern. Constitutiones, quae adhuc desiderantur, constitutiones codicis graecae integrae et epitomatae. 68 SS. 4.

K. B. 167.

Cramer de Constitutionibus in codice restitutis 32. SS. 8. und Index constitutionum et capitum in Juliani novellis und index novellarum ex antiqua versione. 44 SS. 8.

K. B. 168.

Cramer Bemerkungen aus Cynus super Cod. Francof. ad. M. 1578. 32 SS. 4.

K. B. 169.

Cramers Vorlesungen in titulos P. et cod. de jurisdictione. 1823 et 1824. 199 SS. 4. Die Einleitung handelt von den verschiedenen Lehrarten des Römischen Rechts.

K. B. 170.

Cramer Collatio ms. institutionum Cod. e bibliotheca regia Hafniensi. 1809. 32 Bll. 4.

K. B. 171.

Dieselbe etwas ausführlichere Collatio 44 SS. 4, wahrscheinlich von des nachherigen Kieler Bürgermeisters Th. Wiese's Hand.

K. B. 172.

Cramers Bemerkungen zu dem tit. Dig. de administratione et periculo tutorum, ad Senatusc. Tertull., tit. de furtis zu Nov. 99 5 Bll. Zum Codex lib. 7—9. 11. 12 28 Bll., ad auth. habita Cod. ne filius pro parte 2 Bll. Vergl Cramers kleine Schriften S. LV. und S. XIV. XV.

K. B. 173.

Cramer Recitationes solemnes ad tit. Dig. et C. de verborum significatione 1811 et 1812 211 SS. 4. In der Einleitung dieser in deutscher Sprache gehaltenen Vorlesungen spricht Cr. seine Ansicht aus über das Florentinische ms. Die Erklärung des Textes beginnt S 58. Vergl Cramers kleine Schriften S 14

K. B. 174.

Cramer Lesarten zu dem Titel de verborum signif. aus Kopenhagener und andern mss. 23 Bll. 8.

K. B. 175.

Cramers Bemerkungen zu dem Leipziger Druck der Titel de verborum significatione 1815 mit Papier in 4. durchschossen. Die Bemerkungen gehen nur auf den Pandektentitel, sie enthalten Lesarten Bamberger Codices.

K. B. 176.

Cramers kritische Bemerkungen zu dem til. pand. et cod. de verborum significatione 76 SS. fol. Angelegt ist ein Brief von Th. Wiese, Kopenhagen 18. und 20. April 1811 und Vergleichung des Titels de verb. signif. Cod. in Gebauers Ausgabe mit alten Drucken der Kopenhagener Bibliothek 5 SS. 4.

K B. 176a.

Cramers Lesarten zu dem Titel D. de regulis juris aus einem frustulo veteris ms. 8 Seiten 4.

K. B. 177.

Cramers Bemerkungen zu den Authenticas codicis lib. 1—8 nach Kopenhagener Handschriften. 30 SS. 4. Vergl. Cramers kleine Schriften S. LVI.

K B. 178.

Cramers Abschriften mehrerer Novellen 144. 24. 25. 26. e cod. Monac, Nov. 50 e cod. Vindob,

Vergl. Cramers kleine Schriften LVI.

K. B 179.

Cramer variae lectiones cod. antiquissimi Novellarum per Julianum epistomatarum, collatione instituta ad exemplar edit. quae continetur in Pithoeorum observatt. ad cod. et nov. cura Fr. Desmares Paris. 1689 fol. 67 SS. 4.

K. B. 180.

Cramer Notitia novellarum constitutionum 1816 29 SS. 4.

K. B. 181.

Cramer Supplemente zu Brissonius de verborum, quae ad jus pertinent, significatione, in einem in vier Bänden mit Papier durchschossenen Exemplar von Brissonius.

K. B. 182.

Cramers Randbemerkungen zu einem Exemplar von Brissonius de verborum quae ad jus pertinent significatione.

K. B. 183.

Cramers Supplemente zu Brissonius de verbor. significatione 40 SS. fol. beginnt mit ab Actis.

K. B. 184.

Cramers handschriftliche Anmerkungen zu Cramers 1813 gedruckten Supplement des Brissonius mit Papier durchschossen.

K. B. 185.

Supplementa ad Brissonium zu A. in 2 Heften 49 und 79 Seiten., C. in 2 Heften 46 und 20 SS. zu P. in 1 Heft 92 SS. 4.

K. B. 186.

Cramer Lesarten aus einer zu Anfang des XIV. Jahrh. verfertigten Handschrift auf dem Deckel eines Scholastikers 30 SS. 4., beginnt mit dem Titel D. de querela inoff. test.
Vergl, Cramers kleine Schriften p. LVII.

K. B. 187.

Justiniani institutiones ed. J. B. Koehler Goettingae 1772 8 mit Papier durchschossen, von Cramers Hand zu den zehn ersten Titeln des lib. I. variae lectiones Cod. Augustani antiq. in bibliotheca regia Monacensi. Angelegt sind variae lectt. zu tit. 1—9 libri I von Cramers Hand 2 Bll. 4.,

K. B. 188.

Cramer Scholia in Ulpiani librum singularem regularum 179 SS. und sub. tit. ad Ulpiani fragmenta 28 SS. 4.

Die Hefte enthalten Vorlesungen von Cramer, die ad Ulpiani fragmenta betitelten haben die Jahrzahl 1822—23. Die scholia enthalten in der Einleitung eine Erörterung über die Geschichte des Rechtsunterrichts.

K. B. 189.

Juris Romani Antejustinianei fragmenta Vaticana er. Ang. Majus. Romae et Berolini 1824 8 mit Papier in 4 durchschossen, auf welchem Cramers Conjecturen und Erklärungen mehrerer Stellen der Fragmente stehen. Vergleiche Cramers kleine Schriften LXIII.

K. B. 190.

Cramer Anmerkungen zu Cod. Theod. fragmenta ed Peyron 1823. 38 SS. 4.

K. B. 191.

Cramer Auswahl juristich wichtiger Stellen: E. Paulini vita Ambrosii praemissa hujus opp, ex Ambrosii oratione de exitu Theodosii, ex Ambrosii epp, ex libris de officiis Bl. 1—19. Excerpta e Cypriani opp. Bl. 20—23. Ex Ambrosii epp. Bl. 23—26.

Bl. 19b. bemerkt Cramer: absolvi lectionem opp. Ambrosii 7 Martii 1830. Vergl. Cramer kleine Schriften p. XLVII.

K. B. 192.

Glossae nomicae. Apographum cod. bibl. univ. Havn. inter Fabricianos n. 42. Initium J. A. Fabricius attulit in bibliotheca gr. T. IV. p. 571 (Edit. nova cur. Harles Vol. 6 p. 231) 23 SS. 4.

Aus Cramers Nachlass, aber nicht von seiner Hand.

K. B. 193.

Cramer Vorlesungen zur Römischen Rechtsgeschichte nach Günther historia juris 38 SS. 4. Das Heft beginnt mit der Zeit Constantins, schliesst mit dessen Tod.

K. B. 194.

Cramer Verzeichniss alter Drucke der Justianischen Rechtsbücher bis zum Jahr 1550 2. Bde. 483 SS. 4.

Ein ungebundenes Verzeichniss der Ausgaben der Justian. Rechtsbücher von 1548—1600 nicht von Cramers Hand aber aus seinem Nachlass 510 Bll.

K. B. 195.

Cramers index editionum juris civilis Romani bis 1622 23 SS. fol.

K. B. 196.

Varia von Cramer über die Ausgaben der Justinian. Rechtsbücher 45. 47 und 52 SS. 4.

K. B. 196.

Cramer Index 1, personarum, quibus inscribuntur constitutiones codicis Justiniani 2, personarum, quibus inscribuntur novellae ceteraeque post codicem constitutiones Justiniani, Justini et Tiberii 2, dignitatum et officiorum in codice secundum ordinem alphabeticum. 251 Bll. in 4. 2 voll. 1 Bd. Vorarbeiten zu den indices 108 Columnen in 4.

K. B. 197.

Cramers Vorlesungen zu Hugo's civilist. Litterargeschichte 1813—14, die ersten 44 Paragraphen befassend 76 und 4 Seiten, Supplemente 68 SS. und literaria 96. 4.

Cramer hebt die Recension über Hugo's erste Ausgabe der civilist. Litter. in den Heidelb. Jahrbüchern 1813 S. 97—160 hervor, er schreibt sie Savigny zu. Cramer tadelt die von Hugo angenommene Periode von Bartolus bis Politian, besser sei es bis Alciat zu theilen, nicht passend sei die Eintheilung von Cujas bis Thomasius, besser bis Lauterbach. In den literariis ist S. 47—50 recensus constitutionum restitutarum.

K. B. 198.

Cramer Index auctorum juris, qui saeculo XVI floruerunt. 88 SS. 4. Petr. van der Aa — Math. Bruni. Bei jedem Schriftsteller sind kurz dessen Schriften bemerkt.

K. B. 199.

Cramer Index glossatorum et postglossatorum quorum apud Panciroluum mentio nulla facta est. 32. SS. 4. von Alexander Cardinalis bis Jac. de Zochis de Ferraria Bei jedem Autor sind Schriften angegeben.

K. B. 200.

Cramer miscellaneae observationes Heft 1—3., 5—16 und ein Heft enthaltend einen alphabetischen index zu den frühern Heften. Das erste Heft ist begonnen Leipzig 1784, das 14. Heft 1826. Die observationes enthalten juristische und philologische Bemerkungen. Vergl. Cramers kleine Schriften p. LIII. und p. 137 u. folg

K. B. 201.

Jac. Cujacii Verbesserungen zur Collatio legum Mosaic. et Roman. in ed. Pithoei Lutetiae 1573 4. und zu imperatorum Theodosii, Valentiniani etc. constitutt. ed Pithoeo Lut. 1571. Bongarsii Varianten zu notitia dignitatum. Basel 1552 fol. 29 SS. 4., Cramer hat diese Verbesserungen und Varianten 1816 auf der Bibliothek zu Bern abgeschrieben.

K. B. 202.

Aus Cynus super Cod. Francof. ad. M. 1578 fol. 32 SS. 4. Von Cramers Hand.

K. B. 203.

Corpus juris civilis recognosci brevibusque adnotationibus criticis instrui coeptum a D. Alberto et D. Mauritio Fratribus Kriegeliis continuatum cura studioque Aemilii Herrmanni. Editio stereotypa Pars altera codicem continens. Lipsiae 1843 3 Bände fol. Das zum Druck von Prof. Herrmann bearbeitete Exemplar des Justinianischen Codex.

Herrmann hat ein Exemplar der Spangenbergschen Ausgabe des Codex mit Papier durchschiessen lassen und auf diesem und in dem Spangenbergschen Druck seine Aenderungen eingetragen. Geschenk des Prof. Em. Herrmann.

K. B. 204

Odofredi Commentarii S. 1—10 in primam partem Infortiati Lugd. 1550 fol., S. 10—16 in novem. poster. libros infort. Lugd. 1550 S. 17—31 in Dig. novum Lugd., 1552 S. 32—62. Lectura super Cod. Papiae 1502.

Von Cramers Hand, S. 62 bemerkt er finivi XII Junii 1832. S. 62 und 63 folgen Vocabula quaedam inusitata ex Odofredo.

K. B. 205.

Thomae Reinesii Observationes ineditae ad Cod. Theodos. ll. XVI aliaque veteris jurisprud. capita, quas ille margini olim adscripsit exemplaris ex ed. Cujacii Paris 1586 adservati in bibliotheca episcopatus Numbergo — Cizenzis descriptae ab A. G. Cramero Cizae mense Majo 1818. Von Cramers Hand 47 SS. 4.

K. B. 206.

Jo. Andr. Ritteri observationes ineditae ad Cod. Theodosianum ad exemplum in bibliotheca acad. Vitebergensi manu Ritteri locuplet. descriptae. 56 SS. 4 von Cramers Hand.

2. Deutsches Recht und andere Nicht-Römische Rechte betr.

K. B. 207.

Lex Zalica e cod. vetusto Saeculi x Monacensi edidit notulasque adsprevit D. A. G. Cramerus Hamburgi 1816 4. Am Schluss ein Brief Eichhorns Göttingen 24 April 1820. Eichhorn räth Cramer, die lex Salica contracta, wie Cr. sie genannt, drucken zu lassen. Die Handschrift enthält von Cramers Hand die ersten 53 Titel in Reinschrift 52 SS. für den Druck, dann folgt die in München genommene Abschrift und der erwähnte Brief Eichhorns. Cramer besorgte die Herausgabe nicht, E. A. Feuerbach liess 1831 die lex Salica 83 Titel drucken, Laspeyres Ausgabe erschien 1833 und Pardessus 1843.

Vergl. Cramers kleine Schriften S. XLVI.

K. B. 208.

Liber consuetudinum Palentine 1219 X Kal. Septb. 45 Titel 31 SS. 4. Glossariolum in librum consuetudinum Palentinae civitatis 31 SS. 4. Bemerkungen von Hach jun. zu den consuetudines Palentin. 3 Bogen fol. Decreta aldefonsi regis et geloyre regine 24 Titel 12 SS. 4. Diese desereta sind gedruckt in Mansi Concilor. coll. P. XIX. p. 335.

K. B. 209.

Cramer Excerpta le glossario ms., quod. adj. habetur Cod. II. Wisigothorum membran. in 4, quem servat bibliotheca Regia Hafniensis, post medium saec. XIII. scripto. Finit. 1823 38 SS. 4.

Vocabula barbara de codice legis Romanae ex archivo ecclesiae Utinensis, qui legitur in Canciani barbaror. legibus Vol. IV. p. 461. 17 SS. 4.

K. B. 210.

Cramers Abschriften einiger formulae Lindenbrogianae die gedruckt sind in Baluzii capitularia T. 2 p. 515 516 523 524 532 536 545 552 mit Angabe handschriftlicher Abweichungen von dem Druck bei Baluz. Eine formula, deren Druck Cramer nicht gefunden, ist in seiner Abschrift S. 9. Cramers Abschriften 28 SS. 4. und dazu 20 SS. Bemerkungen.

K. B. 211.

Hamburger Stadtrecht 245 Bl. fol., der Kieler Universitätsbibliothek 1617 geschenkt von Professor Wendt in Kopenhagen. Der Name des

Scheukers steht auf dem dritten sonst nicht beschriebenen nicht paginirten Blatte. Auf dem ersten der unpaginirten Blätter steht: Anno 1603 den 28 Februarii Hebbe Ick mhin Eidt geleisteth Im Nedderen gerichte und hebbe do vordt duth Bock gekofft vor Veerde halven rikes daller godt der Almechtige beschere mi und alle den Mhinen her to gelucke und Heill und Ein Ewiges wolfardt. Johann kastens manu propria.

Bl. 1 des Textes hat die Ueberschrift: Wo Hamborch in een is ghekamen unnd myth wartthe privilegien se beghyfftighet ys. Von Bl. 1—4. Gedruckt in Lappenberg Hamburg. Rechtsalterthümer Band 1 S. 163 —170.

Bl. 5 Privilegium civitatis Hamburgensis. Anfang: Adolphus Gherardus Johannes Adolphus et Hinricus dei gratia comites Holtzatie. — 1292. C. In Lappenberg Hamburg. Urk. I. S. 722—23.

Bl. 6—26. Die Summarie des gesechten privilegii. Bl. 19b. Hir volgen ethlike keyserlike Vryhede unde Privilegia den van Hamborch gegeven warstige Copien. Sigismundus, Albertus.

Bl. 28—48 Register überschrieben: „Van ordineringhe unnde gheschick der hogesteen overicheit dusser erentbrikenn stadt Hamborch." In Titeln A—P. wie in Lappenberg Hamburg. Rechtsalterthümer B. 1 S. 172—180.

Bl. 49—132 folgen die Ordineringhe, welche als Stadtrecht von 1497 gedruckt sind in Lappenberg l. c. S. 181—320., Bl. 131b. und 132 steht: Artikel 50. Von Szeerove. Im Register Bl. 48 betitelt: Wannere men der Szeerover piliacien ghelden scall. Im thesaurus juris provinc. B. 1 Giessen 1756. S. 633—720 gedruckt als Stadtrecht v. 1292.

Bl. 133—142. Dath erste Recess gheslatenn na der Bordth Christi Dusenth veerhunderth unnd teyne am avende Laurentii. Bl. 143—152 von neuer Hand die Ueberschrift: anno 1458 dat ander Recess, hoc scriptum est a. domini 1708.

Bl. 154—155. anno XIIIIc LVIII wurden dussze naschreven Artikelle vann Rade unnd ghemenen Borgherenn der stadt Hamborch belevet und fulbordet. Dath loen der vorspraken. Bl. 155 dyth is van der mathe des Beers.

Bl. 157 Ueberschrift von neuerer Hand: Anno domini 1483 dat drudde Recess hoc scriptum est anno domini 1708. Der Recess schliesst Bl. 176.

Bl. 178 Recessus Hamburg. Dann von neuerer Hand: „anno domini 1529 dat veerde Recess. hoc scriptum est a. 1708. dieser Recess hat 132 Artikel schliesst Bl. 237, dann folgt das Register Bl. 238—243.

Bl. 244b. und 245a. Nachricht von dem Einzuge des Königs von Dänemark und Herzogs Joh. Adolf in Hamburg 28 Octob. 1603. Bl. 245b. Artik. des Recesses de anno 1601 von Beförderung der wahren christlichen Religion.

K. B. 212.

Jus civitatis Hamburgensis una cum commentariis celeberrimi ac doctissimi viri domini Hermanni Langenbecken U. J. D. civitatis Hamburgensis consulis fol. 181 Bll. und alhpabetisches Register 11 Bl.

Bis auf Abweichungen in der Schreibart und dem in dieser Handschrift enthaltenen Commentar gleich mit der vorgehenden Nummer.

Bl. 35—115. Das Stadtrecht oder: Vann ordeninge unde Geschicke der hogestenn overickeit düsser ereutricken Stadth Hamborch. (In der vorhergenannten Handschrift Bl. 49—132).

Bl. 116 erster Recess von 1410, Bl. 121 zweiter. — 1448. (In dem andern Manuscript Bl. 143, von 1458 datirt) Bl. 125—134 dritter Recess von 1483.

In der erstgenannten Handschrift steht zwichen dem zweiten und dritten Recess Bl. 154—155 Artikel vom Rath und gemeinen Bürgern vom J. 1458.

Bl. 135—176 Recess mit Register über die 132 Artikel. Nach Bemerkung Bl. 176b vom Jahr 1497. (In dem ersten Manuscript steht dieser Recess Bl. 178—243 ist datirt von 1529)

Bl. 178 Anno domini XIIII C. den 17. October ist tho Hamborch in der Burspracke gekündiget uth willkore des erbaren Rades und Borgeren und vor recht tho holdende in den Schragen up dem Radthuse geschreven mankt anderen, wo hir volgeth. Ueber diesem Blatt steht: Haec anteponenda prioribus post finem libri civitatis.

Anfang: Dadt ein Iewellik man, de neen Erffgudth hefft entfangenn, sin wollgewunnenn gudt in sinem Testamente. —

Anno domini XIIII C L XXXIII an hilligen Pinxt avende.

Im Anhang Bl. 1—11: Anfangswörter aller so wohl im nucleo als Corpore Recessuum Hamburgensium im Zusammendruck aller hamburgischen Recessen und Versammlungen als im Titelblatt notificirten kurtzen doch gründlichen Auszug enthaltener und abgehandelter Materien nach dem Alphabeth eingerichtet. (von A—Z) von Bl. Z. an: Index rerum (von A—Z).

K. B. 213.

Acta conventuum senatus et civium de anno 1669 die 22. Septb. bis anno 1683 dritter Theil S. 2009—3000. Nach S 2710 enthält die Handschrift Hamburger Verhandlungen. S. 2011. beginnt: 1669 die 22 Septb. Dominus consul Johannes Schulte J. U. L. nach beschehener Umfrage und Verwarnung proponirt: Propositio senatus (Betrifft die jährlich einmal bestimmte Versammlung der Bürgerschaft) S. 2023 conventus senatus et civium 1670 die 19. Mai. S. 2028 15. Aug. S. 2040 23. Sept. u. s. w. S. 2948 1683 29. Novb. mit Beilagen von Kaiser Leopold vom 10. Novb. 1683, vom Herzog zu Braunschweig 18. Novb. 1683. S. 2979—3000 Conventus 1683 3. Decb. mit Beilage.

K. B. 214.

Consistorialordnung oder Instructio von Barnimbs, dem Eltern, Joh. Friedr. Bugislaven, Ernst Ludwig, Barnimbs des Jüngern und Casimir Hertzogen zu Stettin Pommern u. s. w. s. a., 13 Bll. 4.

Bl. 18—29. Privilegia Statuum Pomeraniae 1560 18. Febr. Bl. 30—31 confirmatio privileg. Wolgast 12. Juni 1560. Bl. 32—42 Privilegium nobilium ducatus Pomeraniae 24. Mai 1569. Bl. 43—45 den Jungfrauen, die kein gnadenjahr haben gebührt — der Wittfrauen aussteurungen in der Mark Brandenburg, wie es mit den Mechelburg. Lehngütern, darauf Schulden, zu befriedung der Creditoren gehalten wird. 15. Oct. 1572. Bl. 46—51 Pommerisch herrgewette, von der Prioritet u. Erstligkeit der Creditorn so in Stettin und sonst nach Magdeburg. Recht gehalten wird. Exhib. 24. Jan. 1596. Bl. 52—63 vergleich der Stadt Greifswald mit der Bürgerschaft 25. Aug. 1623. Bl. 64—71 Plebiscitum quod annuatim proponi et recitari a consulibus solet civibus Gryphiswaldensibus die dom. ante festum omnium sanctorum oder Reglement der Stadt Greifswald.

Bl. 72—74 Rolle oder Befreyhunge der Haken Companey zum Greyfswalde. Bl. 76—105 Landtags-Abscheidt a 1606 7. Mai mit Schreiben Alten Stettin 10 Martii und 12 Martii 1606. Bl. 106—129 Landtags-Abscheidt Wollgast 10. Martii 1614. Bl. 130 der Lehnleute Eid. Bl. 131 Copey eines Musszettels oder Indults. Bl. 132—138 Landtags-Abscheidt Wolgast 7. Sept. 1622. Bl. 142—146 Resolution von Herzog Philippus Julius Wolgast 2. Novb. 1624.

K. B. 215.

Erster Theil der Stadt Lüneburg Reformation und Ordnung. Vom gerichtlichen Process daselbst. Publicirt 1576 2. Juny, it. 1581—1583 nachmals vom Hohen Rath und Ausschuss gemeiner Stadt approbiret excepta part. 8 et 9. 512 SS. fol. und Register über die Policey-Ordnung 28 SS., S. 29—32 Gedicht, S. 33—49 index über Theil 1—9 der Policey-Ordnung. (Th. 8 handelt von allerley Straffellen Th. 9 von Reformation guter Policey).

K. B. 216.

Dänisches Recht.

Alphabetisches Register zu Christians V. Danske Lov. 180 Bll. 4.
Ein ähnliches Register ist gedruckt Kiöbenh. 1735 4.

K. B. 217.

1. Bl. 1—84 K. Waldemars I. Siellandske Lov Bog. 1—4.
Ist gedruckt in Kof. Ancher Dansk Lov-Historie B. 1 S. 525 u. folg. Die Buch-

und Capitel-Eintheilung der Handschrift weicht ab von dem Druck. In dem Manuscript steht Bl. 5 Vorrede zum Jütschen Lov, die nach Kof. Ancher l. c. I. 100 sich vor mehrern Handschriften des Sel. Gesetzes findet, wie schon ein früherer Besitzer der Handschrift Bl. 5 bemerkte. Vergl. auch Westphalen monum. T. IV. p. 203.

2, Bl. 1—184 Koning Eriks loug. vergl. Kofad Anchers Lov-Historie D. 2 p. 72 und Kolderup Rosenvinge Samling af gamle Danske Lowe D. 2. S. 1. u. folg.

3, Bl. 185—196 Koning Erik Christopher sons loug eller Handfestning 1284.

4, Bl. 196b—210 Kirke loug.

5, 210b—213 Gaardts Rett Kong Eriks.

6, Bl. 214—241 Kiöbstedz Rett.

7, Bl. 242—255 Watter Rett.

8, Bl. 256b—261 Stuck som Kiöbmend skippere och Skibmend haffue eblant den nom.

9, Bl. 264b—270 Danmark's Watter Rett.

10, Bl. 271—274 Merkelige artickle som nöttige ere att vide.

11, Cl 275—287 Register.

Fortsetzung, Schluss und Register dieses Verzeichnisses werden, so Gott will, folgen. H. R.

Zur Feier des Geburtstages Seiner Majestät des Kaisers von Deutschland, Königs von Preussen WILHELM I., welche am 22. März 1873 um 1 Uhr in dem grossen akademischen Hörsaale mit einer deutschen Rede des ordentlichen Professors der deutschen Sprache, Litteratur und Alterthümer Dr. Karl Weinhold begangen werden wird, laden Rector und Consistorium der hiesigen Christian-Albrechts-Universität hiermit geziemend ein die hohen Königl. Civil- und Militairbehörden, die hochverehrlichen Stadtbehörden, die hochwürdige Geistlichkeit, die geehrten Lehrer der Gelehrtenschule, alle Angehörigen unserer Universität, sowie sämmtliche Bewohner der Stadt und alle Freunde des Vaterlandes.

Kiel, den 18. März 1873.

www.ingramcontent.com/pod-product-compliance
Lightning Source LLC
Chambersburg PA
CBHW020831230426
43666CB00007B/1173

* 9 7 8 3 7 4 1 1 5 8 8 3 4 *